에 베 레 스 트   솔 로

에베레스트 솔로

유리의 지평선

라인홀트 메스너 지음 · 김희상 옮김 · 김동수 감수

삶의 한복판에서 죽음이 다가오는 것을
알지 못하다니 참 어리석구나.
네가 하는 모든 일, 위대하다고 여기는 모든 것은
죽음의 순간에 아무 가치가 없다.

—《티베트 사자의 서》에서

한국 독자들에게

산과 자연과 책에 품는 한국인들의 열정은 정말 놀랍습니다.

2016년 한국의 울주세계산악영화제를 방문했을 때 한국의 숲과

박물관에서 무척 즐거운 시간을 보냈습니다. 그리고 마지막 원정

등반을 위해 곧 다시 한국을 찾을 예정입니다.

코로나 이후 전 세계를 돌며 영화와 토론, 강연 프로젝트를 진행

할 계획입니다. 한국에서도 만날 수 있기를 희망합니다.

고맙습니다.

Message to Korean Readers

1/5/2010

최초라는 것

최근의 에베레스트 등정 연대기는 마치 포스트모던 마케팅을 보는 것만 같다. 산 그 자체나 탐험의 여정보다는 오로지 대중의 관심을 끄는 것에만 혈안이 된 광고카피와 다를 바 없기 때문이다. 인간의 허영이 불나방처럼 에베레스트로 몰려든다. 누구든 오로지 한 가지만 원하는 것처럼 보인다.

'기네스북에 이름을 올려야지!'

에베레스트 등정 연대기를 보면, 61세의 남자가 최고령자로 정상에 올랐다고 한다. 최연소자는 16세의 소년이다. 그런가 하면 최초로 아버지와 아들이 동반 등반에 성공했다. 또한 한쪽 다리를 절단한 남자가 에베레스트에 최초로 올랐다. 그리고 이러한 최초의 기록 외에 숱한 죽음의 비극적 사례들이 연대기에 나온다. 물론 누가 가장 빨리 올랐는지, 또 누가 가장 오래 정상에 머물렀는지도 중요한 측정 대상이다. 그러나 신중해야 한다. 네팔 사람을 제외하고 에베레스트 정상에 오른 최연소 소년은 지금까지의 기록으로는 에베레스트를 최초로 등정한 에드먼드 힐러리[1]의 아들인 17세의 피터 힐러리다.

1953년 5월 29일, 에드먼드 힐러리에 의해 에베레스트라는 세계 최고봉이 '정복'된 후부터 25년 동안 누가 새로운 등반 코스를 개척하느냐가 뜨거운 쟁점이었다. 그리고 1978년, 나는 마침내 무산소 등정에 성공했다. 때는 한겨울이었으며, 하산은 정상에서 패러글라이더를 타고 이뤄졌다.

1990년에서 2000년까지, 10년 동안 에베레스트 정상에 오른 등반가는 그 이전 40년에 비해 두 배나 늘어났다. 심지어 하루에 40명이 정상에 오른 일도 있다. 그 과정에서 무수히 쏟아져 나온 '에베레스트의 영웅'과 같은 기사에 나는 전혀 관심이 없다. 나에게 가장 깊은 인상을 준 것은 최장거리 등반대나, 해발고도 8,848미터를 1,000번째로 찾은 관광객이나, 생일에 에베레스트 정상에 오른 사람이 아니다. 나는 바로 열 번이나 정상에 오른, 그것도 항상 산소통 없이 오른 셰르파 앙 리타Ang Rita에게 가장 깊은 감명을 받았다.

오늘날 많은 산악인들이 '성공적인 산악인이라면 한 번쯤 에베레스트 정상에 올라야 한다'는 통념과 '뭔가 남이 하지 않은 새로운 것을 시도해야만 한다'는 요구 사이의 갈등으로 떠들썩하고

---

1 에드먼드 힐러리(Edmund Hillary, 1919~2008)는 뉴질랜드의 산악인이자 탐험가다. 1953년 33세의 나이로 셰르파 텐징 노르가이(Tenzing Norgay)와 함께 에베레스트를 최초로 등정했다. 피터 힐러리(Peter Hillary, 1954년생)는 1990년에 아버지와 함께 에베레스트에 오르기도 했다.

에베레스트 정상 능선에
일렬로 늘어선 등반대

요란하게 등반대를 꾸려서 떠난다. 그러고는 산 아래에 텐트촌을 쳐놓고는 인터넷에서는 마치 단독 등반을 하는 것 같은, 고독함을 연출하는 영상을 올리는 씁쓸한 모습을 자주 보인다.

등산은 정상보다는 정상에 오르기까지의 과정과 씨름하는 것이다. 진정한 등산의 예술은 일탈이나 정상 정복보다는 절절한 외로움 끝에 다시 일상으로 돌아와 느끼는 '살아 있음'의 고마움이다. 우리가 감당해야만 하는 도전 역시 정상에서 물구나무서며 균형을 잡으려 안간힘쓰는 일이 아니다. 진정한 도전은 오로지 불확실함의 끝까지, 존재의 한계까지, 몸의 힘이 닿는 데까지 고통을 견디며 나아가는 것에 있을 뿐이다.

단독 등반에서 마음에 남는 것은 희열의 순간이 아닌, 자신의 허약함을 확인하는 순간들이다. 그래서인지 몸이 가장 좋은 사람, 체중이 가장 많이 나간 사람 또는 가장 날렵한 사람이 에베레스트 정상에 섰다는 이야기는 나에게 전혀 감흥을 주지 못한다. 오히려 물리적 조건과 환경이 전혀 허락해주지 않음에도 오로지 자신의 힘으로만 그곳에 오른 사람만이 나에게 감동을 준다.

그곳, 인간의 땅이 아닌 에베레스트 정상은 이처럼 자신의 한계를 이겨낸 사람에게만 그 진정한 속내를 열어 보인다. '죽음의 지대'에서 돌아오는 일은 개인에게 일체의 이득이나 쓸모를 넘어선 피안의 의미를 일깨워준다. 나는 이 의미를 1980년의 체험을 통해 깨달았으며, 이 체험은 나를 재탄생시켰다.

차례

1장 고향으로

황소라 불리기도 하는 오스발트 욀츠[1]는 셰르파 산장의 조그마한 창문으로 햇살이 비치자 잠에서 깨어났다. 그의 주위에서 자던 모든 사람들이 일어나 주섬주섬 옷을 챙겨 입었다. 남자들은 외투를 입었다. 진흙을 발라 만든 아궁이에서 불길이 타오른다. 아침이다. 욀츠는 전날 저녁 창가의 좁다란 나무 침상에 드러눕기가 무섭게 코를 골았다. 잠깐씩 깨기는 했지만 그는 밤새 깊은 잠을 잤다. 시계를 보니 7시다. 우리는 서로의 얼굴을 마주보고 자리에서 일어났다. 마치 새로운 인생을 맞이하기라도 하려는 듯. 1시간 뒤 우리는 샹보체Syangboche 공항에 도착해야만 한다. 다시 카트만두로 데려다줄 비행기를 놓치지 말아야 했다.

욀츠는 입을 쩍 벌리며 하품을 했다. 그리고 창틀 아래 두었던 바지를 입고 창밖을 내다보았다. 춥고 맑은 가을날이다. 풀밭에

---

1 오스발트 욀츠(Oswald Oelz)는 1943년생의 오스트리아 의사이자 등산가이다. 내과전문의이자 고산의학 전문가로 그는 히말라야 원정대에 숱하게 참가해왔다. '황소(Bulle)'라는 단어는 독일어에서 '경찰'을 뜻하는 비속어이기도 하다.

서리가 내렸고, 남쪽의 산에는 눈이 덮였다. 야크 떼가 서쪽 '남체 바자르Namche Bazar' 쪽으로 느릿느릿 이동한다. 한동안 우리 귀에는 야크 목에 달린 종소리만 들려왔다.

월츠는 아무 말도 하지 않았다. 마치 그는 오로지 자신의 심장과 조용히 속삭이는 것만 같았다. 산에서 함께 보내는 시간이 끝나갈 때마다 우리는 이런 식으로 이야기한다. 그러나 '아마다블람'[2]의 등반을 포기한 지금, 월츠는 침울해 보인다. 자신에게 불만스러운 모양이다. 우리가 아마다블람의 정상에 오르지 못해 그런 것은 아니다. 아마도 자신이 가진 힘을 다 쥐어짤 정도로 최선을 다하지 못했다는 생각에 착잡한 모양이다. 또 월츠는 취리히의 시립병원에서 전문의로 일하게 된 것이 기쁘기는 하지만, 당분간 새로운 모험을 할 계획이 없다는 사실이 우울한 게 틀림없다. 그래서 그는 외롭다는 느낌에 사로잡혔다. 다음 번 기회는 과연 언제 주어질까?

사람들은 아마다블람이야말로 세계에서 가장 아름다운 산이라고 말하곤 한다. 그 산의 정상이 우리 숙소 뒤편에서 역광을 받아 반짝이고 있다. 마치 아마다블람이 두 팔을 뻗어 상대를 반기는 여인처럼 보인다. 이곳 '솔루쿰부Solukhumbu'에 머무를 수 있다면, 오두막을 짓고 오래도록 살 수 있다면 얼마나 좋을까? 셰르파의 땅은 언제나 우리에게 평온함과 차분함을 전해준다.

2   아마다블람(Ama Dablam)은 네팔 동쪽의 히말라야 산맥의 산 가운데 하나로 해발고도 6,812미터이다. 산의 이름은 '어머니의 목걸이'라는 뜻이다.

상보체의 험준한 지형에 마련된 활주로에 대기하고 있는 작은 비행기는 이미 예약이 다 차서 빈자리가 없다. 관광객을 싣고 온 이 비행기는 이제 '에베레스트 뷰Everest View' 호텔에 투숙했던 다른 손님들, 서둘러 수도 카트만두로 돌아가야만 하는 손님들을 기다린다.

승객들은 차례로 모습을 드러냈다. 짐꾸러미를 잔뜩 등에 진 야크 뒤로 깡마른 늙은 여성이 두 개의 스키스틱에 의지해 따른다. 그 뒤로 셰르파들이 고산병 환자를 들것에 태우고 따라온다. '저들도 한 번은 에베레스트를 보고 죽어야겠지' 하고 나는 속으로 쓴웃음을 지었다.

새로 도착한 승객 가운데에는 귀걸이를 주렁주렁 단 다른 여성이 보인다. 60대 중반쯤으로 보이는 그녀는 두 손 가득 돈을 뿌리느라 여념이 없다. 끊임없이 사진을 찍어대기도 한다. 지칠 줄도 모르는 그 모습에 나는 감탄이 절로 나온다. 그녀는 호텔과 비행기와 산소 공급 장비를 보며 큰소리로 "원더풀!"을 연발한다.

'저런 사람은 과연 네팔에서 뭘 하는 걸까?' 나는 속으로 이런 의문을 품었다.

30년 전만 해도 이 나라는 외지인은 접근조차 어려운 닫힌 땅이었다. 오랜 세월 동안 침입자로부터 자연스러운 보호를 받던 히말라야 국가들, 그리고 세계에서 가장 높은 산들은 최근 10년 동안 수십만 명에 달하는 등반가와 배낭여행객이 앞다투어 찾는 곳이 되었다. 사람들의 잦은 발길은 빠르고도 극적인 변화를 몰고 온다. 이를 증명하듯 네팔은 "아시아의 스위스"라 불리며 떠오르는 관광지가 되었다.

"우리 산들이 세계의 이목을 사로잡는 매력임을 잘 압니다."

비렌드라 비르 비크람 샤[3]가 한 말이다. 네팔을 절대 권력으로 다스리는 왕인 비렌드라는 "세계를 초대하니 이곳에 와 즐기시기 바란다"라고도 말했다.

나는 네팔을 열두 번도 넘게 찾았다. 어떻게 해야 원주민처럼 행동할 수 있는지도 배웠다. 오로지 나는 6,000미터, 7,000미터 그리고 8,000미터 높이의 산들에만 야심을 가지고 목표 추구에 진력하는 유럽인일 따름이다.

윌츠와 나는 에베레스트 뷰로 저녁식사를 하러 갔다. 해발고도 약 4,000미터 높이에 위치한 이 일본 호텔은 몇 년째 부유한 유럽인과 미국인이 찾는 메카다. "히말라야를 체험하자"라는 것이 호텔이 내건 광고문이다.

불을 피운 벽난로 앞에 앉아 이야기를 나누며 우리는 커다란 파노라마 창을 통해 로체와 에베레스트를 바라보았다. 세계에서 가장 높은 산을 등반했다니 가슴이 벅차다. 1978년, 우리는 둘이서 등반에 성공했다. 우리는 서로 눈길이 닿을 때마다 윙크를 했다.

호텔방에는 산소마스크가 구비되어 있으며, 난방도 잘 된다.

---

3 비렌드라 비르 비크람 샤(Birendra Bir Bikram Shah, 1945~2001)는 네팔의 제10대 국왕이다.

　　　　　　　　　　　　　　　　에베레스트 솔로

바깥에 펼쳐진 진달래나무 숲에서 바람을 맞은 잎들이 일제히 몸을 떤다. "에베레스트, 참 평화로운 풍경이야!"

호텔 매니저가 손님들에게 월츠와 내가 에베레스트에 올라갔다고 이야기하자 질문이 쏟아졌다.

"왜 그렇게 위험한 모험을 하시나요?" 처음 나온 질문이었다.

월츠는 간단하게 답했다.

"돈벌이만 생각하는 시간에서 누구라도 약간은 벗어날 필요가 있으니까요."

"두려움은 어떻게 다루세요?" 나를 향한 질문이었다.

"두려움이야 늘 따라다니는 것이죠. 두려움 없이 움직일 수 있는 사람은 아무도 없습니다. 위기의 순간에 두려움이 커지는 것이야 당연한 일이죠. 떨어지는 건 아닐까, 바람에 날려가는 것은 아닐까 하는 두려움은 죽음이 인생의 일부라는 점을 아는 사람이라 할지라도 억누를 수 없죠."

"대중이 관심을 가지지 않는다 하더라도 8,000미터의 고산에 오르실 겁니까?"

"산에 오르는 것은 다섯 살 때 처음 시작했죠. 그리고 스물다섯 살이 될 때까지 유럽의 2,000여 개 산을 올랐습니다. 물론 그걸 기억해주고 이야기하는 사람은 아무도 없더군요. 그래도 저는 등산이 즐겁습니다."

"하지만 무엇 때문에 계속 새로운 기록에 도전하시나요?"

"어렸을 때 저는 고향의 산들을 누비고 다녔죠. 자전거를 타고 돌로미테를 달렸으며, 나중에 커서는 스쿠터로 스위스에 가서 아이거 북벽과 마터호른을 올랐습니다. 지금 저는 그때와 똑같은 긴장감을 맛보고자 에베레스트나 남극을 가야만 합니다."

"혹시 어떤 환상을 좇고 계신 건 아닐까요?"

호텔 손님 가운데 한 명이 캐물었다. 아니나 다를까 직업이 심리학자란다.

"그럴 수 있죠. 인간은 누구나 환상으로 자신을 분칠하다가 몰락하니까요."

사람들은 고개를 절레절레 저었다. "거 참 괴팍한 취미네"라는 누군가의 중얼거림을 듣고 월츠는 씩 웃었다. 우리는 작별인사를 하고 한밤중의 어둠 속으로 걸어 나왔다.

다음 날 오후 우리는 샹보체에서 여전히 대기 순서가 돌아오려면 하염없이 기다려야 한다는 것을 확인하고, 다음으로 가까운 공항이 있는 루클라Lukla까지 걸어가기로 결심했다. 트레킹을 좀 해본 사람이라면 이틀 정도 걸리는 거리다. 그러나 우리는 하루 만에 해내야만 했다. 마지막 구간을 어둠 속에서 걸으며, 기진맥진한 채로 온통 쑤시는 팔다리와 함께 우리는 루클라에 도착했다. 완전 탈진한 상태로 우리는 '셰르파 코퍼러티브Sherpa Cooperative' 호텔에 방을 잡았다. 우리는 야크 스테이크 몇 조각을 허겁지겁 먹고 맥주 한 병을 마시며 기분 좋은 따뜻함을 즐겼다.

다음 날 아침 일찍 우리는 카트만두로 가는 첫 비행기의 항공권 두 장을 확보하는 데 성공했다. 우리가 워낙 집요하게 졸라대자 대기명단을 관리하는 남자가 신경이 곤두선 나머지 우리를 첫 비행기로 보내버려야겠다고 생각한 것이다. 윌츠와 나는 서로 슬그머니 승리의 미소를 지었다. '해냈다!' 우리는 시간 압박에 시달린 탓에 표를 얻을 수만 있다면 정상가격의 열 배라도 치를 각오였다. 나는 독일의 순회강연 일정에 맞춰 돌아가야 했고, 윌츠는 자신의 병원으로 돌아가야 했기 때문이다.

공항 대기실 테라스에서 비행기를 기다리는 동안 윌츠는 두 명의 젊은 캐나다인 여성과 대화를 나누었다. 그들은 비행하는 동안에도 우리 옆에 앉아 셰르파의 땅을 이곳저곳 돌아본 이야기를 들려주었다. 비행기 창문으로, 갓 조성된 숲과 작은 마을과 가파른 산비탈에서 구불구불 흐르는 물이 차례로 스쳐 지나간다. 우리는 그들에게 언제 한 번 저녁식사를 함께하자고 약속했지만, 카트만두에 도착해 비행기에서 내리는 순간 약속을 까맣게 잊고 말았다. 해야 할 일이 산더미였다. 우선 유럽으로 가는 항공편을 예약해야만 했으며, 남은 시간에 우리는 또 다른 등반 계획의 허가를 받아내야만 했다.

카트만두에는 이런 일에 정통한 사람이 한 명 있다. 바로 저널리스트인 엘리자베스 홀리[4]다. 그녀는 이 도시에서 20년 넘게 살았다. 나는 곧장 그녀의 사무실로 찾아갔다. 홀리는 나를 보

---

[4] 엘리자베스 홀리(Elizabeth Hawley, 1923~2018)는 미국의 기자이자 저자로, 히말라야 등반의 연대기를 정리했다. 그가 만든 '히말라야 데이터베이스'는 네팔 히말라야 등반의 비공식적 기록이다

우에무라 나오미
(1941~1984)

자마자 일본의 유명한 등산가인 우에무라 나오미가 1980년과
1981년 겨울 시즌에 단독으로 에베레스트를 올라도 좋다는 허가
를 받았다는 소식을 전해주었다. '안 돼, 그럴 수 없어! 단독 등반
은 내가 최초여야 해!'

나는 이미 1년 넘게 단독 등반을 구상하고 다녔다. 그런데 지
금 불과 단 몇 초 만에 내 안에서 단독 등반의 구체적인 계획이
펼쳐졌다. 빨리 행동해야만 한다.

1978년 낭가파르바트 단독 등정에 성공한 뒤 몇 주의 시간이
지나면서 나는 에베레스트 등정도 혼자서 충분히 가능함을 깨달
았다. 시간이 흐르면서 이 깨달음은 확고한 신념으로 굳어졌다.
누구도 나보다 앞서 시도할 수는 없을 거라고 자신한 탓에 나는
구체적인 실행을 1980년대 중반으로 미뤄두었다. 그런데 나오미

에베레스트 솔로

가 올라간다고? 그럴 수는 없었다. 나는 당장 어떻게 해야 에베레스트 단독 등반 허가를 얻어낼 수 있을지 궁리해야만 했다. 등반가로서의 내 야심이 불타올랐다. 세계의 최고봉을 단독으로 등정하는 일은 등산가에게는 인생 최고의 정점이다!

그러나 어떻게 내가 지구력이 좋은 우에무라 나오미보다, 혼자서 개썰매를 타고 북극점까지 갔으며, 모든 대륙의 가장 높은 일곱 개의 산들 가운데 다섯 개를 등반한 그보다 앞설 수가 있을까? 그는 세계에서 일대성공을 일군 등반가 중 한 명일뿐만 아니라, 저돌적인 모험가이자 끈질기기가 셰르파 짐꾼 못지않다. 나는 그와 1976년 도쿄에서 만나 몇 시간가량 대화를 나눈 적이 있다. 이후 나는 작은 키에 다부진 체구 그리고 빙벽이 반사하는 햇볕에 화상을 입은 이 남자가 한 번 마음먹은 것은 무엇이든 해낼 수 있다는 걸 알았다. 등산, 아니 인생 전체를 바라보는 우리 두 남자의 태도는 판박이처럼 닮았다. 그런데 이번에는 우에무라 나오미, 이 영민한 친구가 더 빨랐다! 나는 그에게 감탄을 금할 수 없었다.

그러나 이대로 있을 수는 없다. 뭔가 해야만 한다. 어떤 대가를 치르더라도 나 역시 이 실험을, 그것도 최초로 감행해야만 한다.

홀리와 이야기를 나누는 동안 눈과 얼음으로 뒤덮인 에베레스트 서벽의 그림이 내 머릿속에서 아른거렸다.

"1980년에 몬순 이후의 서벽 등반 허가를 기대해도 좋을까요?" 나는 그녀에게 이렇게 물었다.

"그럴 걸." 홀리가 대답했다.

그러나 서쪽 능선은 끝없이 길며, 가을의 거센 바람에 고스란히 노출된다. 그곳으로 올라 성공할 확률은 제로다.

"다른 곳은요?"

"다른 쪽으로는 허가가 안 나올 거야."

그럼 북쪽은? 북쪽은 티베트 지역으로 지금껏 중국 정부는 외국의 고위급 정치가가 힘들게 협상을 벌여야만 등반 허가를 내주었다. 그러나 북쪽은 단독 등반가가 감당할 수 있는 유일한 루트다. 네팔 쪽의 '노멀 루트Normal route', 곧 '웨스턴 쿰'[5]과 '사우스 콜(South Col, 남쪽 고개)'을 거쳐 올라가는 코스는 쿰부 빙하가 급경사를 이루며 아이스폴Icefall을 이룬 부분에 요철이 심해 얼음이 깨질 수 있기 때문에 너무 위험하다. 그곳은 셰르파의 도움 없이 단독으로 등반할 수 없다. 동쪽 벽은 접근하기가 더 힘들다. 그러나 티베트 쪽의 북부 능선은 이미 영국 등반대가 1920년대에 정상 코앞까지 갈 정도의 경험이 있는 곳이다. 그곳이라면 혼자 올라가는 것도 충분히 가능하다. 나는 시험을 앞둔 사람처럼 가슴이 떨렸다. 긴장한 탓인지 정신이 번쩍 들었다. 머릿속에 히말라야의 장면들이 차례로 스쳐 지나가며 내 생각에 날개를 달아주었다. 각성 상태가 되자 예전에 읽었던 에베레스트 책들의 몇몇

---

5 웨스턴 쿰(Western Cwm)은 로체 아래쪽의 넓고 평평한 빙하 계곡이다. 영국의 등반가 조지 맬러리(George Mallory, 1886~1924)가 1921년에 에베레스트 등반 루트를 탐색하다가 붙인 이름으로 '쿰(Cwm)'은 웨일스어로 '계곡'을 뜻한다.

에베레스트의 북쪽 측면과
서쪽 능선과 남쪽 측면

구절이 떠올랐다. 마치 이 책들을 모두 외워두기라도 한 것처럼. 이 순간의 결정을 위해 나의 무의식이 저장해둔 것이었을까?

"기후에 잘 적응한 팀이라면 롱북Rongbuk, 绒布 베이스캠프에서 정상까지 엿새면 오를 수 있다."

1920년대에 맬러리가 한 말이다 이 말이야말로 지금의 나에게는 비전이다.

"두 사람은 너무 적다. 한 사람이 무슨 일을 당하면 서로 도움을 주고받는 것이 불가능해진다."

이 말을 뒤집으면 뜻이 전혀 달라진다. 둘도 너무 많다! '노스 콜(North Col, 북쪽고개)'까지 올라가 유리한 상황을 포착하기까지 기다릴 시간이 충분하다면 혼자 올라가는 것이 훨씬 홀가분해 성공 확률은 높아진다. 최악의 상황을 만나면 죽어두 좋다는 각오만 한다면야.

지금까지 악천후 조건에서 에베레스트를 등반하는 것을 무슨 특별한 스포츠 도전인 것처럼 여긴 사람은 아무도 없다. 그러나 이제 정복의 시기는 지났고, 가파른 암벽에 도전했으며, 산소 장비를 포기한 등반이 이뤄지고 난 뒤 처음으로 겨울 등반이 도전 과제로 떠올랐다. 이제 에베레스트 등반 구호는 이거다. "겨울에 단독으로 에베레스트를 올라라!"

그러나 내가 나오미보다 먼저 단독 등반에 성공하려면 여름에 올라야만 한다. 그런데 히말라야의 동쪽과 중앙 지역에서는 몬순 시기인 여름이 등반하기에 가장 불리하다. 5월 말에서 9월 중순까지인 몬순 시기에는 고산지대에 거의 끊임없이 눈이 내린다. 눈사태가 굉음을 내는가 하면, 안개 속에서는 방향 잡기가 불가능하다. 그래서 에베레스트는 몬순 시기가 훨씬 더 열악하다. 지구에서 가장 높은 산 스무 개 가운데 열세 개가 완전히 또는 부분적으로 네팔 국경 안에 위치하고 있어 이 산들을 올라가려면 먼저 등반 허가를 신청하고 관련된 법규를 지켜야만 한다. 이 법규에서 몬순 등반은 아예 언급조차 하지 않는다.

겨울이 훨씬 더 추운 것이야 분명하다. 12월과 1월은 극지방 못지않은 추위와 이따금 돌풍이 불기도 한다. 하지만 대개는 날씨가 참 좋다. 다시 말해서 눈이 적으며, 눈사태의 위험도 낮고, 정오에 살갗을 태우는 열기도 없다.

또 네팔은 도로를 찾아보기 힘들 정도로 개발과는 거리가 먼

나라다. 네팔에서 두 지점 사이의 거리는 걸어가는 데 시간이 아닌 며칠이 걸리느냐로 잰다. 이 며칠은 임금의 척도이기도 하다. 등반대는 흔히 몇 백, 아니 몇 천 명 이상의 짐꾼을 고용한다. 그리고 이동이 많은 경우에는 이동에만 몇 주나 걸릴 정도로 고되기만 하다. 이는 곧 몬순 시기를 택해야 할 근거이기도 하다. 네팔의 1,400만 국민 가운데 대다수는 짐꾼으로 일한다. 이들은 일거리, 특히 여름에 일거리가 절실히 필요하다. 몬순 시기에 서쪽 능선을 오르는 내 등반이 성공한다면, 앞으로 여름에 찾아오는 등반대가 늘어날 것이고, 특히 네팔 북서쪽 국경에 가까운 지역에서 여름 등반이 성황을 이루게 될 것이다.

나는 도시의 시내를 걸으며 이런저런 궁리를 했다. 아무튼 빠르게 행동해야만 한다. 1980~1981년 겨울 시즌에 앞서 나는 에베레스트 등반 허가를 따내야만 한다. 나는 곧장 카트만두의 트레킹 업계를 선도하는 마운틴 트래블Mountain Travel의 대표 보비 쉐트리Bobby Chettri와 함께 네팔 관광청의 샤르마Sharma 씨를 찾아갔다. 마운틴 트래블은 등반과 관련한 문제도 처리해주기 때문에 나는 가능하면 유럽으로 출발하기 전에 등반 허가 여부를 확정짓고 싶었다. 그래야 보비가 현지에서 가장 중요한 준비 작업을 시작할 수 있기 때문이다.

예상했던 대로 몬순 시기의 등반은 불가능했다. 그러나 나의 단독 등반 계획에 사람들은 자못 흥미롭다는 관심을 보였다. 그들의 관심에 나는 희망을 품어도 좋겠다는 생각이 들어 그나마 안도가 되었다. 샤르마는 비록 모호하기는 했지만 1980년 가을, 에베레스트 서쪽 능선의 등반 허가를 약속해주었다. 1980년 몬순 시기가 지나간 직후 에베레스트의 서쪽 능선을 단독으로 등반해도 좋다는 구두 약속에 나는 달나라 여행의 티켓을 따낸 소년처럼 가슴이 뛰었다. 나는 청원서에 서명을 하고 내 신상정보와 등반 계획 스케치를 남겨놓았다.

물론 이 길고 험난하며 서풍에 고스란히 노출된 루트로 세계의 정상에 오를 가능성이 희박하다는 점은 나도 익히 알았다. 그렇지만 어떤 대가를 치르더라도 나는 실행에 옮길 각오를 다졌다. 이후 며칠 새 관광청과 마운틴 트래블, 그리고 홀리의 사무실을 오가며 나는 차라리 '로 라Lho-la' 고개를 거쳐 티베트 쪽의 롱북 계곡으로 들어가 영국인이 개척한 고전적인 루트로 에베레스트를 오를까 하는 불법적인 생각에 사로잡히곤 했다. 홀리는 마치 내 생각을 다 읽기라도 한 듯 나에게 네팔 '코다리Kodari'의 티베트 국경이 곧 열릴 거라고 넌지시 일러주었다. 그쪽은 분명 중국, 그리고 곧 티베트로 넘어가 에베레스트에 오를 수 있는, 비용이 가장 적게 드는 길이다! 그러나 중국 정부가 나의 이 지극히 사적인 단독 등반 계획을 두고 뭐라 말할까?

영국인들은 1920년대 초에, 그보다 100년 전에 알프스를 두고 그랬듯 에베레스트 정복의 집념을 불태웠다. 첫 정찰대가 출발한 것은 1921년이다. 정찰대는 인도의 시킴주와 티베트를 빙 돌아가는 우회로를 통해 티베트 사람들이 에베레스트를 부르는 이름인 '초모룽마Chomolungma'의 북쪽 산자락에 위치한 전설적인 롱북 사원으로 갔다. 그리고 이 정찰대에는 당시 가장 뛰어난 영국 등산가인 조지 맬러리도 참가했다.

정찰대의 과제는 에베레스트의 지형을 살피는 것이다. 대원들은 어떻게 해야 정상에 오를 수 있는지 그 루트를 알아내야 했다. 그들은 몇 백 킬로미터를 돌아가며 '카르타Kharta' 계곡을 거쳐 북쪽 계곡 입구에 도착했다. 맬러리와 두 명의 다른 등산가는 돌풍을 뚫고 북쪽 능선의 해발고도 7,000미터까지 돌파해냈다. 거기서 대원들은 정상에 오를 루트를 보았다. 맬러리는 만족했다. "에베레스트는 정복될 수 있다."

정찰대가 런던으로 귀환하자마자 '에베레스트위원회'는 새로운 준비 작업을 시작했고, 1922년 3월에 첫 번째 등반을 시도하기로 결정했다. 다르질링에서 작은 규모의 군대라 불러도 손색없을 정찰대가 출발했다. 13명의 영국인과 160명의 짐꾼 그리고 짐을 나르는 300마리가 넘는 동물로 이뤄진 정찰대다. 정찰대를 이끈 대장은 여단장 찰스 브루스**6**다. 대원으로는 영국의 손꼽히는 등산 엘리트, 노턴Norton, 소머벨Somervell, 핀치Finch 그리고 맬러리가 참가했다. 정찰대의 대장 브루스는 40년째 알프스와 히말라야 등반 경험을 쌓아왔다. 원주민을 브루스만큼 잘 다룰 줄 아는

---

6 찰스 브루스(Charles Bruce, 1866~1939)는 인도에 주둔한 영국군 장교로 히말라야 등반을 개척한 인물이다

사람은 아무도 없었다. 30년 동안 구르카[7] 연대에서 복무했기 때문이다.

에베레스트 지역은 5월까지 겨울 날씨이며, 6월에 들어서면 이미 인도 몬순의 영향을 받기 시작한다. 따뜻한 바람은 눈과 얼음을 고약한 죽음의 함정으로 바꿔놓는다. 정찰대는 시간이 별로 없었다. 하루하루가, 아니 매 시간이 소중했다.

천막과 식량과 침낭으로 꾸려진 베이스캠프와 중간캠프들이 정상으로 향하는 길에 차례로 세워졌다.

핀치 대위는 파격적인 계획안을 가져왔다. 그는 에베레스트 정상을 인공산소로 공략하고자 했다. 공기가 희박해 죽음의 위험에 노출될 수밖에 없는 고산지대에서 산소는 인간이 견딜 수 없는 고통을 덜어준다.

핀치는 고향 잉글랜드에서 기압을 낮출 수 있는 공간을 만들어 실험을 했다. 기압은 외부에서 조절할 수 있게끔 했다. 핀치는 이 공간 안에 들어가 앉아 해발고도 8,800미터의 기압 환경에 맞게 공기를 천천히 빼내게 했다. 그리고 한 번은 산소 공급 장치를 갖추고, 다른 한 번은 산소 공급 장치 없이 두 번의 실험을 했다. 산소가 공급되지 않는 경우 심장은 굉장히 빠르게 뛰었다. 머리와 귀는 높아진 압력에 시달렸다. 그는 정신을 잃고 쓰러졌다. 반대로 산소가 공급되는 경우에는 몸이 불편함을 전혀 느끼지

---

7 구르카인(Gurkhas)은 네팔 출신의 용병을 이르는 말이다. 산악지대에서 단련된 단단한 몸으로 용맹을 떨친다는 평판을 누린다. 2018년 북미정상회담의 경호를 맡기도 했다.

조지 허버트 리 맬러리
(1886~1924)

못했다.

이 실험을 하는 동안 두 명의 의사가 핀치를 관찰했다. 이 실험은 인간이 해발 9,000미터의 고도에서 산소를 공급해주는 기구가 있어야 생존할 수 있음을 증명해주었다. 8,000에서 8,500미터의 고도에 해당하는 기압에서 핀치는 산소를 공급해주는 고무호스를 입에 물었을 때 불편 없이 움직일 수 있는 몸 상태를 보였다. 이 실험 덕에 핀치와 그의 동료들은 약 15킬로그램 정도의 가벼운 강철 실린더로 산소를 공급받으며 등반할 수 있었다.

정찰대는 노스 콜로 가는 길의 아이스폴을 이겨내는 데 며칠이 걸렸다. 해발고도 7,000미터에 '4캠프'가 설치되었다. 이곳부터는 비교적 쉬운 구간이라고 여겼던 대원들은 새로운 어려움에 부딪혔다. 혹독하게 추운 데다가 바람이 너무 강해 해발고도

7,600미터부터는 등반이 거의 불가능했던 것이다. 모스헤드는 계속 구토를 하며 어지럼증에 시달렸고, 맬러리와 노턴과 소머벨은 동상을 입었다. 그럼에도 모스헤드를 제외하고 모두 앞으로 나아갔다. 이들은 해발고도 8,225미터에 이르렀으나, 산소 부족과 엄청난 추위로 결국 발길을 돌리고 말았다. 며칠 뒤 핀치와 두 명의 브루스 가운데 젊은 쪽은 심지어 해발고도 8,320미터까지 올라갔다.

"정상을 아직 500미터 앞두고 있었음에도 우리는 목표지점에 쌓인 돌무더기의 돌 하나하나를 정확히 볼 수 있었다. 그러나 배는 고프고, 사투를 벌이느라 완전히 녹초가 된 탓에 우리는 '탄탈로스의 고통'[8]을 받아 더는 오를 수 없었다. 150미터만 더 갔더라면 이제는 살아서 돌아갈 수 없다는 점을 나는 분명히 깨달았다." 나중에 핀치가 회고한 말이다.

그동안 베이스캠프는 야전병원을 방불케 했다. 그럼에도 맬러리와 소머벨은 굴하지 않고 마지막 시도를 했다. 두 남자가 짐꾼과 동료와 함께 아이스폴의 가파른 비탈을 올라가려 했을 때 비극적인 사건이 벌어지고 말았다.

"이처럼 상태가 안 좋은 눈은 밟아본 적이 없다. 사방은 햇빛이 가득하고 바람 한 점 없이 조용하다. 일행 가운데 누구도 말을 하지 않아, 들리는 것은 오로지 숨이 차 헐떡거리는 소리다. 이 적

---

8 그리스 신화에 등장하는 탄탈로스(Tantalos)는 신들의 음식을 훔쳐 인간에게 준 탓에 늪 속에 목만 내놓고 영원한 갈증과 굶주림에 시달리는 형벌을 받는다.

막함은 돌연 깨졌다. 우리는 기묘한 소음에 소스라치게 놀랐다. 날카롭고 격하면서도 다지지 않은 화약가루에 불을 붙였을 때처럼 부드러운 소리가 우리의 신경을 곤두서게 만들었다. 나는 산에서 그런 소리를 들어본 적이 없다. 그러나 모두 그게 무엇을 뜻하는 소리인지 아는 것처럼 긴장했다. 마치 그런 소리를 들어본 경험이라도 있는 것처럼. 잠시 뒤 나는 내 옆의 반짝이는 눈의 표면에 쫙 잔금이 가면서 깨지는 것을 보았다. 나는 주춤거리며 옆으로 비켜서려 했다. 그러나 나는 어떤 보이지 않는 힘이 나를 잡아당기는 것처럼 아래로 쓸려 내려가기 시작했다. 어떻게든 미끄러지는 것을 막으려 안간힘을 썼으나 소용이 없었다. 단지 나는 머리부터 떨어지지 않게 방향만 잡는 데 성공했다. 몇 초 동안 눈이 나를 부드럽게 받쳐주는 것 같아 위험은 그리 크지 않은 것처럼 보였다. 그러나 그때 내 몸을 묶었던 로프가 팽팽히 잡아당겨지면서 나는 그 반동으로 솟구쳤다. 쏟아지는 눈 더미가 나를 덮치면서 순간 나는 모든 게 끝장이라는 생각을 했다. 읽었던 것과 들었던 것이 주마등처럼 차례로 내 머릿속을 스쳐갔다. 이럴 때 최고의 자구책은 수영 동작이라는 말이 떠올랐다. 나는 두 팔을 머리 위로 뻗어 실제로 헤엄치듯 허우적거렸다. 주변에 뭐가 있는지 확인할 수 없게 만드는 눈 더미 아래서 나는 지금 내가 어떤 속도로 떨어지고 있는지 가늠조차 할 수 없었다. 나는 그냥 떨어져 내리는 눈과 정신없이 사투를 벌였다.

다시 몇 순간이 지나자 쏟아지던 게 멈추는 느낌이 들었다. 나는 몸을 누르는 압력을 느꼈다. 눈사태가 멈추었을 때 나는 내가 얼마나 깊이 묻혔을까 하는 의문이 들었다. 두 팔은 자유로웠다. 두 팔은 표면 가까이 있었다. 나는 잠시 안간힘을 써서 일어섰다. 그리고 얼이 나간 표정으로 조용해진 눈의 표면을 노려보았다. 허리에 붙들어 맸던 로프가 팽팽하게 당겨지는 것으로 미루어 나는 내 뒤를 따르던 짐꾼이 눈 깊숙이 파묻혔다고 짐작했다. 그 순간 갑자기 툭툭 털고 일어나는 짐꾼을 보며 나는 깜짝 놀랐다. 멀쩡해 보이는 모습은 더욱 놀라웠다. 소머벨과 크로포드 역시 곧 눈을 헤집고 나와 내 옆에 바짝 붙어 섰다. 우리 사이의 로프 길이가 꽤 길었던 것을 생각해보면 이상한 일이었다. 나중에 그들의 말을 들어보니 그들 역시 나와 비슷한 처지였다. 그러나 나머지 사람들은 다 어디로 갔을까?"

최악의 경우를 염려했던 맬러리의 짐작이 사실로 확인되었다. 일곱 명의 짐꾼들이 죽었다. 좀 더 올라가려는 의지는 눈과 함께 쓸려 가버렸다.

실패의 굴욕감과 함께 원정대는 다르질링으로 되돌아갔다. 맬러리는 비난하는 사람들을 상대로 모든 책임은 자신의 몫이라며 이렇게 답했다.

"에베레스트는 돈으로 측정할 수 있는 단순한 계약관계로는 도달할 수 없는 곳에 존재합니다. 짐꾼들은 우리의 모험을 함께해 주었습니다. 그들은 자발적으로 우리의 모험에 참가했으며, 충직하게 봉사하고 목숨을 잃었습니다."

여론은 이런 모험의 목적을 두고 그 어느 때보다도 더 열띤 논란을 벌였다. 사람들은 도대체 에베레스트 등반이 무슨 의미를 갖는지 물었다. 에베레스트 등반 시도는 고생과 고통만 요구한 게 아니라 목숨을 앗아갔으며, 엄청나게 많은 비용을 허비시켰다. 게다가 이 시도로 일반 대중이 얻는 것은 전혀 없다. 이제 등반가들은 무엇이 핵심인지 명확히 하려 안간힘을 썼다.

"우리의 가장 내밀한 목적은 인간의 능력이 어디까지 미칠 수 있는지 그 한계를 시험해보고 싶은 것이다. 확고한 의지로 어려운 일에 도전할 때 우리는 인간이 발휘할 수 있는 능력의 최대치를 경험한다. 아직은 목표의 도달 여부를 아무도 말할 수 없다."

그리고 이렇게 주장하기도 했다.

"먹고살기 위해 돈을 버는 것만이 인생은 아니다. 우리는 등산이야말로 인간이 누릴 수 있는 즐거움의 가장 위대한 원천임을 경험으로 안다."

2년 뒤인 1924년 3월, 새로운 원정대가 다르질링에서 시킴주의 열대 계곡을 지나 에베레스트로 향했다. 깡마른 체구의 맬러리는 이번에도 참가했다. 브루스와 노턴은 원정대를 군사 작전처럼 이끌었다. 고소캠프가 속속 설치되었다. 그러나 다른 때 같으면 등반에 알맞다고 여겨졌던 5월에 갑작스런 겨울의 추위와 폭설이 원정대를 습격했다. 원정대는 두 번이나 고소캠프를 떠나 베이스캠프로 퇴진해야만 했다. 이 퇴진으로 두 명의 짐꾼이 목숨을 잃었다. 5월의 마지막 날 마침내 날씨가 좋아졌을 때 원정대는 이미

해벌고도 8,570미터 도달 후
포기하기 직전의
에드워드 노턴

기진맥진 상태였다. 그럼에도 해발 7,000미터 높이의 노스 콜까지 모든 캠프가 정비되었다. 인도 쪽 '창 라Chang La' 벽의 얼음을 타고 올라간 것은 당시의 등반기술로는 빛나는 성과였다. 정상 정복을 위한 고소캠프를 해발고도 8,145미터까지 끌어올리는 작업도 성공했다. 이 정도 높이까지 인간이 올라갈 수 있다는 것은 그때까지만 해도 생리학자들이 불가능하게 여겼던 일이다.

6월 4일, 날씨가 더할 나위 없이 좋아 노턴과 소머벨은 정상 정복에 도전했다. 소머벨은 높은 고도에서 극심한 기침에 시달렸다. 이러다 질식하는 게 아닐까 싶을 정도로 기침이 심해 결국 그는 포기하고 뒤로 물러섰다. 노턴은 계속 올라가 산소마스크 없이 해발고도 8,570미터에 도달했다. 이것은 이후 9년 동안 깨지

에베레스트 솔로

지 않은 기록이다. 그러나 결국 그도 포기했다. 그렇게 등정은 수포로 돌아갔다.

조지 맬러리는 내가 등반가로 경력을 쌓으며 최대의 도전을 감행할 때인 1960년대에도 경탄해마지 않았던 인물이다. 나는 맬러리와 영국의 낭가파르바트 선구자 앨버트 머메리[9] 역시 인공산소의 사용 문제를 놓고 열띤 반론을 벌였다는 점에서 두 남자를 존경한다.

기술 보조수단의 사용을 발전이라 추켜세우는 산업화 시대에서 두 남자는 무엇보다도 "올바른 방법"을 써야 한다고 강조했다. 당시 두 남자는 기술 보조수단을 쓰는 것이 등산의 본질을 해치는 일임을 강조했다. 두 사람은 불가능해 보이는 도전을 오로지 자신의 힘으로, 체력과 정신력으로 이루어낼 때 맛보는 행복감과 희열이야말로 등산의 본질이라고 주장했다. 그리고 이들과 같은 관점에서 암벽등반에 하켄 쓰는 것을 비난한 파울 프로이스[10] 역시 내가 모범으로 삼는 등반가이다.

오늘날 우리의 세상은 이들이 예상했던 것보다 훨씬 더 깊숙이 기술의 지배를 받는다. 기술로 훼손된 지구에서 인간이 지닌 본래의 힘과 능력을 마음껏 구사할 수 있는 자유 공간은 이제 거

---

9 앨버트 머메리(Albert Mummery, 1855~1895)는 낭가파르바트에 도전했다가 실종된 영국의 등산가이다.

10 파울 프로이스(Paul Preuß, 1886~1913)는 오스트리아의 등산가로 일체의 보조수단, 심지어 로프도 쓰지 않고 단독으로 150회의 초등에 성공한 인물이다. 27세에 오스트리아의 만들코겔(Mandlkogel)이라는 산에서 추락해 죽었다.

의 찾아보기 힘들다.

바로 그래서 인간이 산에 오르는 것보다 더 환상적인 도전은 나에게 없다. 나는 이런 도전을 기술 보조수단, 이를테면 산소통, 하켄, 헬리콥터 따위로 불가능한 것을 가능하게 만드는 기술로 흐려버리는 꼼수를 단호히 거부한다. 기술과 시멘트 사막이 지배하는 시대, 무엇이든 공장에서 만들고 관리만 잘해주면 되는 시대에서 인간은 갈수록 소외를 겪는다. 이런 소외를 이겨낼 수 있는 대항마로 나는 산을 필요로 한다.

기술을 보는 나의 이런 관점을 개인적인 호들갑이나 과장이라고 생각하는 사람은 오늘에라도 당장 쿰부 아이스폴의 에베레스트 베이스캠프로 가보기 바란다. 그곳에 기술을 선호하는 등산가들이 아무렇게나 버린 쓰레기더미가 몇 제곱킬로미터의 면적을 차지한 모습을 보는 순간 내 심정은 충분히 이해되고도 남으리라.

영국 원정대의 에베레스트 정복 시도는 비극으로 끝이 났다. 정상을 향해 도전한 맬러리와 어빈[11]은 실종되었다. 이들의 비극적 종말을 다룬 글도 쏟아져나왔다. 대부분의 글은 주로 "과연 두 남자가 죽기 전에 정상에 올랐을까?" 하는 의문에 초점을 맞추었다.

---

11 앤드루 어빈(Andrew Irvine, 1902~1924)은 영국의 산악인으로 1924년 에베레스트 원정대에 참가했다가 실종된 인물이다.

아마도 머지않아 에베레스트를 북쪽에서 볼 수 있지 않을까 하는 생각에 사로잡힌 나는 맬러리 도전 스토리의 모든 것을 머릿속으로 정리해보았다. 그러면서 나는 내심 맬러리와 어빈이 등반하는 도중이 아니라 하산하는 과정에서 추락했거나 동사했기를 갈망했다.

"성공, 이 단어는 여기서 아무것도 의미하지 않는다…."

맬러리가 어떤 시도 끝에 이렇게 썼다는 걸 잘 알면서도 나는 갈망을 억누를 수가 없었다.

에베레스트의 신비를 밝히기 위해 그 누구보다도 많은 노력을 기울인 맬러리, 세 번의 원정에 강력한 추동력을 제공할 정도로 굽힐 줄 모르는 의지를 자랑했던 맬러리는 자신의 죽음과 함께 전설이 되었다. 이 남자는 대체 어떤 사람이었을까?

"맬러리는 흔히 보기 힘든 독특한 인물이다. 신체적으로 그는 등산가의 모범과 다르지 않았다. 우선 외모가 출중했다. 37세의 나이를 무색하게 만들 정도의 동안童顔은 그만큼 건강하다는 증거였다. 다부진 체구는 지칠 줄 모르는 실행력으로 나타난다. 구름 위를 걷듯 가벼운 그의 행보를 따를 수 있는 사람은 아무도 없었다. 하산할 때 행보는 더욱 날렵했다. 이는 그가 그만큼 체력단련을 열심히 했으며, 등산의 뛰어난 솜씨를 다듬어왔다는 증명이다. 그러나 그를 위대한 등산가로 만든 진정한 힘은 정신력이다. 겉으로 봐서는 지쳤는지 아닌지 판단할 수 없을 정도로 그의 의지는 군셌다. 어떤 상황에서도 어려운 도전과제가 나타나면 그

'세컨드스텝'의 어느 지점에선가
자신의 실패를 직감한 맬러리

는 곧장 달려들었기 때문이다. 어려운 상황이 지속되는 한, 그는
도전을 이끄는 지도자의 정신을 유감없이 보여주었다."

생존자들이 영국으로 돌아왔을 때 에베레스트 정상을 밟았느
냐는 의문을 둘러싼 설왕설래는 끊이지 않았다. 사람들은 저마
다 원정대의 일지, 곧 오델[12]의 목격담을 토대로 이론을 펼치곤
했다. 그러나 오델의 기록은 고도에 따른 일반적인 어려움과 에베
레스트 북쪽 루트의 특성을 다루었을 뿐이다. 세간의 각종 이론
은 그저 모순으로 얼룩졌다.

단독 등반을 염두에 둔 나는 맬러리와 어빈이 과연 무슨 일을
겪은 것인지 그 숨은 이야기에 큰 관심을 가졌다. 맬러리는 혼자

12 노엘 오델(Noel Odell, 1890~1987)은 영국의 지리학자이자 등산가이다. 1924년의 원정대
에 그는 산소 담당으로 참가했다.

정상으로 갔을까? 그는 세컨드스텝[13]을 어떻게 이겨냈을까? 나는 꿈까지 꾸어가며 이 모든 의문들과 씨름했다.

1953년에 이르러서야 비로소 아홉 번째 시도 끝에, 더 없이 완벽하게 조직한 등반대로 에드먼드 힐러리와 셰르파 텐징 노르가이는 세계에서 가장 높은 산의 정상에 올랐다. 그리고 건강한 몸으로 내려왔다. 다만 힐러리와 텐징이 최초로 정상을 밟았느냐는 의문의 답은 여전히 불분명하다.

힐러리는 자신보다 앞서 정상을 밟은 그 어떤 흔적도 보지 못했다고 했지만, 그래도 의혹은 남는다.

나는 카트만두의 호텔방에서 오래된 에베레스트 책들 가운데 한 권을 읽다가 곱씹어봄 직한 문장을 발견했다.

아둔한 머리는 자신의 아둔함을 알아보기 어렵다. 그러나 나는 에베레스트를 오르는 등반가가 음식을 마시려 한다거나 뒷걸음을 치는 따위로 우스꽝스러운 짓을 하는 게 충분히 이해가 된다. 희박한 공기 속에서 명확히 생각하기란 어려운 일이다. 그냥 아무것도 하지 않았으면 하는 생각을 억누르는 것은 대단히 어렵다.

13 3 Steps는 에베레스트 북동쪽 능선의 바위지대를 이르는 표현으로 8,564미터를 '퍼스트스텝(First step)', 8,610미터를 '세컨드스텝(Second step)' 그리고 8,710미터를 '서드스텝(Third step)'이라 부른다. 이 가운데 정상 등정에 가장 위험하고 중요한 곳이 '세컨드스텝'이다.

우리가 성공하지 못하게 발목을 잡는 것은 무엇보다도 산소 결핍 탓에 빚어지는 허약한 의지다.

나는 미소를 지으며 책을 옆으로 밀어놓고 손목시계를 보았다. 오전 7시다. 약간 피곤하기는 하지만, 편안한 느낌의 피곤함이다. 아직 30분은 더 침대에 있어도 좋다는 생각에 만족한 나는 몸을 돌려 등을 바닥에 대고 누워 두 손을 뻗어 머리를 감싸고 다시 생각에 잠겼다. 이제 막 산에서 돌아오는 길임에도 에베레스트를 단독 등반해야만 한다는 생각이 나를 사로잡았다. 1980년에 얼마의 비용이 들더라도 나는 단독 등반을 감행하리라.

아침식사를 하는데 어떤 독일 관광객이 내 식탁에 와서 앉았다. 40대 초반에 중간 정도의 키 그리고 체중이 많이 나가 보이는 몸집이 상당한 남자였다. 산은 단 한 번도 올라가보지 않았을 게 분명한 이 남자는 단체관광을 다니지 않는 사람만 보면 공격성이 불타오르는 모양이다.

"도대체 히말라야는 왜 올라가시죠?" 그가 나에게 물었다.

"아마도 히말라야가 거기 있으니까요."

"당신의 'K2 원정대'를 다룬 영화를 보았어요. 지루하더군요. 한 걸음 올라갈 때마다 숨을 들이마시고 내쉬고… 늘 똑같은 동작이라니. 무거운 것을 어깨에 걸머지고 힘들어서 신음 소리를 내면서도 그냥 무작정 올라간다? 게다가 미끄러져 추락할 위험은 크기만 하죠. 아마도 당신은 글을 써서 받는 보수의 대부분을 등산에 쓰나 봐요. 참으로 무의미하네요."

나는 대꾸를 하지 않았다.

"당신 부모님이 안타깝네요. 힘들어 공부시켜놨더니 아들이 할 줄 아는 것은 오로지 기어 올라가는 일이라니."

"지금 무슨 훈계하시는 겁니까?" 내가 물었다.

"훈계라뇨, 아니에요. 저는 다만 당신이 무슨 일을 하고 있는지 분명히 깨닫게 도움을 주고 싶은 거예요. 다른 사람들과 떨어져서 계속 위로만 올라간다. 그걸 누가 이해할 수 있죠? 그 끝은 어디입니까?"

나는 서둘러 식사를 끝냈다. 이런 남자에게 고산 등반의 환상적인 기분을 어떻게 설명할 수 있을까? 그저 편안한 삶과 공동체 울타리 안에서 누리는 안전한 느낌만 중시하는 사람이 인간 능력의 한계를 넘어서는 고된 도전을 통해 비로소 맛보는 충만한 존재감을 어떻게 이해할 수 있을까? 그리고 나는 다른 사람들과 멀리 떨어져 있어야만 고독을 더 잘 견딜 수 있다는 점도 이해하지 못할 것이다.

저녁에 나는 카트만두 시내 중심가에서 윌츠를 만나 식사를 했다. 윌츠와 함께라면 고독을 이야기할 수 있다.

주문한 스테이크를 기다리는 동안 니나[14]가 레스토랑 안으로 들어왔다. 이 캐나다 여성은 우리가 '텡보체Tengboche'로 가는 길에 만난 적이 있으며, 우리가 피터 힐러리가 이끄는 뉴질랜드 등반대를 아마다블람의 서벽에서 구출했을 때 우리의 베이스캠프

니나 홀귄

를 찾아왔었다. 그녀는 캐나다로 돌아가는 길이며 일자리를 찾고 있다고 말했다. 이 말을 듣자 나는 곧 유럽으로 돌아가 순회강연을 해야 한다는 생각을 떠올렸다. 이 순회강연을 하는 동안 여러 기술적인 문제를 처리해줄 비서가 필요한데 맡아주지 않겠느냐고 니나에게 제안했다. 꽤나 즉흥적인 제안이었음에도 그녀는 흔쾌히 동의했다. 니나는 우리의 만남을 자신의 일기장에 다음과 같이 묘사했다.

14 니나 홀귄(Nena Holguin)은 메스너와 한때 인생을 함께한 동반자로 메스너 사이에 딸을 하나 두었다. 메스너는 1972년에서 1977년까지 우쉬 데메터(Uschi Demeter)와 결혼생활을 했다. 메스너는 2009년 7월에 오랫동안 알고 지낸 자비네 슈텔레(Sabine Stehle)라는 패션 디자이너와 재혼해 세 자녀를 두었다.

내 뉴질랜드 남자 친구 피터 힐러리와의 어려운 관계 탓에 극심한 우울증에 빠진 나는 어떻게든 인생의 반전을 이루었으면 좋겠다는 각오를 다졌다. 나는 다시 웃으며 살 수 있어야만 한다. 1979년 11월 7일 나는 카트만두의 공항에서 피터에게 작별을 고했다. 나는 굳은 결심으로 이별을 통보했다. 피터에게 되도록 긍정적인 기분을 보이려 했지만, 이제 우리 관계에서 남은 것은 거의 없었다. 상황을 전체적으로 살펴보면 아마다블람에서 겪은 끔찍한 일이 피터에게 불행한 것만은 아니다. 오히려 그 사건은 피터가 자기 자신을 알게 되는 방향으로 나아가게 해준 일대 전진이다. 그가 필요로 하는 것은 내가 아니라, 이런 전진이다. 그를 태운 비행기가 이륙하자 나는 아픔과 행복을 동시에 느꼈다. 행복한 느낌은 이제 다시 나 자신을 온전히 느낄 수 있다는 안도감의 선물이다.

저녁 때 나는 카트만두의 '히말라야 소사이어티'라는 숙소에서 함께 지냈던 친구들인 머브Merv와 아리안Ariane에게 작별인사를 했다. 나는 무엇인가 찾고 싶다는 생각에 시내로 갔다. 내가 무얼 찾고 싶었던 것인지는 지금도 분명하지 않다. 저녁 7시에 나는 단출한 스테이크하우스 'KC'로 들어갔다. 식당은 단 한 자리도 비어 있지 않을 정도로 만원이었다. 식당 안을 둘러보고 다시 나가려는 찰나, 내 눈길은 나를 바라보는 시선과 만났다. 친근한 미소를 짓는 남자를 보며 나는 곧장 당시 아마다블람의 베이스캠프에서 느꼈던 것과 같은 감정을 맛보았다. 그때의 벅찬 감정이 고스란히 되살아나는 것을 나는 막을 수 없었다. 당시의 생각이 고스란히 떠올랐다. '이 남자는 대단한 힘과 에너지를 품고 있다.' 내가 베이스캠프에서 친구들을 구출해준 것에 감사의 뜻으로 그의 뺨에 뽀뽀를 해주려 했을 때 라인홀트는 나를 안았다. 어쨌거나 그는 절망적인 상황에 처한 내 친구들을 구출해주었다.

그런데 이제 그가 앞에 앉아 있다. "이리 와서 우리와 함께 좀 드시죠." 그가 말했다. 그의 옆에는 윌츠와 두 명의 젊은 여성이 있었다. 나는 먼저 방해하는 것은 아닌지 물었다. 그러나 그는 서둘러 자신과 여인 한 명 사이에 자리를 만들었다. 나는 거절할 수 없었다. 이 남자가 나를 끌어당기는 힘을 나는 거역할 수 없었다. 우리는 밤늦게까지 이야기를 나누었다. 나는 캐나다로 돌아가 겨울을 날 일자리를 알아보아야만 한다고 말했다. 라인홀트는 그럼 자신과 함께 유럽의 순회강연을 다니지 않겠느냐고 제안했다.

나는 그의 제안을 곰곰이 생각했다. 장점과 단점을 저울질하며 선택을 고민했다. 그러나 나는 잃을 것이 없다. 11시에 나는 마침내 순회강연을 함께하기로 결심했다. 라인홀트가 내 결정에 놀랐는지 알지는 못했지만, 그런 건 아닌 것 같았다. 그는 복잡할 게 전혀 없는 인간처럼 보였다. 그와 뺨에 뽀뽀를 하고 새벽 1시쯤 나는 숙소로 돌아왔다. 약간 지치기도 했고 살짝 흥분한 탓에 일단 침대에 앉았다. 아리안을 깨워 무슨 일이 일어났는지 이야기해주고 싶었다. 하지만 이내 포기하고 침대에 누웠다. 잠들기 전에 나는 나를 인도해주시는 하느님께 감사 기도를 드렸다. 그동안

에베레스트 솔로

내가 겪었던 모험들이 떠올랐다. 어머니는 항상 이런 모험을 꿈꾸었음에도 전혀 체험하지 못했다. 어머니는 다른 세대의 사람이니까. 어머니의 젊은 시절은 어렵기만 했다. 어머니는 어려서부터 가족을 부양하기 위해 힘들게 일해야만 했다.

이후 며칠 동안 나는 여행 준비를 하며 보냈다. 저녁에는 라인홀트와 시장을 돌아보고 식사를 했다. 다만 한 가지가 혼란스럽다. 택시를 타고 레스토랑으로 가는 길에 라인홀트가 나를 끌어당기며 말했다. "사랑해요." '말도 안 돼, 이 무슨 기묘한 일이람, 당신은 나를 전혀 모르잖아' 하고 나는 생각했다.

이틀 뒤 우리는 카트만두에서 뮌헨으로 날아왔다. 나는 아직 내 새로운 계획을 니나에게 자세히 이야기하지는 않았다. 다만 이따금 에베레스트 단독 등반의 단호한 의지를 내비쳤다. 아마도 순회강연을 다녀야 하는 중압감, 눈코 뜰 새 없이 바쁜 유럽에서의 삶, 새로운 관계 등이 단독 등반이라는 나의 계획을 뒷전으로 밀어놓은 모양이다. 단독 등반을 꿈꾸는 나의 열정은 아직 충분히 뜨겁지 않았다. 카트만두 시절의 흥분이 약해졌다. 물론 친구들에게 내 포부를 이따금 털어놓기는 했지만, 혼자 있을 때나 잠들기 전에 나는 '내가 정말 해낼 수 있을까?' 하는 걱정에 사로잡혔다. 나는 시간이 필요했다.

힘은 외톨이의 심장에서 천천히 자라난다. 그러나 그 힘은 나를 폭발시킬 정도로 자라나아만 한다. 천천히 키워진 사랑이 기장 뜨겁고 오래가듯. 열정에 불을 지를 힘이 부족하다면, 모든 행위는 계산적이 된다. 다시 말해서 어떤 일을 할지 말지에 대한 결정에 이해관계를 따지는 계산 결과만 중시한다. 이런 계산적인 사고방식이 눈사태나 빙벽의 붕괴 또는 탈진 따위로 겪어야 하는 죽음의 위험을 두고 무슨 판단을 내놓을까? 당장 거부반응이 나올 게 분명하다.

단호함, 특히 이런 계산적인 사고방식을 억누를 줄 아는 단호함은 하룻밤 새 배울 수 있는 것이 아니다. 활활 불태울 수 있는 에너지는 오랜 기다림의 시간, 희망하고 꿈꾸는 오랜 시간을 통해서만 축적된다. 생각이 무르익어야 이 에너지는 분출해 열정이 된다. 그러나 강인한 의지가 뒷받침해주지 않는 열정은 오래 가지 못한다. 의지는 지구력을 가져야만 그 어떤 장애도 극복해낼 수 있다.

2장 다시 돌아온 유럽

네온사인의 불빛이 명멸한다. 취리히 공항의 하늘은 붉은 빛으로 바다를 이루었다. 월츠는 눈길을 어디에 둬야 좋을지 몰라 황망한 표정을 짓는다. 산에서 고향으로 돌아올 때마다, 다시금 많은 사람들 속에 설 때마다, 그는 막연한 상실감에 괴로워하지만 이를 어떻게 풀어야 좋을지 모른다. 이번에는 취리히의 야경이 그를 얼어붙게 만들었다. 돌연 대도시의 소음 한복판에 선 그는 온몸이 마비된 것처럼 꼼짝도 하지 않았다.

등산은 월츠와 나를 묶어주는 강한 연결고리다. 그러나 지금은 서로 저마다의 길을 가야 한다. 나는 우리가 함께하는 모험 외에 그를 잘 알지 못한다. 내가 그의 사생활을 아는 것이 있던가? 나는 오로지 그 역시 등산 못지않은 열정을 품고 하는 일이 있다는 것, 그리고 의사로 환자를 돌보며 되도록 빨리 다음 등산을 떠났으면 하고 바란다는 것만 안다.

월츠처럼 산에서 성장한 사람은 도시에 살면서, 또 학자로 일하면서 세상을 보는 자신의 관점을 계속 넓혀갈 수는 있다. 다만 한 가지만큼은 포기하지 못한다. 그는 기회가 주어질 때마다 반드시 산에 올라야만 한다. 해가 구름을 뚫고 비치는 순간, 얼굴에 부는 바람을 느끼는 순간 그는 소년처럼 다시 새로운 등산을 꿈꾼다. 나도 마찬가지다.

도착하고 첫 며칠 동안 나는 유럽이 생소하게만 느껴졌다. 마치 내가 알던 유럽을 모두 네팔에 쏟아버리고 온 것만 같은 느낌에 나는 어리둥절하기만 했다. 입국장 직원들은 내 짐 속에 혹시 대마초가 숨겨져 있는 것은 아닌지, 내 여권에 테러리스트의 흔적이 있지는 않은지 뒤졌다. 평소와 다른 모습이라고 해야 헤어스타일이 덥수룩하다는 것뿐이었음에도. 게다가 공손한 태도를 보이지 않았다는 이유만으로 나는 입국장의 심사대에서 1시간을 기다려야만 했다. 정말이지 1분 1초가 아쉬울 정도로 내 일정은 촉박했음에도. 독일과 오스트리아와 스위스의 주요 도시들을 다녀야 하는 순회강연 일정은 이미 도착한 날부터 시작이었다. 매일 저녁 낭가파르바트를 단독으로 등정한 모습을 찍은 사진들을 슬라이드로 청중에게 보여주며 나는 경험담을 풀어놓아야 했다. 매일 100~400킬로미터를 자동차로 달려야만 하는 일정이다. 그리고 강연이 끝날 때마다 공개적인 질의응답 시간이 주어진다. 물론 이 일에서 내가 가장 많은 관심을 두는 것이 이 시간이다.

순회강연을 다니는 도중에 만난 〈슈피겔〉 기자 요아힘 횔츠겐Joachim Hoelzgen, 나와 함께 'K2'에 참가했던 그는 1979년 11월 20일 자의 〈베이징 리뷰〉[1]를 나에게 건네주었다. 신문에는 "중국

정부가 외국 산악인에게 여덟 개의 산을 개방하기로 했다"라는 기사가 실려 있었다. 그중에는 "세계 최고봉으로 중국과 네팔의 국경에 걸쳐 있으며, 그 북벽이 중국의 자치 구역 티베트에 위치한 해발고도 8,848미터의 초모롱마(에베레스트)가 포함된다"라고 기사는 밝혔다.

기사를 읽는 순간 나는 곧장 중국으로 가야겠다고 결심했다. 이 공식적인 발표로 중국의 산들에 이제 세계각지의 산악인들이 몰려들 것이기 때문이다. 야망을 가진 아주 많은 산악인들은 너무나 오랫동안 이 기회를 기다려왔다. 등산을 허가해달라는 청원서도 이미 산처럼 쌓여 있다. 결과는 알 수 없겠지만, 협상의 기회를 조금이라도 빨리 잡기 위해 나는 베이징으로 당장 가야만 한다. 중국인들은 이 허가에 많은 돈을 지불하게 할 것이다. 나는 스폰서가 필요하다. 그렇다면 그만한 자금을 지원해줄 스폰서에게 나는 무엇을 제공할 수 있을까? 당장 나에게 떠오른 것은 영화 판권이다.

우리가 어쩌다가 말려든 극적인 사건인 '아마다블람 원정대'를 소재로 '바바리아영화사'는 영화 한 편을 제작했다. 그때 바바리아 사람들과의 협력이 아주 잘 이뤄졌던 경험이 떠올랐다. 나는 곧장 당시 제작 담당 책임자인 위르겐 레만에게 전화를 걸었다. 그는 내가 무슨 말을 하는지 즉각 이해하고 큰 관심을 보였다. 외

---

1 〈北京周報〉(영어 명칭: Beijing Review)는 중국 정부가 발행하는 주간지로 여러 개 언어로 정부의 공식 결정을 알리는 기관지이다. 1958년에 창간되었다.

부에 차단된 미지의 땅 티베트, 그리고 나의 에베레스트 단독 등반에 그는 나 못지않게 열광했다.

그는 자신이 가진 영향력을 모두 동원했다. 그 결과 몇 주 뒤 우리 두 사람은 베이징으로 가는 비행기 안에 앉았다. 구름 위에서 나는 위르겐에게 내가 티베트를 처음 보았을 때의 이야기를 했다.

당시 나는 마나슬루의 정상에 서서 내가 갈망해온 티베트를 내려다보았다. 정상에 오르느라 탈진한 상태였지만 내 안에서 벅찬 감동의 물결이 차올랐다. 나의 발아래에는 암벽의 바다가, 고산의 초원이, 만년설을 머리에 이은 산들이 펼쳐졌다. 무한히 이어지는 원초의 풍경이 기묘한 형상을 한 구름 위로 솟아오른 모습은 정말이지 장관이었다. 나는 넋을 잃고 그 장관을 감상하느라 도저히 풍경에서 눈을 뗄 수 없었다. 이후 나는 티베트의 풍경과 다시 만날 수 있기를 간절히 소망해왔다. 8,000미터 산의 정상보다 나는 티베트 풍경이 더 그리웠다.

베이징에서 우리는 공항으로 마중 나온 '중국등산협회CMA, Chinese Mountaineering Association'의 환영을 받았다. 협회가 제공한 차를 타고 우리는 시내로 향했다. 베이징은 흑갈색의 연속이다. 마치 상자 갑처럼 작은 집들이 늘어섰으며, 이따금 썰렁한 콘크리트 블록이 나타나는데… 아무튼 모든 것이 먼지를 뒤집어썼다. 널찍한 아스팔트 도로 위로는 푸른색 옷을 입은 중국인이 탄 검은색 자전거가 끝도 없이 이어진다. 여성들은 먼지를 막으려 대개 얇은 천으로 얼굴을 감쌌는데, 그 모습은 마치 포장된 인형을 보는 것 같다. 교차로마다 청결과 질서를 강조하는 거대한 플래카드가 걸렸다. 번쩍이는 색깔로 올바른 양치와 식사 전의 손 씻기를 가르치는 플래카드도 보인다.

베이징 시민은 재난에 가까운 주거 공간 부족에 시달리는 데도 시내 중심에는 거대한 광장이 위용을 자랑한다. 잿빛의 황량한 분위기를 자아내는 이 광장은 선동 목적의 행진이 펼쳐지는 거대한 쟁반이다. 광장의 중앙에는 마오쩌둥의 묘가 있다. 작은 시신이 쉬기에는 너무나 큰 건물이다. 광장에는 '금지된 성'이라는 뜻의 자금성을 둘러싼 붉은 벽이 날개처럼 양옆으로 펼쳐진다. 오늘날 자금성은 누구나 들어갈 수 있다. 고궁 안에 마련된 진열장 앞에서 시골 출신의 가난한 중국 사람들은 유리에 코를 바짝 들이대고 황제의 첩들이 지녔다는 보석들을 구경하며 연신 감탄사를 쏟아낸다. 전시실에서는 마늘 냄새가 진동을 한다. 비록 옛날보다 사는 형편이 나아지기는 했다지만 중국인들은 여전히 가난하다. 마오쩌둥의 오랜 대장정에도, 산업화의 갖은 노력에도, 개인의 철저한 희생에도, 중국의 가난은 꿈쩍도 하지 않는다.

나에게 주어진 시간은 그저 쓱 훑어볼 정도에 지나지 않았다. 이후 나는 CMA와 끝없는 협상을 벌여야만 했다. 중국인들은 낯선 외국인인 나를 공손함과 겸손함으로 끊임없이 의식을 치러가며 대했다. 협회 임원들은 우정을 말하는 동시에 나에게 등반 허가를 천문학적인 비용에 팔고자 했다. 나처럼 지극히 예외적인 관광객도 중국에게는 아주 중요한 수입원 가운데 하나라는 걸 나는 몇 시간 만에 이해했다.

그때는 베이징에서 벽에 그려진 마르크스와 엥겔스의 초상화가 다시 지워지던 시기다. 마오쩌둥이 죽고 그의 아내를 중심으로 형성되었던 권력 집단이 몰락하면서 레닌과 마오쩌둥이 남긴 글도 퇴색하는 것처럼 보였다. 이제 마오쩌둥의 후계자들은 중국의 내적인 모순들, 즉 사회주의 체제를 위협하는 모순들을 해결하려 안간힘을 쓴다. 이제는 시장을 개방하고, 각 개인이 더 큰 책임을 떠맡아야 한다는 것이 구호다. 수요와 공급의 보이지 않는 손을 믿어야만 한다고, 공산주의 국가의 정치가가 공공연히 말한다. 그럼에도 새로운 중국은 공산주의로 남는다고 한다. 다시 말해서 생산수단은 여전히 개인이 아니라 인민의 소유다. 그러나 경제는 다른 법칙을 따른다. 소비재를 둘러싼 경쟁이 허용되는 시장, 노동의 종류와 품질에 따라 달라지는 임금이 이 법칙의 구체적 예다. 나는 베이징이 거대한 실험실처럼 여겨졌다. 이 전환은 아주 작은 단계를 밟아가며 이루어질 것이라고 한다. 국가가 직영하는 상점의 문 앞에서 나는 소매상과 농부가 신선한 고기, 채소, 과일을 파는 작은 가판대가 죽 늘어선 것을 보았다.

오랜 협상 끝에 마침내 CMA는 나에게 초모룽마의 단독 등반 허가를 내주기로 결정했다. 나는 티베트에서 수송과 숙박에 들어가는 비용이 엄청나다는 말과 함께 건네받은 계산서를 호텔 방에서 밤새도록 살피느라 잠을 이루지 못했다. 그 결과 단독 등

에베레스트 솔로

반이라는 모험에 들어가는 비용은 최소 4만에서 최고 5만 달러
가 든다.

다음 날 오전에 나는 약정서, 즉 일종의 원정 계약서에 서명을
했다.

이탈리아 등산가 라인홀트 메스너의 초모룽마 정상 등정 약정서

중국의 산을 등정하고자 이탈리아의 등산가 라인홀트 메스너가 올린
청원을 중국등산협회는 허가한다. 이번 등반은 중국과 이탈리아 그리고
독일 국민 사이의 우호 증진에 이바지한다.

우호적인 협의를 통해 중국등산협회의 대표자들과 라인홀트 메스너는
다음 사항을 약정한다.

1. 탐험의 명칭은 '1980년 여름 초모룽마 정상의 라인홀트 메스너 최초
   단독 등반'이다. 참가자 수는 두 명으로 라인홀트 메스너와 한 명의
   의사다. 등반대 대장은 라인홀트 메스너이며, 라인홀트 메스너에게
   전권을 위임 받은 베이징 대리인은 베이징 독일 연방공화국 대사이다.

2. 프로그램:
   • 목표: 초모룽마 등정
   • 루트: 북쪽
   • 접근경로: 베이징 ─ 청두 ─ 라싸 ─ 시가체 ─ 쉐가르진(協格尔镇,

Shegar 또는 Shelkar) ㅡ 베이스캠프

• 과학 연구: 기온, 기압, 우기의 강우량 등 기상학 관측

• 등반 시기: 1980년 6월에서 8월 31일까지(5월 중순 도착ㅡ9월 초 귀국).

3. CMA는 메스너가 등반 수행에 필요한 정보를 제공해줄 연락관과 통역사를 각각 한 명씩 연결해준다. CMA는 메스너에게 야크 두 마리와 이를 다룰 몰이꾼을 제공해준다.

4. CMA의 수송수단 지원 의무: 라싸에서 초모룽마 베이스캠프까지 7인승 지프를, 베이스캠프에서 시샤팡마를 탐사하고 이후 라싸까지 7인승 지프를 제공한다.

5. 식사: 베이스캠프에 도착한 뒤부터 모든 중국 참가자들의 식사 문제는 CMA가 해결한다. 라인홀트 메스너와 그의 동반자는 베이스캠프 도착 이후 식사를 스스로 해결하며, 중국 참가자들에게 100리터의 휘발유에 해당하는 금액을 지불한다.

6. 라인홀트 메스너는 1980년 5월 31일 이전에 CMA에게 장비 목록과 초모룽마 입산과 시샤팡마 정찰에 납부해야 하는 요금(4,080위안)과 이에 필요한 경비(약 3만 3,000위안)를 송금한다.

7. CMA는 4월 말까지 중국 참가자들의 신체 치수와 신발 크기를 정리한 목록을 메스너에게 전달해준다.

8. 메스너는 CMA가 외국 등반대의 중국 활동에 관련해 정한 규정을 준수해야 한다. CMA 규정에 따른 비용은 다음 계좌로 입금한다.

[계좌번호 81-89013199, 중국인민은행, 베이징]

9. 관련 회의를 통해 CMA는 메스너가 1981년 봄에 시샤팡마 정상을 등반하고 싶다는 희망을 가졌음을 인지하게 되었다. 이 문제와 관련한 협의는 1980년 7월에 하기로 한다.

10. 앞서의 항목들은 서로 충분한 협의를 통해 결정되었다. 이 약정서 내용을 바꾸거나 보충하는 일은 반드시 양쪽의 동의 아래서만 이뤄질 수 있다.

11. 이 약정서는 1980년 4월 3일에 메스너와 베이징 CMA의 대리인 시 찬충(Shi Zhanchung)의 서명으로 효력을 얻는다.

이 약정서는 중국어와 독일어로 각 1부씩, 총 2부를 작성한다. 두 가지 판본은 동일한 효력을 가진다. 약정서는 서명과 함께 효력을 발휘한다.

라인홀트 메스너   시 찬충
                                           중국 등산 협회 회장

                                           1980년 4월 3일, 베이징

해냈다! 이제 나는 1980년 두 번째 에베레스트 등반 허가를 받아냈다! 다시금 산소마스크 없이, 그러나 이번에는 동반자도 없이, 추락을 막아줄 안전장치도 없이, 배낭도 없이, 티베트 쪽의 새로운 루트로 나는 올라가야 한다.

에베레스트를 혼자 올라가려 했던 최초의 인물은 영국인 모리스 윌슨[2]이다. 그는 등산가라기보다는 광신도에 가까울 정도로 신앙심이 뜨거운 남자였다. 그는 믿음과 금식으로 심신을 깨끗이 정화한 사람은 세상에서 이루지 못할 일이 없다고, 지구상의 최고봉 정상도 얼마든지 오를 수 있다고 굳은 자신감을 보였다. 콜럼버스와 토르 헤이어달[3]과 마찬가지로 윌슨은 직접적인 행동으로 자신의 믿음을 증명해보이고 싶었다. 신의 도움을 받으면 인간이 해내지 못할 일이 없다는 것을 증명하겠다며 그는 에베레스트를 오르려 했다. 이로써 에베레스트 역사에서 가장 기괴한 기록 가운데 하나가 시작되었다. 도대체 윌슨은 어쩌다 그런 확신을 품게 되었을까?

1898년에 셋째로 태어난 모리스 윌슨은 브래드퍼드Bradford에서 성장했다. 착실한 학생이었던 그는 이미 12세에 프랑스어와 독일어를 유창하게 구사했다. 1916년 그는 18번째 생일 하루 뒤에 자원입대했다. 병장에서 소위로 진급할 정도로 그는 용감함과 투철한 의무감을 보여 훈장을 받기도 했다. 그러나 얼마 뒤 기관총에 왼팔과 가슴에 부상을 입어 상이군인으로 귀향 조치되었다. 그 세대의 남자들이 그랬듯 윌슨은 참호의 끔찍함을 잊을 수 없

---

2 모리스 윌슨(Maurice Wilson, 1898~1934)은 영국의 모험가로, 에베레스트를 단독으로 등정하려다가 사망했다.
3 토르 헤이어달(Thor Heyerdahl, 1914~2002)은 노르웨이 출신의 탐험가이자 고고학자로 태평양과 대서양 횡단에 성공한 인물이다.

었으며, 일상생활에 다시 적응하지 못해 힘들어했다. 그는 인생의 의미와 목적이 무엇인지 알 수 없어 방황했다. 아버지의 공장에서 하는 일은 늘 똑같아 지루하기만 했다. 런던으로 갔으나 더 달라지는 것은 없었고, 다른 퇴역군인들처럼 생활의 갈피를 잡지 못했다. 결국 그는 이민을 결심했다. 뉴욕으로 갔다가 다시 샌프란시스코로, 다시 뉴질랜드로 건너갔다. 뉴질랜드에서는 몇 년을 살며 처음에는 수레를 팔다가 돌팔이의사 노릇을 하기도 하고, 한동안은 여성의류 가게를 운영하기도 했다. 그러다 불현듯 영감이 떠오른 윌슨은 우편선을 타고 잉글랜드로 돌아가기로 했다.

성공한 것도, 그렇다고 실패한 것도 아니었지만, 그는 자신이 불행하다고 여겼다. 여전히 곰처럼 커다란 몸집의 남자는 인생의 목표를 찾지 못했다. 그는 배에서 인도의 몇몇 요가 수행자를 만났으며, 이들의 자기 단련법에 깊은 감명을 받았다.

런던에 돌아온 그는 부모를 만나러 갔다가 새 친구들을 사귀었다. 그 가운데에는 레오나드 에반스Leonard Evans와 그의 아내 에니드Enid도 있었다. 윌슨은 에니드를 남몰래 흠모하게 되었다.

어느 날부터인가 윌슨은 시름시름 앓았다. 상심과 우울함에 빠져 그는 몸이 갈수록 나빠지는 것을 느꼈다. 살이 엄청나게 빠졌으며, 발작적인 기침으로 윌슨은 고통스러워했다. 그는 일반적인 약물치료를 거부하고, 어느 날 흔적도 없이 사라졌다. 그러다 다시 나타난 윌슨은 건강을 회복한 모습이었다. 그는 아무도 모르는 곳에서 신비한 요범이 치료를 받았다. 35일 동안 금식을 했으며, 오로지 이따금 물만 몇 모금 마셨으며, 끊임없이 기도를 올렸다. 그걸로 자신은 완치가 되었다며 윌슨은 행복해했다. 그리고 마침내 인생의 의미를 찾았다고도 한다.

윌슨은 모든 병을 고쳐주는 기적의 치료법을 발견했다고 믿었다. 그러나 동시에 그는 이런 믿음만으로는 자신이 수많은 예언자 가운데 한 명일 뿐임을 깨달았다. 세상 사람들이 자신의 구원론을 주목하도록 만들기 위해 윌슨은 일종의 신호탄을 쏘아 올리고 싶었다.

윌슨은 병을 앓으며 금식으로 지친 몸을 독일의 슈바르츠발트에서 달래며 요양했다. 그리고 프라이부르크의 어떤 작은 카페에서 그는 우연히 1924년의 에베레스트 원정대를 다룬 오래된 신문 기사를 보았다. 그는 셰르파를, 짐을 실어 나르는 야크를, 빙벽을, 돌풍을 그리고 이겨내기 힘든 장애물을 묘사하는 기사를 읽으며 눈빛을 반짝였다. 그리고 윌슨은 금식과 믿음으로 정말 모든 것을 이뤄낼 수 있는지 자신에게 진지하게 물었다. 분명 이룰 수 있다고 확신한 윌슨은 이 확신을 반드시 증명해 보이고야 말겠다는 의지를 불태웠다. 그는 에베레스트에 올라가기로 결심했다. 혼자서, 오로지 자신의 믿음으로. 에베레스트를! 이제 윌슨은 자신이 무엇을 해야만 하는지 알았다. 그 어떤 것도 자신을 막을 수 없다고 윌슨은 주먹을 불끈 쥐었다. 마침내 세상이 나에게 머리를 조아리리라.

참으로 환상적인, 정말이지 미친 발상이다. 윌슨은 등산이 어

에베레스트 솔로

떤 것인지 조금도 알지 못했다. 런던으로 돌아온 그는 곧장 준비 작업에 착수했다. 그는 과거의 모든 탐사 기록을 찾아 연구했다. 최소한 이런 기록을 보면서 그는 자신의 계획이 무모하다는 것을 깨달았어야만 했다. 그러나 윌슨은 선배들의 고난을 보고 배울 생각도 하지 않고, 그 어려운 경험들을 안전 줄로 삼을 생각도 하지 않고, 자신의 계획을 밀어붙였다.

윌슨은 이른바 '휴스턴 에베레스트 비행 탐사'[4] 소식을 듣고는 자신을 데려가 달라고 설득하려 했다. 그는 에베레스트 지역에 도달해 낙하산으로 뛰어내릴 수 있기를 희망했다. 그러나 그는 이내 그 생각을 포기했다. 그 대신 윌슨은 직접 티베트로 날아가 동쪽 롱북 빙하에 동체착륙을 감행해 그곳에서부터 도보로 정상에 오르겠다고 다짐했다. 그가 이런 생각을 공공연히 떠벌리고 다녔다는 사실만으로도 에베레스트를 얼마나 모르는 상태였는지가 여실히 드러난다. 에베레스트는 물론이고, 등산도 비행도 그는 전혀 몰랐다. 그의 친구들은 기가 막힌 나머지 할 말을 잃었다. 그러나 윌슨은 미소를 지으며 이렇게 말할 뿐이었다.

"알아, 배우면 되지 뭐."

그는 제작된 지 3년이 된 중고 복엽기 '집시 모스Gipsy Moth'를 구입해 그 동체에 "에버 레스트(Ever Wrest, 영원한 씨름)"라고 커

---

4 1933년 4월 최초로 비행기를 타고 에베레스트를 탐사한 사건을 말한다. 영국의 여성 자선 사업가 루시 해밀턴(Lucy Hamilton)이 필요한 경비를 제공해서 '해밀턴 비행'이라 부른다. 이 사건은 기술과 항법과 사진술에 획기적인 이정표를 찍었다.

모리스 윌슨
(1898~1934)

다랗게 새겼다. 그리고 런던의 에어로 클럽Aero Club에서 조종수업을 받았다. 처음으로 함께 비행을 하고 난 뒤 교관은 윌슨이 결코 좋은 조종사가 될 수 없음을 알았다. 그러나 이 괴짜 제자는 그 결함을 상쇄할 두 가지 특성, 곧 용기와 단호함을 자랑했다. 그럼에도 교관은 윌슨에게 인도까지의 비행 기회도 주지 않았다. 조종석 뚜껑이 열린 복엽기로, 당시 개척되지 않은 지역으로 8,000킬로미터 이상 비행하는 것은 경험 많은 노련한 조종사에게도 어려운 일이었다. 윌슨처럼 미숙한 비행사에게 그런 비행은 재난으로 끝날 수밖에 없는 무모한 자살행위나 다름없었다.

그럼에도 윌슨은 굴하지 않았다. 그는 텐트, 침낭, 가벼우면서도 따뜻한 복장 등의 등산장비를 구입하기 시작했다. 또 고도 측정기와 자동셔터가 달린 카메라도 샀다. 이 카메라로 그는 정상에 선 자신의 모습을 찍고 싶었다.

그런 다음 윌슨은 등산 훈련을 시작했다. 그는 스파이크가 달린 등산화를 신고 무거운 배낭을 메고서 런던과 브래드퍼드를 여러 차례 걸어서 왕복했다. 그리고 본격적으로 산에 오르기 시작했다. 다섯 주 동안 윌슨은 '레이크 디스트릭트Lake District'와 웨일스의 산들을 누군가에게 등산은 어떻게 하는 것인지 묻는 일조차 없이 기어올랐다. 스위스의 전문 산악인에게 아이젠과 피켈 사용법을 익히고 높은 고도의 알프스에서 훈련하는 대신 윌슨은 그 괴짜다운 무지함으로 잉글랜드의 스노든이나 그 비슷한, 비교적 오르기 쉬운 산만 골라가며 훈련했다. 자신의 담력을 시험한답시고 그는 런던 상공을 낙하산으로 뛰어내리기도 했다.

그동안 언론은 윌슨의 기행에 연일 관련 기사를 쏟아냈다. 신문은 그의 행위를 둘러싼 찬반논쟁으로 후끈 달아올랐다.

윌슨은 자신의 '에버 레스트'에 장거리 비행을 위한 특수 연료통을 장착했다. 게다가 엔진도 튼튼한 것으로 교체했다. 윌슨은 지도를 구해 자신의 비행구간을 면밀하게 검토했다. 프라이부르크를 거쳐 알프스를 넘은 다음 밀라노, 팔레르모를 지나 지중해를 통과한 다음 튀니스까지 날아가는 것으로 항로를 정했다. 마스크를 쓰고 싶지 않았던 그는 비행고도를 해발 3,000미터로 정했다. 출발하는 날은 1933년 4월 21일, 그의 생일로 정했다. 그런데 불행인지 다행인지 4월 중순에 그는 편도선염에 걸렸고, 그이 계획은 잠시 흔들렸다. 그러나 그는 금식을 하고 기도를 올려 이내 건강을 완전히 회복했다.

월슨의 첫 비행은 비상착륙으로 끝났다. 죽지 않은 것이 다행이었다. 그동안 '휴스턴 탐사'는 이미 시작되어, 비행기 두 대가 에베레스트 상공을 나는 데 성공했다. 휴 러틀리지[5]가 이끄는 대규모 등반대는 에베레스트에 베이스캠프를 세웠다. 러틀리지가 성공한다면 첫 번째로 정상에 오르고자 하는 월슨의 꿈은 물거품이 된다.

'에버 레스트'가 다시금 출발할 수 있게 정비되자 영국의 항공국은 비행을 금지하려 했다. 월슨은 이 소식을 전해준 전보를 찢어버렸다.

1933년 5월 21일 일요일 월슨은 친구들과 기자들과 작별인사를 나누었다. 그는 역풍을 맞아가며 이륙하려 시도해 복엽기가 공중에 뜨기까지 애를 태워야만 했다. 그런 다음 복엽기는 아침 해를 향해 날아가며 갈수록 작아지다가 마침내 시야에서 사라졌다. 이 광경을 지켜보던 사람들 가운데 월슨을 다시 볼 수 있을 거라고 믿는 이는 거의 없었다.

일주일 뒤 월슨은 카이로에 착륙했다. 일주일을 더 날아야 그는 목적지로 정한 인도에 도착한다. 그러나 카이로 당국은 월슨이 페르시아를 통과하는 것을 금지시켰다.[6] 이는 월슨이 곧장 바

---

5 휴 러틀리지(Hugh Ruttledge, 1884~1961)는 영국의 산악인으로 1933년과 1936년 두 번에 걸쳐 에베레스트에 도전했다.

그다드로, 약 1,000킬로미터가 넘는 거리를 우회해야만 한다는 것을 의미했다. 윌슨의 비행기는 그야말로 극단적인 부담을 이겨 내야만 했다. 마침내 바그다드에 도착한 윌슨은 영국 영사관의 금지에도 연료를 구해야만 했다. 가까스로 연료를 구한 윌슨은 인도의 과다르에 도착했다. 2주 동안 그는 거의 8,000킬로미터를 날았다. 이로써 윌슨은 불가능해 보이는 일도 의지력으로 이뤄낼 수 있음을 확실히 증명해냈다. 그러나 이로 만족하고 쉴 윌슨이 아니었다. 그는 에베레스트에 올라야만 했다.

아무튼 이 대단한 업적으로 드디어 사람들은 윌슨을 진지하게 받아들이기 시작했다. 〈데일리 익스프레스Daily Express〉의 특파원이 카라치에서 윌슨과 긴 인터뷰를 했다.

인도 '푸르니아Purnia'의 '랄발루Lalbalu'에서 윌슨은 당국의 제지를 받아 더 나아갈 수 없었다. 관청은 네팔 비행 허가를 윌슨에게 내어주지 않겠다고 거부했다. 윌슨은 절망에 사로잡혔다. 속절없이 몇 주라는 시간이 흘렀고, 몬순 시기가 시작되었다. 윌슨은 자신의 기회가 사그라지는 것을 보았다. 무엇보다도 돈이 떨어졌다. 그때 윌슨은 러틀리지 원정대가 실패했다는 소식을 듣고, 자신의 '에버 레스트'를 500파운드에 팔고서 다르질링으로 갔다.

이미 여러 차례 경험했듯 시킴주와 네팔을 걸어서 넘는 것조차 금지하는 당국에 윌슨은 분통이 터졌다. 결국 그는 티베트를

---

6 이 문장에서 페르시아라는 지명은 이란을 가리킨다. 1935년까지 국제적으로 이란은 페르시아로 불렸다.

불법으로 입국할 방법을 찾았다. 윌슨은 카르마 폴Karma Paul이라는 이름의 티베트 남자에게 접근했다. 카르마 폴은 이미 1922년과 1924년 그리고 1933년의 에베레스트 원정에 참가한 경험을 가진 인물이다. 처음에 카르마 폴은 윌슨의 열정에 감동해 그를 베이스캠프까지 안내해주겠다고 약속했다. 그러나 이내 카르마 폴은 이 괴짜 영국인이 하는 행동을 보고 기괴하다고 여긴 나머지 약속을 물리고 말았다.

그동안 벌써 1월이 되었다. 윌슨은 도와줄 사람을 애타게 찾았다. 그는 자신을 티베트로 확실하게 안내해줄 사람을 필요로 했다. 마침내 윌슨은 테왕Tewang, 린징Rinzing 그리고 체링Tsering이라는 이름의 셰르파 세 명을 찾아냈다. 이 세 명은 모두 러틀리지 원정대에서 짐꾼으로 일했다. 이 선량한 셰르파들은 말을 한 마리 구했으며, 식량과 장비가 들통나지 않도록 밀가루 자루에 숨겨 꿰매었다. 윌슨은 호랑이 사냥을 떠난다고 둘러대고 6개월분의 선금을 주고 호텔방을 잡은 다음, 1934년 3월 21일 밤에 세 명의 셰르파들과 함께 다르질링을 몰래 출발했다. 윌슨이 영국을 떠난 지도 거의 1년이 지났다. 발각되지 않으려 윌슨은 티베트 수도승으로 변장했으며, 일행은 밤에만 행군했다. 이렇게 해서 일행은 빠른 속도로 나아갔다. 셰르파들은 뛰어난 가이드였으며, 배려심이 깊은 동반자였다. 도시와 마을을 우회해가며 네 명의 이 작은 그룹은 매일 밤 25킬로미터 정도를 나아갔다. 눈보라를 뚫고 얼음처럼 차가운 시냇물을 건너며 우박을 맞으면서도 윌슨은 굴하지 않았다. 이들은 고된 행군 끝에 칸첸중가를 지나 마침내 '콩마 라Kongma La' 고갯길 앞에 이르렀다. 이 고개만 넘으면 티베트다!

광활한 지평선 위로 끝없이 이어지는 산들이 바다를 이룬다. 갈색과 보라색과 올리브색과 흰색이 뒤섞인 바다는 달의 풍경을 보는 것 같다. 윌슨은 수도승으로 변장했던 옷을 벗어던지고 마침내 다시 자유로워진 기분을 만끽했다. 여전히 일행은 사람과 마을을 피하기는 했지만, 이제는 낮에도 걸었다. 매일같이 부는 모래 바람을 헤치고 일행은 용감하게 앞으로 나아가 4월 12일 드디어 에베레스트를 보았다. 윌슨은 자신의 작은 메모장에 다음과 같이 써넣었다.

"에베레스트를 보았다!"

해발고도 5,200미터 높이의 능선에서 바라본, 유리처럼 맑은 공기 속에 하얀 눈을 덮어쓴 에베레스트의 동쪽 날개는 현실이라고 믿기 어려운 웅자를 뽐냈다. 정말이지 등산하기 좋은 날씨였다. 이틀 뒤 일행은 마침내 롱북에 도착했다.

눈밭을 쓸고 내려와 얼음처럼 차가운 바람은 네 남자의 얼굴을 사정없이 때렸다. 듬성듬성 난 풀마저 차츰 사라지며 암벽과 자갈과 빙벽이 윌슨을 꿈의 세계로 데리고 갔다. 어디로도 이어질 것 같지 않던 계곡에서 돌연 사원이 나타났다. 사원을 둘러싼 커다란 담은 그 뒤에 세계를 품은 거대한 산 에베레스트 앞에서 왜소해 보이기만 한다.

환생한 존재로 티베트인의 숭상을 받는 롱북 사원의 라마는 윌슨과 체링과 테왕과 린징을 불러 무슨 일로 이곳까지 오게 되었는지 물었다. 라마는 윌슨의 용기와 단호한 의지에 깊은 감명을 받았다. 라마는 윌슨과 셰르파들에게 축복을 내려주었다.

저녁에 윌슨은 자신의 텐트에서 오랫동안 잠을 이루지 못했다. 그는 계속해서 자신의 산 에베레스트를 올려다보며 일기에 다음과 같이 썼다.

내일은 올라가리라!

다음 날 아침 윌슨은 사원의 300명 수도승이 낮게 깔리는 저음으로 불경을 암송하는 소리를 듣고 승려들이 자신을 위해 기도를 올리고 있다고 확신했다. 그는 좋은 날씨를 보고 바로 출발했다. 20킬로그램이 넘는 배낭을 멘 윌슨은 계곡에서 동쪽 롱북의 아이스폴을 향해 천천히 올라갔다. 그러나 곧 윌슨은 자신 앞에 펼쳐진 얼음의 탑들, 암벽의 틈새가 이루어낸 어디가 어디인지 모를 미로 속에서 넋을 잃고 말았다. 어찌할 바를 모르고 헤매던 그는 완전 녹초가 되어 등에 걸머졌던 짐을 버려가며 아주 느리게 앞으로 나아갔다. 이제 얼음 속에서 걷는다는 게 무엇인지 전혀 알지 못했던 그의 무지함이 무자비하게 복수를 시작했다. 아이젠도 없었던 윌슨은 발을 디디고 설 곳을 전혀 만들 수 없었다. 아이스폴의 무수한 틈새 사이로 빠지지 않은 것만 해도 대단한 기적이었다. 앞서 원정대가 해발고도 6,035미터 높이에 설치한 2캠프에 윌슨은 4월 16일에야 도착했다. 눈이 내리기 시작했다. 완전히 지친 윌슨은 대추 몇 알과 빵을 씹었다. 텐트에서 혹독하게 추운 밤을 보내고 윌슨은 다시 출발했다. 악전고투를 하며 이틀을 더 오른 끝에 윌슨은 해발고도 6,250미터의 지점에서 눈보라 속에 갇히고 말았다. 눈은 그칠 줄 모르고 내렸다. 식량은 바닥이 났다. 마침내 윌슨은 저 끔찍한 빙벽을 다시 내려가 안전한 롱북 사원으로 돌아가기로 결심했다.

사흘 뒤 그는 발을 절뚝거리며 온통 쑤시는 팔다리와 함께 롱북 사원으로 돌아왔다. 두 눈은 시뻘겋게 충혈이 되었으며, 목구멍이 바짝 말라 그는 연신 기침을 해댔다. 린징과 테왕이 윌슨을 위해 수프를 데우는 동안, 그는 읽을 수조차 없는 글씨로 일기장에 끄적거렸다.

나는 포기하지 않는다. 나는 안다, 내가 해낼 수 있음을…!

열흘 만에 처음으로 따뜻한 음식을 먹고 나서 윌슨은 롱북 아이스폴에서 자신이 겪은 고독과 고통과 실망감을 셰르파들에게 구구절절 털어놓았다. 인생을 살며 그가 이때처럼 곁에 있어주는 친구를 갈망한 적은 없다고도 했다. 그런 다음 윌슨은 38시간을 죽은 듯 잠만 잤다.

가까스로 잠에서 깨어난 윌슨은 침낭을 빠져나오기 힘들 정도로 허약해졌음에도 린징과 테왕과 더불어 다음 등반 시도의 계획을 짰다. 체링은 복통에 시달려 월슨을 동행할 수 없는 처지였다. 린징과 테왕은 노스 콜, 곧 북쪽 고개에서 흘러내려 얼어붙은 빙폭 아래 있는 3캠프까지 월슨과 동행하기로 했다. 충분한 식량을 가지고 3캠프에서 기다리다가 날씨가 좋아지면 월슨이 혼자서 정상까지 마지막 구간을 도전한다는 것이 계획의 골자였다.

월슨은 나흘 동안 침대에 머물렀다. 닷새째 되던 날 아침 그는 처음으로 자리에서 일어났지만, 온몸을 떨었고, 두 발은 부풀어 올랐으며, 왼팔과 왼쪽 눈에 통증이 심해 꼼짝도 할 수 없었다.

월말쯤 되어서야 월슨은 증세가 호전되었다. 4월 30일 그는 일기장에 이렇게 썼다.

발과 눈은 괜찮다. 며칠 뒤 나는 다시 일어서 걸을 수 있을 것 같다. 몸무게가 충격적일 정도로 줄기는 했지만, 다르질링을 떠난 이후 새로운 근육이 많이 생겼다. 곧 나는 평소처럼 건강해질 것이다. 3번 캠프까지 오르는 등반은 이번에는 분명 비교적 쉬우리라. 아이젠을 쓰고, 젊은 친구들을 데려가 따뜻한 요리를 하게 하자. 이제 며칠만 있으면 출발할 수 있기를 바란다.

그러나 5월 1일, 그의 왼쪽 눈은 거의 감길 정도로 부풀어 올랐으며, 왼쪽 얼굴이 부분적으로 마비되었다. 다시금 금식을 하자 월슨은 이내 건강이 상당히 호전되었다고 느꼈다.

윌슨은 몸을 추스르며 회복하는 동안, 사원에서 열리는 종교의식에 자주 참가했다. 그는 경건한 성찰을 하며 자족할 줄 아는 승려의 모습에 깊은 감명을 받았다. 계곡 위쪽에는 가파른 모레인 비탈 사이에 숨은 '새들의 성지'라는 뜻의 차말룽Chamalung 암자가 있다. 몇 개의 단순한 골방으로 이뤄진 암자에는 은둔하는 승려들이 세상과 완전히 단절한 채 명상하는 삶을 산다. 깨달음을 뜻하는 해탈로 윤회라는 고통의 굴레로부터 빠져나오기 희망하는 은자가 수행하는 모습은 유럽인에게는 상상도 하기 힘들 정도의 고행이다. 어떤 승려는 암벽의 굴에서 이미 15년째 꼼짝도 하지 않고 명상 수행을 한다. 그의 승려 형제가 하루에 한 번 은자에게 한 잔의 물과 한 줌의 보릿가루를 머리통만한 구멍을 통해 굴 안으로 넣어준다. 윌슨이 은자에게 내적인 동질감을 느끼는 것은 놀라운 일이 아니다.

5월 11일 저녁, 에베레스트가 안개에 싸여 있을 때 윌슨은 이런 말로 일기를 끝냈다.

무슨 일이 벌어지든 내일 우리는 출발한다. 그 일을 내 등 뒤로 흘려보낼 수만 있다면 기쁘겠구나.

태왕은 윌슨에게 혹시라도 자신이 죽는 경우 말을 절대 팔지 않고 다르질링으로 가서 관청에 편지를 전달하겠다고 약속해야만 했다. 이 편지에서 윌슨은 세 명의 셰르파가 금지된 티베트 어행을 하게 된 책임은 오로지 자신에게 있으니 그들에게 잘못을 묻지 말아달라고 간청했다.

5월 12일 날이 밝자 윌슨은 테왕과 린징과 함께 사원을 떠났다. 셰르파들은 동쪽 롱북 빙하 지역을 익히 알고 있어서 사흘 만에 3캠프에 도착했다. 캠프 근처에서 일행은 러틀리지 원정대가 저장해둔 식량을 발견했다. 이들의 빈곤한 식량과 비교해 그것은 미식가의 보고와 다르지 않았다. 린징이 요리하는 동안 윌슨은 북쪽 고개로 가는 길을 알아보려 약간 더 나아갔다. 그는 가파르고 구멍이 숭숭 났으며 끊임없이 모양이 바뀌는 아이스폴, 동쪽 롱북 빙하의 위쪽 눈밭 위로 500미터 정도 솟아오른 아이스폴을 보았다. 당대의 아주 노련한 등반가라 할지라도 이 장애는 엄청난 위협을 의미했다. 그럼에도 윌슨은 그날 저녁 일기에 순진하게도 다음과 같이 썼다.

정상과 루트가 선명하게 드러난다. 이제 2,100미터만 올라가면 된다.

5월 16일 세 남자는 거센 눈보라 탓에 3캠프에 닷새를 꼼짝도 하지 못하고 묶였다. 이들은 텐트 안에서 혹한에 떨어야만 했다. 거센 회오리바람이 이들의 신경을 녹초로 만들었다. 높은 해발고도로 가뜩이나 어려운 상황에서 눈보라는 정말 견디기 힘들었다. 5월 21일 마침내 바람이 잦아들자 윌슨은 다시금 아이스폴을 향

에베레스트 솔로

해 출발했다. 린징은 윌슨에게 러틀리지가 골랐던 루트를 보여주기 위해 약간의 거리를 동행해주었다. 얼마 가지 못해 이들의 전진은 말 그대로 헐떡이며 기어가는 형국이 되었다. 린징은 3캠프로 돌아가겠다고 했다. 윌슨은 홀로 계속 올랐다.

그는 나흘 동안 아이스폴과 사투를 벌였다. 마치 하루가 1년 같은 나날이었다. 윌슨을 도울 수 있는 러틀리지 원정대의 흔적은 전혀 남아 있지 않았다. 윌슨은 텐트도 없이 고스란히 노출된 상황에서 간신히 몸을 가릴 만한 곳을 찾아 밤을 새웠다. 그는 거친 숨을 몰아쉬며 피켈로 단단한 얼음을 쪼아가며 발 디딜 곳을 만들었지만 그때마다 미끄러지며 겨우 다시 일어섰다. 10미터 너비의 크레바스가 앞길을 가로막자 윌슨은 얇은 스노브리지를 타고 넘어가려는 무모한 시도를 했다. 간신히 넘어가는 데 성공한 그는 노스 콜의 마지막 빙벽 아래에 도착했다. 그러나 이 100미터 높이의 빙벽은 수직으로 위용을 과시했으며, 발 디딜 곳이라고는 전혀 없었다. 하룻밤을 비박한 윌슨은 미끄러운 빙벽을 기어 올라가려 시도했다. 그러나 고작 몇 미터 올라갔다가 미끄러지는 헛수고만이 되풀이되었다.

5월 24일 저녁 여전히 빙벽 아래서 윌슨은 자신이 에베레스트를 올라갈 수 없음을 뼈이프게 새겼다. 살았다기보다 죽은 것에 더 가까운 몸을 이끌고 그는 다시 아이스폴을 미끄러져 내려와 아래서 근심하며 기다리고 있던 셰르파들의 팔에 안겼다.

이후 이틀 동안 윌슨은 완전히 탈진한 채로 3캠프의 침낭 속에서 꼼짝도 하지 못했다. 그럼에도 그는, 참 알 수 없는 노릇이지만, 일기에 이렇게 썼다.

태왕은 돌아가자고 했다. 그러나 나는 이들을 설득해 4캠프까지 나를 데려다달라고 했다. 이것이 내 마지막 시도다. 자신 있다.

셰르파들은 윌슨의 그런 계획을 완전히 미친 짓으로 간주하고 그에게 되돌아가야 한다고 간곡하게 타일렀다. 윌슨은 이들의 말을 듣지 않고 5월 29일 혼자 출발했다. 너무 허약해진 그는 멀리 가지 못하고 3캠프 가까운 노스 콜 근처에 혼자 텐트를 치고 야영했다.

5월 30일 그는 텐트를 벗어나지 못했다. 5월 31일 탈진한 상태로 침낭 속에서 그는 일기에 이렇게 끄적거렸다.

장엄한 날씨다. 앞으로!

혼자서 완전히 지친 몸으로 추위에 떨던 모리스 윌슨은 잠시 뒤 숨을 거두었다.

1년 뒤인 1935년에야 비로소 에릭 십턴과 찰스 워런은 노스 콜로 가는 길에서 바람에 말라버린 시신을 발견했다.[7] 윌슨은 무릎을 구부려 손으로 안은 채 녹색 플란넬 바지를 입고 스웨터로 머리를 감싼 자세였다. 신발 한 쪽은 어디로 갔는지 흔적을 찾을 수 없었으며, 텐트는 바람에 찢겨 너덜거렸다. 등반가들은 윌슨의 시신을 찢어진 텐트 천으로 감싸 빙벽의 크레바스 안에 묻었다. 십턴은 오로지 일기장만 회수해 돌아왔다.

일기장의 기록과 다르질링으로 돌아가기 전에 윌슨을 애타게 기다려준 셰르파들의 증언을 토대로 그때까지 가장 과감했던 에베레스트 도전 과정이 재구성되었다.

윌슨의 도전은 "가는 길이 곧 목표다"라는 불교의 가르침을 우리의 가슴에 새삼스레 새겨준다. 에니드를 향한 자신의 사랑이 이뤄질 수 없음을 알면서 그녀를 추억할 물건을 항상 지니고 다니며 무의미하기만 한 인생과 맞섰던 이 불굴의 돈키호테를 나는 내 뜨거운 심장으로 안아주고만 싶다.

자아의식이 지나칠 정도로 심했던 윌슨과 나 사이에, 즉 지난 50년 동안 에베레스트를 단독으로 오르려고 시도한 사람은 분명 더 있을 거라고 나는 짐작했다. 아니나 다를까, 훈련과 준비를 거듭하다가 잠시 쉬는 사이에 나는 새로운 자료를 찾아냈다. 캐나다 태생의 얼 덴먼은 1947년에 단독 등반을 시도하다가 포기해야만 했다. 또 덴마크의 클래브스 베커-라르센Klavs Becker-Larsen은 1951년에 등정을 시도했다가 마찬가지로 실패했다.[8]

벌써 25년도 훌쩍 넘긴 이야기다. 덴먼의 꿈은 그 불씨를 꺼뜨

---

7 에릭 십턴(Eric Shipton, 1907~1977)은 영국의 산악인으로 찰스 워런(Charles Warren, 생몰연대 미상)과 함께 에베레스트 등반 루트 개척에 나섰던 인물이다.

리지 않고 다른 사람의 머리에, 다른 사람의 심장에 생생하게 남았다. 이제는 내가 올라갈 차례다.

내가 기록을 통해 윌슨과 덴먼과 라르센을 알게 된 이후, 나는 피할 수 없이 나 자신의 동기는 무엇인지 헤아려보았다. 라르센이 단독 등반을 감행한 동기는 분명했다.

"나는 다른 사람들과 무엇보다도 나 자신에게 최선을 다하는 모습을 보여주고 싶었다. 그리고 나는 모험을 하고 싶었다. 나는 나 자신이 진정으로 원하기만 한다면 무엇이든 이룩할 수 있다고 믿는 자세를 잃지 말라는 교육을 받고 자랐다. 나의 두뇌는 내가 무엇을 할 수 있고, 무엇을 하지 못하는지 가려볼 최고의 심판관이다. 이런 태도를 견지할 때 자신의 꿈을 실현하는 일은 그리 어려운 게 아니다."

이 글은 라르센이 유럽으로 돌아가는 배 위에서 쓴 것이다. 또 덴먼은 자신의 속내를 이렇게 털어놓았다.

"나는 시대의 가진 것 없는 가난한 자식이었다. 그리고 야심을 억누르지 않으면 손에 쥐어주는 돈에 굴복할 수밖에 없음을 나는 천천히 깨달았다."

한편으로는 돈이면 모든 게 해결된다는 물질만능주의를 거부하고, 다른 한편으로는 사람들과 깊은 인간관계를 맺지 못하는 탓에 겪는 외로움을 이기려는 것이 덴먼의 등산 동기다. 그는 자

8 얼 덴먼(Earl Denman, 생몰연대 미상)은 캐나다의 산악인으로 1947년에 두 명의 세르파 (그중 하나가 후에 에베레스트 초등에 성공한 텐징 노르가이다)와 에베레스트에 도전했다.

에베레스트 솔로

신의 고립된 외로움을 산의 원주민, 자신의 백인 이웃보다 더 친근하게 느끼는 원주민과 어울리는 것으로 풀려 했다.

윌슨이 자신의 행동으로 증명하고 싶었던 것은 어떤 높은 힘의 존재다. 저 어딘가에서 굽어보며 지켜주는 힘을 우러르는 윌슨의 믿음은 힘을 자신 안에서 발견하고자 원하는 라르센과 덴먼의 희망과는 근본부터 다르다. 그럼 나는 어떤가?

나는 우에무라 나오미보다 앞서 정상을 단독 등정하고 싶었다. 나는 세계 최고봉을 혼자 오른 최초의 등산가이고 싶었다. 그리고 나는 어려서부터 꿈꿔온 나라인 티베트 땅을 마침내 밟아보고 싶었다. 그러나 이런 것만이 동기는 아니다.

"왜 또 에베레스트를 올라간다는 거야? 너는 이미 올라가봤잖아!"

내 계획을 들려주자 연로하신 어머니가 물었다. 나는 어머니에게 에베레스트의 북벽이 얼마나 아름다운지, 롱북을 보고 싶은 마음이 얼마나 간절한지, 또 중국인들이 이 신비한 사원에 무엇을 남겨놓았는지 직접 두 눈으로 확인하고 싶은 내 속내를 들려주었다. 나는 이 산의 티베트 쪽에 어떤 신화가 담겨 있는지, 예전의 원정대들이 등산 역사에 무슨 흔적을 남겨놓았는지 정말 관심이 컸다. 어머니에게 이 모든 이야기를 하는 동안 나는 이런 이야기가 진실의 극히 일부일 뿐임을 잘 알았다.

어머니는 아홉 명이나 되는 자식들을 키우느라 인생의 대부분을 보낸 이궁이에 장작을 넣으며 이렇게 말했다.

"넌 그냥 매일 겪는 지루한 인생으로부터 달아나려는 거야. 등산 계획을 짜지 않으면 넌 마음의 평화를 얻을 수 없어."

어머니 말씀이 옳다. 나는 그저 평범한 시민으로 살아가는 일상이 끔찍하기만 하다. 이게 올바른 태도가 아닌 줄은 알지만, 이런 거부감이 나는 전혀 부끄럽지 않다. 우리 고향의 농부들은 인생의 의미가 무엇인지 고민할 겨를이 없다. 이들은 그저 부단히 가족을 먹여 살리기 위해 필요한 일을 할 뿐이다. 그러나 나는 하기 싫은 직업에 매달려야만 하는 인생이 무슨 의미를 갖는지, 그저 물질만능으로 갈수록 추해지기만 하는 세상에서 사는 게 무슨 보람이 있는지 그 답을 찾아 고민해야만 하는 세대의 사람일 따름이다. 인생에 그저 주어지는 의미란 없다. 내 실존의 의미는 내 손으로 스스로 찾아내야만 한다. 나는 신앙이라는 걸 모른다. 고향에서 그저 수동적으로 주어진 운명이거니 체념하며 살아가는 사람을 보면 나는 속이 터질 것만 같다.

이런 세상으로부터 떨어지기 위해, 내 능력의 한계까지 밀고 나가는 경험을 나는 해야만 하지 않을까? 이 목표에 이르는 길에서 나를 괴롭히는 최대의 적은 두려움이다. 나는 겁이 많은 사람이다. 그리고 겁이 많은 모든 사람이 그러하듯 나는 내 두려움을 극복할 수 있기를 갈망한다. 두려움을 누르고 이겨낼 때 나는 나 자신에게 가까워진 것 같은 행복감을 맛본다. 나는 혼자서 낭가 파르바트에 세 번 올라갔고, 두려움 탓에 세 번 발길을 돌렸다. 마침내 이 두려움을 이겨낼 힘이 내 안에 채워졌을 때 비로소 나는 정상에 올랐다.

나는 두려움보다 나 자신이 훨씬 더 강하다는 것을 느끼고 싶다. 이런 느낌을 누리고자 나는 두려움을 극복할 상황을 계속해서 찾아다닌다.

홀로 고립된 상황에서 극한을 넘나드는 경험을 통해 두려움을 다스리려 할 때 비로소 나는 살아 있음을 느낀다. 이런 생동감을 나는 산이 아닌 다른 어느 곳에서도 찾을 수 없다. 그래서 나는 산에서 내려오는 것이 일상으로의 귀환이라기보다는 오히려 생생하게 살아낸 인생과의 작별, 일종의 작은 죽음처럼 여겨진다.

한때 내 아내였던 우시는 자아를 경험하겠다며 다니는 등산이 실제로는 다른 사람들과 거리를 두려는 의도에서 비롯된 것으로, 일종의 자폐증으로 이어질 수 있다고 말했다. 그녀의 말이 맞을 수도 있다. 나는 등산을 오가느라 내 주변 사람들에게 충분한 시간을 베풀지 못하는 것이 괴롭고 안타깝다. 그러나 사람들과 함께 있다 보면 얼마 지나지 않아 내 안의 무엇인가가 나를 항상 불안하게 만든다. 사람들을 피하면서도 누군가 그리워 찾는 나의 이율배반적인 태도를 보면 나는 등산을 해야만 하는 운명을 타고난 모양이다. 그리고 지금 나는 에베레스트 단독 등반이라는 희대의 모험을 앞두고 신열을 앓는다.

나는 고향인 필뇌스Villnösstal 계곡으로 차를 달려 성 베드로 지역의 부모 집을 지나가면서 혹시 이 계곡의 좁음이 나로 하여금 넓고 높은 것을 갈망하게 만든 것은 아닌지 자문했다. 필뇌스 계곡은 유명한 발 가르데나와 나란히 위치한 곳이지만, 대다수 휴양객은 필뇌스를 알지 못한다. 필뇌스에는 역사적 명소는 물론이고 스키 리프트도 별로 없다. 그러나 이 돌로미테 계곡은 울창한 숲과 가파른 산등성이 사이에 자리 잡은, 햇빛이 풍부한 평화로운 아름다움을 자랑한다. 나는 이 사랑스러운 계곡이 석회암 탓에 우울하면서도 낭만적인 외딴 세상이라는 분위기를 풍기는 게 아닐까 하는 생각을 자주 한다.

계곡의 가장 깊숙한 언덕에 자리 잡은 고향집에서 나는 티베트 지도를 연구했다. 지금 나의 목표는 오로지 에베레스트 등정뿐이다. 이번의 준비 작업은 고작 몇 주면 충분하다. 그 대신 그만큼 힘들다. 긴장과 희망과 두려움이 뒤섞인 탓에 나는 좀체 갈피를 잡지 못하고 어수선하기만 했다.

나를 베이스캠프까지 동반해주기로 한 니나 역시 함께 가는 것이 확정된 순간부터 잔뜩 흥분했다. 그녀는 중국 여행을 기록할 일기장을 이런 문장으로 시작했다.

중국에 정말 가고 싶다. 이런 여행을 거부하는 것은 미친 짓이다. 나는 다른 사람들과 만나 그들과 함께 사는 것이 정말 좋다. 나는 중국의 참모습을 보고 싶다. 그러나 무엇보다도 나는 이 남자와 함께 여행한다는 상상에 흥분이 된다. 그와 함께 걸으며 웃고 울고, 그와 함께 산을 체험하고, 내 인생의 한 조각을 그와 함께 나눌 수 있다는 게 나는 좋기만 하다. 우리가 함께하게 될 많은 일들이 벌써부터 기쁘다. 거의 3년 전에 이혼한 뒤부터 그는 자신을 보호하려 일종의 벽을 쌓았다. 이 벽을 뚫고 들어가기는 어려운 일이다. 다만 이따금 그는 벽 안을 잠깐씩 들여다볼 수 있게 해준 다. 그가 좋은 심장을 가진 남자라는 걸 알면서도 왜 나는 그에게 어떤 일들을 이야기하기가 두려운지 그 이유를 잘 모르겠다.

3장 설국으로 출발하다

어떤 기자가 에베레스트 등반에 소형 무전기를 가져가달라는 말을 나에게 전해줄 수 있느냐고 부탁한 것을 두고 니나는 6월 7일의 일기에 다음과 같이 썼다.

라인홀트는 자신의 단독 등반에 나 때문에 무전기를 가져가야 하는지 고민했다. 그러나 나는 에베레스트 등반에 무전기는 적절치 않다고 본다. 24시간 무전기로 베이스캠프와 연락을 주고받는 것이 진짜 단독 등반이라고 할 수는 없다. 나는 안전한 베이스캠프에서 등반이 성공하기만 바라며 노심초사하는 그런 '평범한 여자'가 아니다. 매일 저녁 라인홀트와 무전기로 교신을 나눈다면 그가 살아 있다고 알고 안심은 되겠지. 그러나 그가 순조롭게 올라가고 있다고 확신하며 그에게 용기를 북돋워주는 것이 전부는 아니다. 아마도 무전기라는 기계가 주는 안전한 느낌은 산소통이 주는 그것과 비교할 수 있으리라. 아마추어에게는 산소통을 가지고 가느냐의 여부가 무슨 차이를 만들지 의아할 수도 있다. 그러나 그 차이는 엄청나게 크다. 등에 산소통을 메고 올라가는 것만으로도 안전하다는 느낌은 확연히 커진다. 비슷하게 무전기 역시 안정감을 키워준다. 무전기를 지니고 있으면, 그것을 실제 쓰든 쓰지 않든, 등산가는 어쨌거나 저 아래와 연락을 취할 방법이 있음에 안심한다.

무전기 문제를 바라보는 내 관점은 확고하다. 물론 정상에 오른 사람의 감격적인 육성을 실시간 중계로 듣는다는 것이 얼마나 짜릿한지는 나도 안다. 최초로 달에 착륙했을 때 사람들은 그 감격을 맛보았다. 우주인은 인류에게 자신의 감정을 고스란히 전달했다. 하지만 나는 그런 걸 원하지 않는다. 나는 라인홀트가 정상에 섰을 때 그와 대화 나누는 것을 선호하지 않는다. 그 이유는 여러 가지다. 우선 나는 그에게 충분히 감정이입을 할 수 있다. 나는 그가 연락 가능성이 없는 것을 더 선호하리라 믿는다. 정상에 섰을 때 저 아래 세상과 연결된 끈이 없는 쪽이, 홀로 정상에 서서 발 아래 산들과 끝없이 펼쳐지는 풍경을 보는 것이 더 심오한 경험이다. 오로지 내면의 목소리에 충실하게 귀를 기울이기 위해 정상에 오르는 것이 중요하다.

라인홀트는 그런 자아 경험을 찾는다. 나는 그가 무전기 없이 산을 오르는 것을 더 좋아하리라고 확신한다. 무전기를 들고 가라는 사람들은 그런 기계의 무게가 주는 부담을 모를 뿐만 아니라, 진정한 체험의 기회를 잃는다는 점도 간과한다.

또 나와 직접 관련된 이유도 있다. 라인홀트는 홀로 산에 오르고,

나는 홀로 이 아래에 남을 때 모험의 의미가 더 커진다. 물론 그가 떠나는 모습을 지켜보기는 어려우리라. 아마도 그를 다시는 보지 못할까 두려움이 클 수도 있다. 이 글을 쓰는 지금 이미 '그와 무전을 해야 해' 하는 내면의 목소리가 나를 괴롭힌다. 기다림이 가져다주는 불안이 얼마나 큰지 나는 잘 안다. 그러나 이 모든 것을 참아내야 나 자신이 더 강해질 수 있다고 내 감정은 말해준다. 그리고 또 다른 이유도 있다. 라인홀트가 홀로 정상에 서서 우리 두 사람의 관계를 생각하면, 그가 나에게 품는 감정은 더욱 명확한 형태를 얻으리라. 나는 그게 우리 관계에 매우 중요하다고 생각한다. 무전기로 소음이 섞인 가운데 주고받는 대화는 오히려 감정을 명확히 하는 데 방해가 될 뿐이다.

그로부터 족히 일주일 뒤 니나와 나는 차를 타고 필뇌스에서 뮌헨으로 향했다. 차를 타고 가는 동안 나는 오로지 설국雪國만 생각했다. 티베트 사람들은 고향을 설국이라 부른다.

뮌헨에서, 내 책을 내기로 한 출판사 대표는 단독 등반 계획을 비판한 신문기사를 읽어보라며 건네주었다. 세바스찬 라이트너 Sebastian Leitner는 빈의 일간지 〈쿠리어Kurier〉에 "정상 돌격 그리고 용기 낭비"라는 제목의 기사를 기고했다.

이 에베레스트가 정말 뭐가 그리 중요한지 나는 묻지 않을 수 없다. 이 산은 1953년 5월 29일 뉴질랜드의 미스터 에드먼드 힐러리가 처음으로 정상을 밟았다. 그 공로로 힐러리는 귀족 칭호를 얻었다.

그동안 얼마나 많은 등반대가 늘 비슷한 성과로 이 산을 기어올랐는지 나는 정확히 알지 못한다. 그곳의 공기는 고약할 정도로 희박하며, 지독하게 춥다. 전망이라고 해야 아주 드문 좋은 날씨에만 아름답다(그리고 높이 날아다니는 제트기에서 내려다보는 것보다도 못하다). 등산과 하산 비용은 비싸며 무엇보다도 목숨을 잃을 정도로 위험하다. 남 티롤 출신의 라인홀트 메스너는 2년 전에 새로운(글자 그대로 숨 막히는) 위업을 감행해 완수했다. 그는 세계 최고봉을 처음으로 산소통이 없이 올랐다. 그렇다고 전망이 더 좋은 것은 아니겠지만, 분명 뭔가 있어 보이기는 하는 업적이다. 그러나 이 모험의 의미는 오로지 이로써 등정을 더욱 어렵게 만든 것뿐이지 않을까? 더 어려운 방법으로 도전하는 사람은 반드시 나오지 않을까? 되도록 더 어렵게 만드는 것, 이게 바로 라인홀트 메스너가 원하는 바다. 이제 그는 다시금 산을, 이번에는 티베트 쪽에서, 그것도 최악의 시즌, 가장 위험한 시즌인 몬순 철에 공격하겠다고 한다.

그는 이 계획으로 일본의 산악인 우에무라 나오미, 비슷하게 위험한 시도인 겨울철 에베레스트 등반을 계획하는 나오미와 경쟁하려고 한다. 이 일본인은 겨울 등반을 가장 위험한 담력 테스트로 여긴다. 겨울이든 몬순이든 어느 한쪽이 이기리라. 그럼 그 다음에는? 두 남자 가운데 한쪽이 승리하면 에베레스트는 더는 오를 필요가 없는 산으로, 그저 무의미해진 돌무더기로, 그저 이따금 아래서 올려다보는 산으로 남을까?

나는 우리가 정상 돌격을 꿈꾸는 사람들의 상상력을 과소평가해서는 안 된다고 본다. 누군가 밤에, 그것도 플래시 없이 최초 등반하겠다고 나서지는 않을까? 아니면 정상까지 수직으로 올라간다든지, 나선형 등산로를 개척한다든지 하는 사람도 나오지 않을까? 또는 맨발로 오르려 하거나 손에 수갑을 차고 등반하거나, 또는 (아무튼 최초라는 수식어를 붙이려고) 눈에 검은 안대를 하고 오르는 사람은 없을까?

문제의 핵심을 안다. 말을 빙빙 돌린 것에 용서를 구한다. 이들이 원하는 것은 산의 등정뿐만이 아니다. 메스너는 〈프로필〉과의 인터뷰에서 이런 말을 했다. "등반의 궁극적인, 가장 심오한 동기는 죽음의 위험에 맞서는 도전"이라고. "인간의 용기는 자연에 맞서는 것으로 측정된다"라고.

하지만 실례를 무릅쓰고 한마디 하자면, 내가 보기에 그런 도전은 용기의 낭비다. 인간의 용기는 이런 식으로 고작 산에서 허비하기에는 너무나 소중한 것이다. 그런 용기를 절박하게 필요로 하는 곳은 세상에 얼마든지 있다. 계곡이든 도시든 마을이든, 겉으로는 잘 드러나지 않을지라도 우리가 정말 필요로 하는 것은 더 정의로운 세상을 만들고자 하는 시민의 용기다.

나는 이런 기사가 재미있으면서 동시에 뼈아픈 지적을 했다는 생각이 들었다. 라이트너의 말이 틀렸다고 할 수만은 없다. 그가 대체 나의 동기를 달리 어찌 이해할 수 있을까?

출판사를 나온 니나와 나는 서둘러 바바리아영화사로 갔다. 위르겐 레만 역시 나에게 전달해줄 것이 있다고 했기 때문이다. 그는 베이징에서 온 팩스를 나에게 보여주었다. 기쁜 소식은 아니었다.

등산협회는 9월까지 허가를 연장해달라는 라인홀트 메스너의 요청을 받아들일 수 없음을 유감으로 생각한다. 그 대안으로 본 협회는 1980년 7월 15일부터 10월 31일까지를 제안한다.

나는 얼마 전 허가의 연장을 요청했었다. 그러나 달리 어쩔 도리가 없지 않은가? 이제 와서 내 계획을 바꿀 수는 없다. 출발을 좀 더 늦추었으면 하는 희망은 물거품이 되었다. 우리는 원래 계획대로 출발하기로 했다.

"프랑크푸르트에서 카라치로 가는 비행기가 이륙해야만 우리가 정말 중국으로 가는구나 하고 저는 믿을 거예요."

6월 17일, 베이징까지 가는 비행기 안에서 니나는 일기에 이렇게 썼다.

내가 라인홀트와 함께 에베레스트로 가고 있다는 사실은 여전히 믿기 힘들다. 지난 몇 달 동안의 준비, 짐 싸는 걸 돕는 일은 고통스럽기만 했다. 나는 에베레스트로 갈 생각에 들떠 가슴이 터질 지경인데, 라인홀트는 매일 나에게 이렇게 말했다. "아무래도 당신을 데려가기로 한 것은 큰 실수인 것 같아." 아무튼 임박한 여행을 두고 제대로 기뻐할 틈도 그는 주지 않았다. 내가 정말 에베레스트까지 라인홀트를 동행해도 되는 건지 나는 절대 확신하지 못했다. 심지어 그는 우리가 귀환한 뒤에 내가 그의 인생에서 완전히 손을 뗀다는 의무조항을 넣은 계약서까지 만들었다. 그랬다가 스스로도 말이 안 된다고 생각했는지 계약서는 없던 걸로 하자고 했다. 도대체 이 남자는 함께한다는 것을 어떻게 생각하는 걸까! 우리는 지난 몇 달 동안 모든 것을 함께 계획하고 수정하기를 반복하지 않았던가! 어쨌거나 그와 있으면 지루할 일은 절대 없다. 그는 나의 에너지 레벨을 끊임없이 최고로 끌어올렸다.

우리는 녹초가 된 몸으로 베이징에 도착했다. 미니버스가 우리를 공항에서 시내까지 데려다주었다. 창밖으로 지나치는 나무들과 집들의 풍경이 마치 꿈을 꾸는 것만 같다. 도로 주변에 늘어선 벽에는 온갖 플래카드가 덕지덕지 걸렸다. 커다란 그림과 뭐라고 쓴 건지 모를 글자가 휙휙 스쳐지나간다. 나는 그 알록달록한 그림들이 정치 선전인지 광고인지 구별할 수 없었다. 심지어 지금이 오전인지 오후인지도 가늠이 안 될 정도로 공기는 탁하기만 하다.

6월의 베이징 하늘은 잿빛으로 흐릿하며 공기는 너무나 뜨거워서 한 발자국도 걷고 싶지 않다. 그럼에도 거리에는 사람들로 넘쳐난다. 버스 창밖으로 끝없이 이어지는 자전거 행렬이 놀랍기만 하다. 남자든 여자든 허리를 꼿꼿이 세우고, 당당한 자세로 페달을 밟는다. 나는 곧 검은색 자전거가 1950년대 유럽인이 타던 폭스바겐과 비슷한 신분 상징의 의미가 있음을 알게 되었다.

저녁을 먹고 호텔 근처를 산책하면서 우리는 새로운 인상을 받았다. 재난에 가까울 정도로 주거공간이 부족한 탓에 가족끼리 복닥거리는 것을 피하려 많은 중국인이 아예 거리로 나와 생활한다. 가로등 아래 노인들은 대나무 의자에 앉아 신문을 읽었다. 인도에서 장기를 두는 노인도 많았다. 어떤 여인은 인도에서 딸의 머리카락을 땋아준다. 남자와 여자를 구분하기도 쉬운 일이 아니었다. 남자든 여자든 모두 푸른색 또는 올리브색 옷을 입은 탓이다. 마오쩌둥은 모든 시대를 통틀어 가장 강력한 영향력을 발휘한 패션 창조자다. 아무튼 이런 획일화가 또 있을까? 오로지 아이들만큼은 개성을 살려주려는 어머니들의 노력이 눈에 띄었다. 아이들은 색동옷을 입고 커다란 머리 리본이나 여러 장식들로 한껏 맵시를 꾸몄다.

인구 폭발을 통제하기 위해 모든 가족은 오로지 단 한 명의 아이만 가질 수 있다. 이 통제를 지키지 않는 부모는 배급 삭감이라는 처벌을 받는다. 답답하다는 느낌, 뭔가 속박당한다는 느낌이 이 도시에서 내내 나를 따라다녔다.

그러다 우리는 알록달록 번쩍이는 커다란 영화 포스터를 발견했다. 슬픈 눈빛을 한 남자가 애타듯 자신을 우러르는 여인을 안아준다. 여인의 머리 위로는 하얀 옷을 입은 요정들이 군무를 추듯 떠돈다. 중국 영화의 최신작이란다. 우리는 이 영화가 보고 싶었다. 그러나 영어로 영화관이 어디인지 묻는 우리의 물음에 아무도 답을 하지 못한다. 모두 난처한 표정으로 킥킥대기만 한다. 영어를 할 줄 아는 사람이 아무도 없다. 결국 우리는 영화관을 찾을 수 없었다.

6월 19일. 우리 두 사람은 공허하다는 느낌과 함께 잠에서 깼다. 우리의 기분은 무어라 표현하기도 힘들 정도로 엉망이다. 니나는 이렇게 썼다.

우리는 좀체 겪어보지 못한 외로움에 시달린다. 이런 외로움이 왜 생겨나는지 합리적으로 설명할 말은 없다. 우리 두 사람은 몇 년째 여행을 하며 극단적인 상황을 이겨내는 데 익숙한 생활을 해왔다. 그러나 이번은 우리 두 사람만 하는 첫 여행이다. 주변 상황은 우리가 마치 어떤 무인도에 온 것만 같은 분위기를 자아낸다. 우리는 서로 의지하며, 함께 상황을 헤쳐나가는 법을 배워야만 한다. 언어 탓에 외부와도 단절되면서 우리는 서로 소통을 나눌 방법이 지극히 제한되었음을 깨달았다. 우리는 서로 영어로 이야기하는데 라인홀트는 어휘와 표현력 부족으로 나에게 속내를 정확히 전달할 수 없다. 그저 간단한 단어만 써야 그는 내가 하는 말을 알아듣는다. 이런 점이 우리이 외로움 을 더욱 기운다. 쉽지는 않지만 그래도 나는 둘이서 격리된 채 보낼 이후 석 달이 자못 설렌다.

자고 먹고 CMA와 사무적인 이야기를 나누는 동안에도 우리는 매일 베이징 시내를 걸었다. 우리는 프렌드십 스토어Friendship Store라는 이름의 상점에서 생필품을 구입하기도 했다. 이 가게는 일종의 명품 전문점 같은 곳으로, 이곳에서 우리는 베이징에 거주하는 거의 모든 외국인과 마주쳤다. 중국의 화폐는 두 종류다. 중국 본토의 보통 소비자가 쓰는 돈은 '구 위안'이며, 외화와 교환해주는 돈은 관광 화폐인 '신 위안'으로 프렌드십 스토어에서 쓰는 돈이다. 이런 섬세한 차이도 우리는 아웃사이더라는 느낌을 느끼게 했으며, 불편함을 더욱 키웠다.

베이징은 낮 시간 내내 냉철하고 무자비한 분위기, 말 그대로 비즈니스적인 냉혹함의 지배를 받았다. 저녁이면 마치 마비된 것만 같은 억눌린 분위기로 시내는 침울하기만 했다. 대개 협회가 붙여준 차오라는 통역인이 우리를 따라다녔다. 그의 영어는 측은할 정도였다. 차오는 외국인과 만날 기회를 갖고 싶어 대부분 독학으로 영어를 배웠다고 했다. 그리고 지금 그는 우리에게 그 서툰 영어로 줄곧 팝과 돈 그리고 섹스에 관한 것을 캐물었다. 그는 우리를 서구의 대표라고 보는 모양이었다. 이런 난감할 데가.

CMA와의 협상은 그칠 줄 모르고 이어졌다. 그 과정에서 중국 공산당 간부의 전통적인 태도가 무엇인지 실감했다. 끝없이 국가

에베레스트 솔로

사이의 우호를 이야기하며, 손님을 맞이하는 친절함을 보여주려 애쓰지만, 그럼에도 그들의 태도에서는 보이지 않는 벽이 느껴졌다. 너무 오랫동안 계급 적대감이라는 이데올로기를 주입받은 게 틀림없다. 우리는 내심 빨리 이곳을 떠날 수 있기만 바랐다.

다음 날 아침 우리는 라싸로 가는 길의 다음 구간인 쓰촨성의 청두로 가는 비행기에 올랐다. 빨리 라싸로 가고 싶어 조바심이 나면서도 우리는 청두를 금세 떠나야만 한다는 사실이 아쉽기만 했다. 먼지가 가득한 암갈색의 베이징과 비교해 쓰촨 지방은 마치 오아시스처럼 여겨졌다. 내가 어려서 중국을 상상했던 그대로의 모습이 바로 쓰촨이다. 푸른 벼가 넘실대는, 끝없이 이어진 논, 그 중간마다 작지만 울창한 대나무 숲과 밀짚을 지붕에 덮어쓴 농가들은 정겹기만 했다. 수많은 작은 둑으로 분할된 논 가운데 몇몇은 물에 잠겨 있다. 그 물에 비친 은회색 하늘이 자태를 뽐낸다. 둑 위로 맨발의 농부가 나무 물통들이 달린 막대기를 어깨에 걸머지고 걷는다.

우리가 탄 낡은 프로펠러 비행기는 서쪽을 향해 천천히 날아간다. 아래 펼쳐지는 녹색의 풍경이 물결무늬를 이룬다. 언덕이 차츰 덩치를 키우며 산이 된다. 지평선에서 눈 덮인 반짝이는 산꼭대기가 처음으로 나타났다.

우리는 점점 티베트 동쪽의 산맥에 가까워졌다. 길게 뻗은 산등성이, 작은 집들이 드문드문 자리 잡아 얼룩무늬를 이룬 것 같은 산등성이에는 기묘한 형태의 밭들이 바다처럼 펼쳐진다. 기대한 흰 거품처럼 계속해서 해발 7,000미터의 고산들이 웅자를 드러낸다. 얼어붙은 벽, 반짝이는 빙하. 나는 심장이 두근두근 뛰는 것을 느꼈다. 우리 아래가 티베트다! 조종사는 짱뽀강을 향해 방향을 잡는다. 티베트에서 발원해 모래의 노란 빛을 띠며 인도까지 굽이쳐 흐르는 이 긴 강을 인도 사람들은 브라마푸트라라고 부른다. 우리는 계속해서 짱뽀의 상류를 향해 날아갔다.

마침내 우리는 짱뽀 계곡의 비행장에 착륙했다. 해발고도 3,600미터 지점에 있는 비행장이다. 나는 조바심을 간신히 억눌러가며 한 발 한 발 내렸다. 이제 지프를 타고 두 시간을 달리면 라싸. 빨리 가고 싶어 견딜 수가 없다.

우리는 배낭을 차에 싣고, 화물 수송을 감독한 다음 출발했다. 우리 뒤에는 부유한 관광객들을 태운 두 대의 미니버스가 따른다. 드디어 전설적인 나라의 신비로 가득한 도시 라싸로 가는구나! 몇백 년 동안 수많은 모험가와 연구자, 종교인들이 그토록 갈망해온 땅 라싸로 내가 지금 가는구나!

인도의 포로수용소에 갇혔다가 탈출한 하인리히 하러가 1944년 페터 아우프슈나이터와 함께 몇 달에 걸쳐 갖은 고초를 겪으며 도보로 행군해 왕이 다스리는 이 도시에 도착해 기적처럼 7년을 머물렀던 것을 떠올리며 나는 가슴이 벅차올랐다. 스웨덴 출신으로 아시아 연구에 열정을 쏟았던 지리학자 스벤 헤딘은 순례자 또는 목동으로 변장하거나 인도의 의젓한 라다크 상인으로 꾸며 상상하기조차 힘든 신고辛苦를 겪는 모험을 해가며 이 기적의 도시에 도달하려 안간힘을 썼다. 세 번 시도했으나 모두 허사였다. 그는 라싸를 보지 못했다. 우리 뒤의 관광객 버스는 이 불굴의 탐험가들에게 모욕이 아닐까?[1]

모터를 장착한 우리의 작은 카라반이 라싸강이 흐르는 계곡을 통과해 달리자 뒤에서는 커다란 먼지구름이 일어난다. 암갈색의 척박한 평원에서는 흐릿한 자줏빛을 배경으로 엄청난 높이의 바위산들이 솟아 있다. 이따금씩 보이는 작은 숲의 녹색은 마치 점을 찍어놓은 것 같으며, 버들인지 미루나무인지 구분이 잘 가지 않는 나무의 잎은 햇빛을 받아 그 부드러운 녹색을 뽐내는 자태가 마치 반짝이는 금발을 보는 느낌이다. 잊을 만하면 조그만, 하얗게 석회를 바른 집들로 이뤄진 마을이 나타난다. 집의 야트막한 지붕은 마른 나뭇가지나 짚들로 덮였으며, 그 위에서 오색으로 나부끼는 기도 깃발 룽따風馬가 나는 눈물겹도록 반가웠다. 계곡의 맑은 공기 속에서 매가 커다란 원을 그리며 난다. 어디선가 점령군이 모두 쏴 죽여 티베트에는 동물이 없다는 글을 읽었던 나는 매를 볼 수 있어 기쁘기만 했다. 커다란 몸집의 누렁개가 강가의 회색 자갈밭에서 서성거리다가 듬성듬성 난 수풀 사이로 천

---

1 하인리히 하러(Heinrich Harrer, 1912~2006)는 오스트리아의 산악인이자 탐험가로 스위스 아이거 북벽을 최초로 등정했으며, 영화로도 만들어진 《티베트에서의 7년》이라는 자전적 기록으로 유명해진 인물이다. 페터 아우프슈나이터(Peter Aufschnaiter, 1899~1973) 역시 오스트리아의 산악인이자 지리학자로 하러와 함께 포로수용소를 탈출해 티베트로 갔던 인물이다. 스벤 헤딘(Sven Hedin, 1865~1952)은 스웨덴 지리학자로 중앙아시아 연구에 중요한 성과를 올리 인물이다

천히 자취를 감춘다.

울퉁불퉁한 길을 1시간 이상 털털거리고 달리자 계곡이 넓어진다. 그 중앙에 언덕이 우뚝 솟았으며, 그 위에 마치 신기루처럼 햇빛을 받은 황금색 지붕이 번쩍였다. 포탈라다! 마치 언덕에서 솟아난 것처럼 보이는 거대한 하얀 성은 검은 창문들로 이어지는 계단식 담장에 둘러싸여 붉게 칠한 건물에 탑 모양의 황금색 지붕을 얹은 위용을 자랑한다. 전체적인 형상은 신비를 가득 담은 거대한 함선처럼 보인다. 대리석을 깎아 만든 모양의 함선인 포탈라가 위치한 언덕의 이름은 '붉은 산'이라는 뜻의 '마르포리 Marpori'다. 나는 신을 믿지는 않지만, 포탈라나 베드로대성당 또는 메카를 찾아 처음으로 보는 독실한 순례자의 감정을 고스란히 느꼈다. '포탈라'라는 이름은 '안전한 항구'를 뜻한다. 그리고 라싸는 '신들이 사는 곳'이라는 의미다. 그러나 우리가 신들이 사는 곳에 가까워질수록 나는 알루미늄 물탱크와 군대막사 같은 시멘트 구조물들로 기분이 상했다. 산업사회의 이런 추한 구조물 뒤에 옛 라싸는 과연 얼마나 남아 있을까?

우리를 수행하는 군 장교와 통역사의 지시를 받아가며 지프 운전사는 라싸 시 외곽에서 왼쪽으로 꺾어 작은 가로수 길로 접어들었다. 두 개의 차단기를 통과하자 우리는 방갈로가 늘어선 어떤 마을에 도착했다. 이곳은 군대가 에워싸고 있는 호텔 도시다. 다시금 우리는 군대가 통제하는 일종의 게토 안에 갇힌 셈이다.

짐들을 깔끔하게 정리된 널찍한 방에 가져다 놓고 난 뒤 우리

　　　　　　　　　　　에베레스트 솔로

는 식당으로 오라는 '지시'를 받았다. 식당 안에는 온통 백인 관광객이다. 아치형 지붕 아래의 식당에서 우리는 흰 천을 씌운 식탁에 앉았다. 유리로 만든 돌고래 모양의 화병에는 "티베트에 오신 것을 환영합니다!"라는 문구와 함께 조화가 꽂혀 있다. 우리는 서둘러 식사를 마쳤다. 마음이 급했기 때문이다. 니나와 나는 어서 도시를 돌아보고 싶은 호기심을 누를 수가 없었다. 다행히도 장교와 통역사는 각자 방으로 돌아가 쉬겠다고 한다. 이들은 높은 고도에 적응해야만 한다고 말했다. 하긴 라싸는 해발고도 3,700미터 지점에 위치한 도시다.

우리는 호텔에서 도보로 3킬로미터를 걸어 도시 외곽에 도착했다. 우리는 아주 오래된 약도를 가지고 도시의 성스러운 구역을 에워싼 유명한 순례길인 '링코르Lingkhor'를 찾았다. 소원을 비는 순례자와 부처상 대신 아스팔트와 시멘트 그리고 경적을 울려대는 화물차로 거리는 딱딱하고 소란스럽기만 했다. 모든 것을 굽어보듯 웅자를 자랑하는 포탈라를 추한 옷깃장식처럼 둘러싼, 창살을 단 은행과 관청 건물을 지나치자 골목은 갑자기 좁아졌고 우리는 방향을 잃고 말았다. 주변을 돌아보니 우리는 도심을 환형처럼 둘러싼 도로인 '바코르Bakor'에 서 있음을 깨달았다. 바코르는 티베트에서 가장 성스러운 장소인 '조캉Jokhang' 사원을 둘러싼 원형도로였다. 나무를 깎아 만든 창틀로 장식된 티베트의 옛 집들이 사원을 에워쌌다. 집의 벽 앞에는 장사꾼들이 바닥에 물건을 늘어놓고 판다. 옷감, 신발, 면, 양철 그릇 등이 주요 품목이다. 형형색색의 옷을 입은 군중이 시계방향으로 원형도로를 걷는다. 베이징의 숨 막히는 분위기에 찌푸린 얼굴들을 보았던 것에 반해 옛 도시 라싸의 북적이는 생동감은 오히려 우리를 숨 가쁘게 만든다. 전국에서 찾아온 순례자들이 이곳에 모인다. 캄Kham 지역 출신의 키가 큰 남자들은 검은 변발을 붉은색의 면실로 묶어 바짝 세운 모습이 반항적이라는 인상을 준다. 안뒤Amdo, 安多라는 지역 출신의 티베트 사람들은 그 둥근 모자로 쉽게 알아볼 수 있으며, 유목민은 번들거리는 양가죽 옷을 입었다. 먼지가 날리는 거리에서 한 늙은 여성이 바코르에서 온몸을 던지며 넙죽 절을 한다. 이마와 나무 판때기 보호대를 댄 손이 바닥에 닿으면 여인은 다시 일어나 손이 닿았던 곳에서 같은 동작을 되풀이한다. 옛날에 순례자들은 '오체투지'라는 이 동작으로 자신의 고향 마을에서 라싸까지 전체 거리를 이동했다고 한다.

몇백 년 동안 외부와 차단되었던 라싸에서 외국인은 여전히 무슨 희귀동물 같은 존재다. 순식간에 구경꾼들이 우리를 둘러쌌다. 웃음기를 띤 눈들이 우리를 쳐다보며 저마다 우리 코앞에 부적이나 보석 또는 옷감을 들이대며 사달라고 한다.

조캉 사원 앞의 아주 오래된 버드나무, 룽따가 주렁주렁 달린 거의 말라붙다시피 한 버드나무 아래에 순례자와 걸인은 아예 살림을 차렸다. 향을 태우는 냄새가 야크 버터 등잔불의 냄새와 섞여 매캐하다. 사원 입구의 석판에서 신자들이 엎드려 절한다. 그들의 손은 가톨릭의 묵주와 비슷해 보이는 진주목걸이를 끊임

라싸
조캉 사원 입구의
'법륜'

없이 돌리며, 입술은 기도문을 외운다.

"옴 마니 파드메 훔."

'오, 연꽃 속의 귀중한 보석이여'라는 뜻의 늘 되풀이되는 이 주문은 관세음보살을 이르는 표현이라고 한다.

마오쩌둥의 해방군이 티베트 국민에게 일체의 종교생활을 금지시키고 이를 위반하면 처벌까지 감행했던 상황은 사인방의 와해로 문화대혁명이 끝날 때까지 지속되었다. 그럼에도 저 순례자들이 보여주는 경건한 신앙심에 나는 깊은 감동을 받았다. 중국의 이른바 '해방'이 온갖 만행과 더불어 잔혹한 짓을 저질렀음에도 티베트 국민이 버틸 수 있는 힘을 준 것은 불교다.

1951년 9월 9일 중국군이 처음으로 라싸로 진군했을 때 군대는 티베트인들이 의심할 정도로 진짜 해방군 노릇을, 즉 평화적으로 행동했다. 티베트 외교정치의 모든 권리는 박탈하지만, 내정의 자립성은 보장해주는 협정서에 양측이 서명을 하기도 했다

달라이 라마의 모든 권한은 건드리지 않고 인정해주기로 했다. 그러나 이내 바람의 방향이 바뀌었다. 갈수록 더 많은 군인이 라싸에 주둔했으며, 중국정부는 판첸라마를 지명해 달라이 라마에 맞서는 대항마로 삼았다.

점령군이 토지를 압류하고 사원들을 뒤져 승려와 대지주를 체포하고 공개적으로 굴욕을 주자 캄 지역에서 봉기가 일어났다. 게릴라전은 전국으로 번져 15년 동안 지속되었다. 젊은 달라이 라마는 어떻게든 평화롭게 중재하려 안간힘을 쓰면서 일단 국내에 머물렀다. 중국은 갈수록 잔혹해지는 만행을 저지르며 저항하는 티베트 국민을 위축시키려 했다. 일반 국민은 물론이고 승려도 고문을 당하거나 살해되었으며, 여성은 강간을 당했고, 아이들은 중국으로 끌려갔다. 1959년 3월 라싸에서 대규모 시위가 일어났다. 달라이 라마는 인도로 망명했다. 1만여 명이 넘는 티베트 국민이 그를 따라 피신했다. 티베트 정부의 공식적인 실각과 더불어 중국군이 행정을 장악했다. 중국군의 개혁은 이전에는 전혀 보지 못한 참극을 빚었으며, 살인과 사원 파괴는 계속되었다. 승려들은 노동수용소로 끌려가기도 했다. 저항하는 사람을 통제하기 위해 전국적으로 여행 금지령이 내려졌다. 재교육과 세뇌교육, 강제노동과 종교 활동 금지로 국민의 일상은 고통으로 얼룩졌다.

중국은 1965년 9월 9일, 티베트를 조롱하듯 '자치 구역'으로 선포했다. 꼭두각시로 채워진 내각은 베이징 중앙위원회의 장단에 맞춰 춤을 추었다. 인민해방군은 티베트 국민을 끝없이 괴롭혔다. 1966년 무력의 새로운 물결, 곧 문화혁명의 여파가 그나마 남은 것마저 짓밟았다. 수천 곳의 사원이 잿더미가 되었으며, 황금 불상과 보물은 중국에 약탈당했다. 지구상에 마지막으로 남은 고대 문화인 신왕神王 국가는 파괴되었으며 중국에서 넘어온 이주민들로 그 본연의 색채를 잃고 말았다. 오늘날 라싸만 해도 4만여 명의 티베트인 외에 12만여 명의 중국인이 산다. 천연자원과 숲과 주민 생활에 꼭 필요한 물자는 무자비하게 약탈당했으며, 티베트 주민은 고된 노동과 혹독한 세금으로 고통받았다.

그러나 중국이 어떻게 해도 손댈 수 없는 것은 티베트 국민이 심장에 품은 부처와 저 멀리 망명 생활을 하고 있는 달라이 라마를 향한 충성심이다. 사원 앞의 상인이 달라이 라마의 사진을 꺼내들자 사람들이 우르르 몰려드는 모습은 바로 그래서 전혀 놀랍지 않다. 티베트인들은 늘 사랑하는 신왕 달라이 라마를 '지시 노르부jishi norbu', 즉 '소중한 보석'이라 부른다.

시장에서 물건을 자유롭게 사고파는 일도 티베트 국민에게는 1980년까지 금지되었다. 지금은 다시 자유롭게 흥정을 하며 이 새로운, 작은 자유를 즐긴다. 야크 버터, 채소, 차茶는 거래가 활발한 품목이다. 상인이 펼쳐놓은 판매대 아래서는 대낮의 열기를 피해 그늘을 찾은 열두 마리 정도의 개들이 잠을 잔다.

니나와 나는 바코르를 도는 순례자들의 행렬에 끼어 그들과 보조를 맞추었다. 신도들이 돌리는 마니차[2] 소리와 함께 거리 주변의 작은 제단에서 태우는 향이 기분 좋은 냄새를 풍긴다. 무리

가운데 녹색에 빨간 별이 달린 군용모자가 이따금 나타나지만, 그 아래 얼굴은 대개 친절한 티베트 사람이다. 바코르에는 중국인이 거의 보이지 않는다.

이외에도 많은 것을 보며 깊은 감명을 받았지만, 익숙하지 않은 고도 탓에 너무 피곤했던 우리는 차를 타고 다시 호텔로 돌아와 의무처럼 저녁식사를 했다.

다음 날 아침 우리는 포탈라를 찾았다. 통역사인 차오가 포탈라를 관람해도 좋다는 허가를 받도록 힘써주었다. 이 승려 궁 아래의 호수에서 여성들은 옷가지와 양탄자를 빨며, 징징대는 아이들을 씻긴다. 우리는 웅장한 계단, 지그재그 형태를 이룬 계단을 피해 뒤쪽의 가파른 길을 올라가는 유목민 일행과 합류했다. 이곳에는 야크의 털로 짠 긴 줄이 뻗어나가 나무에서 나무로 이어진다. 줄에는 오색의 룽따가 바다를 이루어 나부낀다. 입구에서 우리를 맞아준 사람은 중국 여성 가이드다. 그녀는 아무리 봐도 어색하기 짝이 없는 챙이 달린 하얀 모자를 썼다. 모자는 의무로 써야만 하는 것이다. 그녀가 가파른 계단을 헐떡이며 올라오는 순례자들을 거칠게 다루어 옆으로 모는 모습이 불편하기만 했던 우리는 어떻게든 행렬에서 빠져나와 독자적으로 관람할 기회만 엿보았다. 그러나 그때마다 시도는 수포로 돌아갔다. 어느

---

2 마니차(摩尼車)는 티베트 불교에서 기도를 올릴 때 쓰는 도구로 이것을 한 바퀴 돌릴 때마다 죄업이 하나씩 없어진다고 한다. 원통형으로 측면에는 만트라가, 내부에는 경문이 새겨진다.

구석에선가 선글라스를 쓴 중국 감시원이 즉각 나타나 우리를 행렬로 되돌려 보냈다. 이런 식으로 우리는 반쯤 어둑한 공간에서 푸른빛을 발하는 부처의 청동상을 지나 엄숙한 기도실과 도서관을 차례로 지나치며 개미굴처럼 기적적으로 지어진 이 신궁의 아래로 계속 내려갔다. 포탈라는 365미터 길이에 높이 109미터 그리고 폭이 335미터다. 건물의 하얀색 부분은 세속과 관련한 곳으로 옛날에 국가의 고위 관리가 살면서 공무를 보았다. 붉은색 부분에서는 승려가 살며 보석으로 치장된 부처와 보살의 상 앞에서 명상을 한다. 저 보석의 값어치만 해도 지극히 가난한 유목민까지도 풍요롭게 해줄 정도의 막대한 재산이다. 포탈라에는 물론 지금은 빈 상태인 1,000개가 넘는 방이 있다. 우리는 갖은 기교를 다해 장식한 탑 위에 모신 달라이 라마의 조각상들도 보았다. 최악으로 치닫던 시절에도 이 조각상은 어느 누구 하나 감히 건드리지 못했다.

티베트 사람들은 달라이 라마가 보살, 곧 깨달음으로 해탈해 그 선함과 지혜로 이미 윤회의 운명에서 해방되어 고통의 바다에서 헤매는 인류를 구원하러 속세로 되돌아온 존재라고 믿는다. 동시에 달라이 라마는 모든 티베트인의 수호신이자 첫 번째 선조인 관세음보살의 환생이다. 달라이 라마가 죽으면 이 보살은 어린 아이의 모습으로 환생한다고 한다. 그래서 라마들이 모여 점을 쳐서 이 환생한 아이를 찾아야만 한다. 아이는 숨길 수 없이 드러나는 특징으로 이내 알아볼 수 있다고 한다.

포탈라의 지붕에 황금 천장을 씌워 세운 작은 탑은 죽은 달라이 라마를 묻은 곳이다. 가이드는 벽에 걸린 달라이 라마의 초상화들을 차례로 지나친 뒤 아름다운 안뜰을 거쳐 사다리 같은 가파른 계단을 통해 포탈라 지붕으로 우리를 안내했다. 그곳에서 벌어지는 광경을 보며 우리는 기쁨의 미소를 지었다. 복원 공사가 한창인 포탈라는 곳곳의 벽을 다시 손보고 그림을 그리고 잔재를 치우며 장식을 개선하는 작업이 이뤄지고 있다. 고된 노동 가운데 티베트 노동자들의 표정이 밝기만 하다. 아마도 이들은 달라이 라마가 오랜 망명생활 끝에 다시 돌아오리라고 희망하는 모양이다.

포탈라를 나와 골함석 지붕들로 황량하기만 한 점령지 건축, 그리고 좁고 구불구불한 골목길로 이뤄진 라싸 시내를 바라보며 나는 한숨이 나오기도 했다. 이런 낙후된 환경만큼 티베트의 현상황을 잘 반영하는 것이 또 있을까?

6월 27일 아침 우리는 라싸를 떠났다. 해는 아직 뜨지 않았다. 공기는 신선하고 차가웠다. 나는 마르포리 위에서 20년째 잠을 자는 포탈라와 착포리Chagpori 의학전문대를 마지막으로 바라보았다. 차오와 니나와 나는 지프를 탔고, 우리 뒤에는 빌려온 군용 트럭이 따랐다. 트럭에는 수행 장교인 쳉Cheng이 탑승했다. 두 차 모두 하얀 면장갑을 낀 중국인 운전사가 몰았다. 우리 짐은 트럭 적재함의 3분의 1을 겨우 채웠을 뿐이다.

라싸의 간선도로는 이미 분주하다. 걷거나 자전거를 탄 사람

　　　　　　　　　　　　　에베레스트 솔로

들이 서둘러 인근의 시멘트 공장으로 출근한다. 농부들은 신선한 야채를 시장으로 배달한다. 순례자들은 아침 제례를 올리기 위해 바코르로 잰걸음을 옮긴다. 우리는 서쪽 방향의 도로로 접어들었다. 우리 오른쪽의 산비탈이 만든 시원한 그늘 아래 드레풍이 있다. 드레풍은 티베트 불교가 그 왕국을 다스린 본거지인 세 곳의 사원 가운데 하나다. 한때 이 사원에는 7,700명이 넘는 승려가 살았으며, 그 중앙에는 하늘의 뜻을 묻는 유명한 불탑이 있다. 드레풍이라는 이름의 뜻인 '볏짚더미' 그대로 사원의 하얀 벽에서는 검은 창문 구멍이 노려보는 것만 같다. 사원의 속절없이 쇠락하는 모습이 안타깝기만 하다.

약 1시간 정도 달린 끝에 우리는 군인들이 경비하는 라싸강의 다리를 건넜다. 강변의 자갈밭에서 한 무리의 양떼가 진흙 빛깔이 나는 물에 발을 담그며 첨벙거린다. 그 옆에는 낡은 보트가 떠 있다. 우리는 먼지가 풀풀 일어나는 도로에서 거듭 라싸로 가는 순례자들과 마주쳤다. 중국 운전사가 요란하게 경적을 울리자 순례자들은 옆으로 비켜선다.

지프를 타고 일정한 리듬으로 덜컹거리다 보니 나는 반쯤 잠이 들었다. 그러다가 으스스한 한기에 놀라 깨어났다. 고도가 높아지면서 기온이 확 떨어진 탓이다. 암갈색의 산비탈에는 나무가 거의 없다. 비탈을 깎아 갓 개간한 작은 밭에 심은 작물의 모습이 꼭 녹색의 부활절 달걀처럼 보인다. 마치 흩뿌려놓은 것만 같은 작은 점들이 움직인다. 풀을 뜯는 야크들이다. 길은 고도가 높아

질수록 구불거린다. 바람은 살갗을 베일 것처럼 차갑다. 우리는 꼭대기에 도착해 차에서 내렸다.

산등성이에 우뚝 선 커다란 석벽이 우리의 눈길을 사로잡았다. 티베트 사람들은 산의 높은 고갯길마다 유령이 산다고 믿는다. 유령이 노하는 일이 없도록 경건한 순례자들이 돌을 쌓아 만든 석벽이다. 돌에는 온갖 솜씨를 다해 불경에 나오는 말씀이 새겨졌다. 석벽에는 높다란 마른 나뭇가지와 대나무 줄기가 꼽혔으며, 거기에는 오색의 기도 깃발과 너덜너덜한 양가죽 조각이 걸려 있다. 심지어 찢긴 공단 두건마저 바람에 펄럭인다.

저 아래에는 터키옥처럼 푸른 호수가 반짝인다. 호수의 수많은 지류는 갈색의 산비탈에 에워싸였다. 군데군데 올망졸망한 집들로 이뤄진 마을은 장난감처럼 작게 보인다. 계단식으로 일궈진 밭들은 인형을 가져다 놓아도 어울릴 만큼 앙증맞다. 우뚝 솟은 산은 자줏빛에서 적갈색에 이르기까지 모든 색조를 고도별로 보여준다. 저 멀리 지평선에는 만년설을 뒤집어쓴 정상들이 빼곡하다. 이 모든 것을 짙푸른 하늘이 품었다. 하늘에는 몇 개의 눈처럼 하얀 구름이 전설에나 등장할 법한 동물의 형상을 만들었다 지우며 흘러간다.

차오가 어서 가자고 보챘다. 우리는 오늘 시가체까지 가야만 하며, 거기까지 길은 아직 한참 남았기 때문이다. 꼬불꼬불한 비탈길을 지프가 터키옥 색의 호수에 빠질 것처럼 서둘러 내려가는 동안 나는 처음으로 이런 방식의 여행을 후회했다. 내 영혼이 보조를 맞출 수 있는 속도로 이 풍경을 감상하자면 나는 도보 여행을 했어야만 한다.

길은 계속해서 우리를 서쪽으로 이끌었다. 흙을 갓 갈아엎은 밭과 담녹색의 초원에서 야크들이 한가로이 풀을 뜯는 마을을 계속 지나쳤다. 초원은 밭에 물을 대기 위해 판 고랑들 사이에 작은 오아시스처럼 보인다. 쇠락한 마을에서 멀지 않은 곳에 새로운 마을이 들어서는 게 심심찮게 보인다. 어느 곳을 가든 마을에서 가장 높은 곳에는 파괴된 사원이나 '곰파Gompa'의 잔재가 을씨년스러운 모습을 보여준다. 곰파는 티베트 사람들이 작은 사원을 부르는 말이다.

계곡을 흐르는 강물에 듬성듬성 드러난 비옥한 오아시스는 풀이 난 모래사장으로 바뀌곤 했다. 폐허가 되어버린 집들이 비바람을 맞아 앙상해진 모습으로 맑은 하늘 아래 서 있다. 이곳에서 몽골과 네팔 사람들이 몇백 년 동안 불을 지르고 약탈을 일삼아 왔다.

고개를 넘고 계곡을 지나며 8시간을 달린 끝에 우리는 쨩뽀 시가체의 널찍한 계곡에 이르렀다. 군사 바리케이드, 골함석 지붕, 철조망을 두른 벽들이 보인다. 보기만 해도 우울한 잿빛의 시멘트 건물들 위로 뭔가 따뜻한 빨강과 금색이 반짝인다. '타쉬룬포Tashi Lhunpo' 사원이다. 사원은 마치 시멘트 둥지 속에 웅크린 극락조처럼 보인다. 한때 강고했던 요새는 파괴된 잔재로만 남았다. 시가체는 티베트에서 두 번째로 큰 도시다. 이 도시는 예선에은 세공과 양탄자 직조로 명성을 떨쳤다. 이곳에서는 오늘날에도 세계에서 최고로 좋은 밀이 자란다. 옛날에는 이곳이 판첸라마의 궁이었다. 여전히 판첸라마는 베이징에서 업무를 보지 않을 때는 자신의 휴가를 이곳 여름 궁전에서 즐긴다.

니나와 나는 도시의 유일한 식당으로 안내받아 갔다. 식당이 병영의 한복판에 있는 것이 놀랍지는 않았다. 이미 우리는 너무나 피곤했다. 작은 식탁에는 두 개의 양철 접시와 반짝이는 그림을 그려 넣은 보온병이 올라왔다. 보온병에는 따뜻한 물이 담겼다.

밤이 되자 우리는 바로 깊은 잠에 빠졌다. 새벽 5시 반 돌연 스피커에서 엄청나게 시끄러운 소리가 우리를 깨웠다. 일하러 가고 도시 전체를 깨우는 동시에 인민공화국 정부가 가장 중시하는 원칙을 강조하는 멘트가 귀를 얼얼하게 만드는 음악과 함께 흘러나왔다. 도처에서 다급하게 뛰는 발자국 소리를 들으며 나는 기숙학교 시절을 떠올리지 않을 수 없었다. 이런 곳에서 잠을 자는데 하룻밤에 150마르크나 내야 한다니. 이런 황당한 경우가 또 있을까? 그러나 중국인들은 서양인이라 할지라도 꼼짝없이 자기네 방식에 따라야만 한다고 고집한다. 나는 오물이 가득한 화장실에서 코를 부여잡고 볼일을 봐야만 했다.

니나와 나는 걸쭉한 아침밥을 마지못해 우적우적 씹어 삼킨 다음, 시내를 어슬렁거리며 돌아보았다. 갑자기 찬바람이 불어와 거리의 모래와 쓰레기가 회오리를 일으켰다. 해가 떴음에도 하늘

에베레스트 솔로

은 흐렸고 황량했다. 서쪽 하늘에 생긴 노란 구름 기둥이 마치 벽을 세운 것만 같다. 나는 눈을 질끈 감고 머리를 싸안으며 바람을 피하려 했다. 그러나 거리에서 놀던 아이들은 돌풍에도 끄떡하지 않았다. 아이들은 먼지도 추위도 아무렇지 않은 모양이다. 다시금 바람이 몰아치자 아이 가운데 하나가 팔을 뻗었다. 마치 바람을 잡기라도 하려는 듯. 그런 다음 아이들은 머리카락을 휘날리며 우리에게 달려왔다. 아이들은 우리의 손을 잡아끌며 사원으로 향했다.

한때 3,000명이 넘는 승려 가운데 지금은 단지 몇 명만 남은 이 작은 도시의 중심은 사원이다. 이 사원에는 9층 높이의 불상이 모셔져 있다. 우리는 천정이 낮은 통로를 통해 몇 개의 계단을 올라갔다. 돌연 거대한 황금색 얼굴이 우리를 노려본다. 대칭이 아주 아름답게 맞는 불상은 내가 한 층 아래를 내려다보자 몸통을 드러냈다. 불상 전체는 도금이 되어 반짝였으며, '카타Khata'라는 이름의, 행운을 상징하는 하얀 천으로 감싸져 있다. 불상의 발 앞에는 커다란 야크 버터 등잔, 은으로 만든 등잔이 불을 밝힌다. 그 옆에는 붉은색 승려 복을 입은 어린 소년이 앉았다. 아이는 내가 티베트에서 처음 만난 동자승이다.

우리가 찾은 다음 목적지는 '쉐가르쫑Shegar Dzong'이다. 차를 타고 가는 도중에 양쪽으로 사막과도 같은 풍경이 펼쳐진다. 노란 모래에는 푸른 꽃들이 피어났는데, 꽃들은 마치 아이들이 모래에 꽂아놓은 꽃다발 같다. 우리는 목에 둘렀던 스카프를 풀어 지프

문화혁명 동안
파괴된 '쉐가르쫑'

안으로 날아드는 먼지를 더 잘 견디기 위해 입과 코를 묶었다. '쫑 Dzong, 宗'은 티베트어로 성城을 뜻한다. 약 300미터 높이의 뾰족한 뿔 모양의 암벽 위에 세워진 '쉐가르쫑'은 '유리로 만든 성'을 의미한다. 종교와 무관하게 민간이 지은 이 성은 한때 티베트를 찾는 여행객들이 경탄해 마지않던 곳이다.

우리가 도착했을 때는 이미 밤이었다. 달빛을 받아 파괴된 성의 잔재가 마치 하늘을 향해 뻗은 손가락처럼 보인다. 쑤시다 못해 끊어질 것만 같은 사지로 우리는 여러 사람이 함께 쓰는 숙소의 침대로 기어들었다.

다음 날 아침 어떤 대가를 치르고서라도 쫑의 가장 높은 꼭대기로 기어올라야만 했던 데에는 다 그만한 이유가 있다. 정상에서 티베트 사람들은 예전에 특별한 여신에게 제례를 올렸기 때문

에베레스트 솔로

이다. '눈의 어머니 신', 이름은 '초모룽마'다. 쉐가르쫑 꼭대기에 서면 초모룽마가 보인다. 설산은 양쪽으로 두 팔을 벌린 것 같은 자태를 자랑한다. 유럽인들이 에베레스트라 부르는 눈 덮인 하얀 산을 나는 사랑에 빠진 연인처럼 올려다보았다.

남쪽의 히말라야 산맥에 가까워질수록 고원지대는 그만큼 더 척박해졌다. 2시간 정도 달린 끝에 우리는 해발고도 5,000미터 높이의 고개에 도착했다. 8,000미터 높이의 산들 마칼루, 로체, 에베레스트, 초오유 그리고 시샤팡마의 정상이 두꺼운 구름을 뚫고 웅자를 드러낸다.

우리는 지프에서 내렸다. 총을 어깨에 걸쳐 멘 한 남자가 어리둥절한 표정으로 우리를 바라본다. 티베트 사냥꾼인 모양이다. 그가 어디서 왔는지, 어디로 가는지 알 수는 없다. 아마도 그는 고갯길에서 멀리 떨어진 유목민 텐트에 사는 모양이다. 구름 위로 솟아오른 거대한 얼음덩어리의 비현실적인 풍경에 자극받은 나는 니나에게 티베트의 창조설화를 들려주었다.

티베트 창조설화는 텅 빈 공허함에서 시작된다. 오로지 어둠뿐인 이 공허함에 갑자기 바람이 생겨났다. 바람은 하늘의 모든 방향에서 불어왔다. 세월이 가면서 바람은 갈수록 더 강해지고 무거워져 거대한 번개를 이루었다. 번개로부터 바람처럼 무거운 구름이 생겨났다. 구름은 빗방울이 수레바퀴만 한 비를 뿌렸다. 이렇게 해서 태초의 바다가 생겨났다. 바다의 표면이 잔잔해지자 다시금 바람이 불었다 바람은 물을 움직여 버터이 재료인 생크림처럼 무거운 거품을 만들어냈다. 이 거품에서 지구가 생겨났다.

지구의 중심에는 보석으로 이뤄진 거대한 산이 있었으며, 이 산에 신들이 살았다. 이 산을 중심으로 하나의 호수가 생겨났고, 다시 호수를 중심으로 황금 산들이 원형을 이루었다. 황금 산들 너머로 또 하나의 호수가, 그 주변에는 또 산들이… 이런 식으로 일곱 차례 땅, 일곱 차례 물이 생겨났다. 마지막 산들 너머에 드디어 바다가 펼쳐졌으며, 바다에서는 저마다 다른 형상을 한 세상이 섬처럼 솟아올랐다. 남쪽 세상은 원뿔을 뒤집어놓은 형태를, 서쪽 세상은 원형을, 부유한 북쪽 세상은 사각형을, 동쪽 세상은 반달의 모양을 각각 취했다. 우주는 여전히 어둠 속에 잠겼다. 신들은 저마다 자신의 고유한 빛을 품고 있어 따로 빛을 필요로 하지 않았다.

신들 가운데 어떤 신이 땅에서 흘러나오는 즙을 발견했다. 모든 신들이 그 즙을 마셨으며, 힘과 빛을 차츰 잃었다. 이렇게 해서 신들은 그 불사의 영원한 생명력을 잃었다. 영원한 생명력을 잃은 신들은 인간이 되었다. 지구는 해와 달과 별에 의존하기는 했지만 풍요로운 왕국이었다. 그러다 어느 날 어떤 탐욕스러운 인간이 자신의 나무에 열린 열매 두 개를 발견했다. 그는 열매 두 개를 모두 따서 먹어치웠다. 다음 날 아침 그는 배가 무척 고팠다. 그러나 열매가 없자 다른 사람의 나무에 열린 열매를 훔쳤다. 이 다른 사람도 먹을 것이 없자 또 다른 사람의 열매를 땄다. 얼마 가지 않아 인간은 저마다 자신의 것이 아닌 것을 취해야만 하는 상황에 내몰렸다. 이렇게 해서 노동이 생겨났다. 저마다 훔쳐대는 통에 열매가 없자 모두 자신의 나무를 심기 시작했기 때문이다. 인간이 되어버린 이 신들은 남자였다. 열매를 놓고 다투기 시작하면서 남자들은 변했다. 남자 가운데 한 명은 자신의 성기를 몸에서 떼버리고 여자가 되었다. 아이들이 태어났다. 이내 세상은 계속해서 아이가 태어나 여자와 남자로 가득해졌다.

티베트 사람들은 그 거대한 산에 오를 엄두조차 내지 못했다. 산은 신이 사는 곳이라는 믿음이 굳건했기 때문이다. 그러나 외국의 원정대가 찾아오기 이미 오래전에 티베트인들은 산들, 특히 초모룽마도 순례를 했다. 지금 올려다보는 에베레스트는 눈이 없이 컴컴하다. 북서풍이 1,500미터에 해당하는 정상 부분의 눈을 날려버렸기 때문이다. 내가 이미 이 산의 정상에 서본 적이 있다는 생각은 묘하게도 낯설게만 느껴졌다.

중국인들이 거의 15년 전에 닦아놓은 쉐가르와 롱북 사이의 도로는 해발고도 1,500미터까지 위로 올라가 다시 남쪽 네팔로 흐르는 아룬Arun강의 계곡 쪽으로 내려간다. '딩리Tingri'에서 '람나 라Lamna La'를 거쳐 롱북에 이르는 옛 길도 여전히 남아 있다. 그러나 우리는 베이징에서 몬순 철에는 이 길을 절대 가지 말라는 만류를 귀에 못 박히도록 들었다. 고갯길을 넘어 약간 아래로 내려갔을 때 나는 어떤 젊은 여성을 발견했다. 그녀는 곡괭이와 삽으로 도로에 난 구멍을 메우는 작업을 했다. 구릿빛으로 그을린 그녀의 이마에 땀방울이 송송 맺혔다. 스무 살 정도로 보이는 그녀는 혼자서 이곳의 도로를 보수하라는 명령을 받고 몇 주째 작업하고 있다고 말했다. 하루에 8시간, 일주일에 엿새를 그녀는 쉬지 않고 삽질을 한다. 밤에는 도로변에 쳐놓은 텐트에서 잠을 잔다. 그럼에도 평온해 보이는 그녀의 얼굴을 보면서 나는 저 전설의 샹그릴라, 서양인들이 티베트에서 애타게 찾는 낙원은 옛 티베트에서든 지금의 새로운 티베트에서든 발견할 수 없음을 깨달았다. 샹그릴라는 티베트 사람들의 머릿속에, 영혼 속에, 심장에 간직된 것이다. 그녀는 우리를 자신의 텐트로 초대해 '창Chang', 곧 손수 빚은 보리술 한 잔을 대접했다. 텐트 안에는 이불과 요리 기구와 낡고 헤진 양탄자가 가지런히 놓여 있었다. 기름진 그을음을 뒤집어쓴 부처 모형 앞에는 조그만 등잔이 불을 밝혔다.

우리 발아래 저 깊은 곳은 롱북 사원에 이르는 계곡이다. 식물이 자라지 않아 암갈색을 띤 언덕들이 계곡을 감싸고 있다. 이 불모지에서 작은 마을만이 녹색의 점으로 빛난다. 해발고도 약 4,600미터 지점에 이르렀을 때 나는 나무꾼을 마주치고 깜짝 놀라기도 했다. 티베트에서는 나무가 귀해 성물聖物로 여겨진다. 불교에서는 나무를 베는 것을 생명살상과 똑같이 여긴다. 바로 그래서 난방도 여름에 집 담벼락에 모아 말려둔 야크 똥을 땔감으로 사용한다.

이 작은 마을은 사막 같은 고산지대 언저리에 위치한다. 이곳을 흐르는 강도 그 발원지가 거대한 빙하인 것을 염두에 둔다면 참으로 조촐하다. 마을은 갈색의 석회암 바위와 오래된 모레인으

에베레스트 솔로

로 둘러싸였다. 진흙을 쌓아올리고 짚단을 지붕으로 삼은 집에는 창문이 없다. 빛은 오로지 문이나 지붕의 구멍을 통해서만 들어온다.

마을 입구에서 우리의 군용트럭 바퀴가 진창에 빠져버렸다. 최근 폭우가 내렸던 게 틀림없다. 우리를 돕는 100여 명의 사람들이 순식간에 나타났다. 내가 마을에 곰파, 곧 작은 사찰이 있냐고 묻자 몇 명의 아이들이 내 손을 잡고 마을 언저리의 한 폐허로 데리고 갔다. 이 작은 절은 속절없이 망가져버렸다. 사원 내부로 짐작되는 곳에는 조그만 탁자와 넝마가 되어버린 이부자리와 함께 몇 안 되는 집기만 덩그러니 놓여 있었다. 벽에서 돌이 빠진 자리는 골함석으로 덮어놓았다. 새로 지어진 몇 안 되는 집은 전통 양식과는 거리가 멀어 보인다. 나는 빛바랜 칠보다 이런 전통의 상실이 더 서글프게 느껴졌다. 이 사람들에게 무슨 일이 일어났던 것인지는 알 길이 없다. 아마도 지독한 가난에 견디다 못해 그냥 손을 놓아버린 모양이다.

우리는 베이스캠프에서 신선한 육류로 기운을 보충하고자 양을 한 마리 샀다. 마을의 어떤 청년이 양을 잡아 가죽을 벗기고 내장을 들어내는 동안 나는 이 작은 마을의 촌장과 대화를 나누었다. 내 영어를 차오가 중국어로 쳉에게 전해주면, 쳉이 티베트어로 통역하는 방식이었다. 촌장은 이 마을 주민의 수입이 티베트 다른 지역보다도 적다고 설명했다. 1년에 주민 한 명이 벌어들이는 수입은 약 60위안에 불과하다.

흡사 피라미드처럼 보이는 에베레스트 정상

곧 '갸충캉Gyachung Kang'의 전경이 한눈에 들어왔다. 다음 번 모퉁이를 돌아가자 하얀 산등성이가 모습을 드러냈다. 저것은 에베레스트의 서쪽 능선일 수밖에 없다. 조금 더 가자 롱북 사원과 함께 익숙한 산의 모습이 나타났다. 도착했다!

그 엄청난 크기에도 에베레스트는 첫 눈에 확 띄는 산이 아니다. 무엇보다도 다른 고산들 뒤편에 부분적으로 숨겨져 있으며 항상 구름에 가려져 있기 때문이다. 나는 서둘러 북쪽 능선을 바라보았다. 안개가 띠를 이루어 햇빛을 받아 반짝인다. 나는 산이 흘러가는 구름과 함께 움직인다는 느낌을 받았다. 나는 머릿속으로 모습을 떠올려가며 이 움직임을 따랐다. 대개 구름은 정상 부근에서 시커먼 먹구름의 장막을 이룬다. 나는 망원경으로 이 장막을 뚫어버릴 것처럼 노려보았다.

갑자기 안개가 걷히며 파편처럼 흩어진 것만 같던 산이 그 웅장한 위용을 되찾았다. 마치 하얀 왕관을 쓴 잿빛 거인의 모습이랄까. 벽과 빙하와 산등성이를 올려다보며 나는 그 모습이 마치 내가 늘 이곳에 살았던 것처럼 친숙하게만 느껴졌다. 나는 지금 두 눈으로 보는 현실의 산을 꿈에서 정령으로 체험했다. 내가 바라보는 동안 산은 계속 자랐다. 계속해서 몸집을 키운 에베레스트는 내 앞에 거대한 탑처럼 우뚝 섰다. 저 까마득한 꼭대기는 까만 점으로만 보인다. 산발치 빙하를 나는 볼 수가 없다. 빙하는 능선들에 가려졌기 때문이다.

나는 산을 보며 더는 놀라지 않았음에도 온몸을 관통하는 전율을 느꼈다. 나는 도대체 무엇 때문에 꼼짝도 할 수 없는 매력을 느끼는지 알 수 없는 옛 애인 앞에 선 기분이었다. 고되고 힘든 오랜 여행으로 예민해진 내 감각은 나에게 몰려드는 수많은 감정들을 빨리 처리할 수 없었다. 나는 아무 말 없이 그저 에베레스트를 올려다보기만 했다. 니나도 아무 말이 없었다.

롱북 계곡은 초모룽마를 위해 자연이 만들어놓은 액자 같은 곳이다. 30킬로미터에 가까운 거리를 직선 모양을 한 계곡은 오로지 1,200미터 정도만 가파르게 위로 올라간다. 이 계곡의 끝에 신비한 거인 에베레스트가 서 있다. 좀체 범접을 허락하지 않을 위용은 신비라는 말로만 표현될 뿐이다.

3,000미터를 훌쩍 넘기는 높이의 북벽은 두 개의 늠름한 날개를 자랑한다. 왼쪽으로는 북동 능선이 완만한 선을 그리며 지붕의 모습을 보여주는 반면, 오른쪽의 가파른 서쪽 능선은 까아지

에베레스트 롱북 계곡.
사진에서 빛을 받아 움푹 팬 것처럼 보이는 곳의 왼쪽에서 동쪽 롱북 빙하가 시작된다.

른 그 모습처럼 무시무시한 경사가 산의 높이를 짐작하게 한다. 그 어디에도 톱니 같은 모양의 중간 봉우리는 보이지 않으며, 오로지 매끈한 선만 그려질 뿐이다.

수백 년 전에 승려들은 이 계곡까지 올라와 롱북 사원을 지었다. 지금 나는 왜 승려들이 이곳을 택했는지 그 이유를 이해할 수 있다. 사원은 익히 알던 모습 그대로 친숙하고 평화로웠다. 옛 동화에 나올 것만 같은 '눈의 사원'이라는 이름만으로도 고즈넉한 평화가 느껴진다.

일단 니나와 나는 사원의 동쪽 벽 근처에 있는 샘 옆에 텐트를 치기로 결정했다. 무엇보다도 안정적 위치의 베이스캠프가 중요했기 때문이다. 그렇지만 우리는 한때 승려들의 본거지였으나 지금은 폐허가 되다시피 한 곳을 돌아보며 더 위 쪽, 산으로 올라간

　　　　　　　　　　　　　　　　　　　에베레스트 솔로

지점에 텐트를 쳐야겠다고 마음을 바꾸었다. 폐허가 된 사원은 발길이 끊이지 않는 에베레스트 원정대 가운데 생각 없는 사람들이 아무렇게나 버려둔 쓰레기들로 그야말로 난장판이었기 때문이다. 나는 그 근처만 가도 착잡한 기분을 견딜 수가 없었다. 예전의 사원에서 유일하게 멀쩡히 남은 것은 사원 대문 앞의 위가 뾰족한 탑인 스투파뿐이다. 그러나 그마저도 꼭대기는 삐딱하게 기울었다. 사원의 유명했던 목공예 작품은 거의 모두 불태워지거나 빼돌려져 흔적도 없다. 벽에 걸렸던 정교했던 불화도 다 찢겨져 흔적만 너덜너덜하다. 이곳에서 몰려난 승려들은 산의 다른 쪽, 네팔에 새로운 사원을 세웠다.

롱북 계곡의 위쪽은 옛날부터 동물을 죽여서는 안 되는 성지였다. 생명을 존중하는 이 구역의 경계는 기도문을 새긴 돌을 쌓아올린 커다란 벽이었으나, 이제는 이 벽마저 사라져버렸다.

니나와 내가 어디에 텐트를 치는 게 좋을지 상의하는 동안, 갑자기 밖에서 총성이 들렸다. 나는 화들짝 놀라 주위를 돌아보고 토끼를 사냥하는 쳉을 발견했다. 나는 불같이 화를 냈다.

오후 늦게 우리는 지프를 타고 계곡 안쪽으로 5킬로미터를 더 들어갔다. 우리는 그곳에 텐트를 치고 싶었다. 지프의 시끄러운 엔진 소리에 놀라 모레인 뒤에서 작은, 흙빛의 늑대 한 마리가 나타났다. 빠르게 달려 안전한 간격을 유지하자 그놈은 우리를 호기심 어린 눈빛으로 바라보았다.

이제 에베레스트가 청아한 자태를 드러냈다 7 하얀 정상이 유리처럼 반짝인다. 마치 안에서 조명을 받은 것 같은 모습이다. 나는 방향을 가늠하기 위해 지프를 멈추게 했다. 우리 왼쪽으로 높이가 1,000미터는 족히 됨직한 일련의 바위 능선이 펼쳐진다. 저 곳을 오른다는 것은 불가능하다. 그 흐릿한 적갈색을 보자 돌로미테의 산들이 떠올랐다. 우리 앞에는 낮은 모레인 띠가 이어졌고, 그 뒤로 깊은 곳까지 얼어 푸른색이 도는 빙하 종점의 눈부신 얼음이 반짝인다.

울퉁불퉁한 도로를 지프로 달리다 보면 주인을 잃은 채 그대로 버려진 암자가 심심찮게 보인다. 우리는 도로를 가로막은 돌을 치우기 위해 거듭 지프를 멈추어야만 했다. 이런 곳에 한때 승려들이 살았다. 세상과 등진 채 이승도 저승도 아닌 중간 세계에서 꼼짝도 하지 않고 오로지 자신과 씨름하는 은자를 보며 모리스 윌슨은 감격했겠지.

정확히 옛 영국 등반대가 자리 잡았던 곳에 우리는 베이스캠프를 마련했다. 해발 5,100미터 높이의 롱북 빙하 지점이다. 이곳에 좋은 식수, 약간의 녹지 그리고 평평한 곳을 누릴 수 있어 우리는 텐트를 치기에 최적이라고 판단했다. 이곳으로부터 약 500미터 떨어진 지점에서 나는 얼마 전 에베레스트에서 사고를 당한 일본인들의 무덤을 발견했다.

초모룽마에는 다시금 짙은 구름이 드리웠다. 우리의 머리 위로 검은 먹구름이 한바탕 비를 쏟을 모양이다. 나는 몬순이 본격적으로 시작되는 것임을 직감했다.

에베레스트 솔로

에베레스트는 총 연장 3,000킬로미터의 히말라야 산맥에서 줄기가 가장 얇은 지점에 위치한다. 이런 지리적 특성은 몬순의 첫 번째 남서풍을 고스란히 맞아야 함을 의미한다. 벵골만에서 비롯되는 이 강한 비바람은 아라비아해의 서쪽 해류 영향을 받아 평년보다 일찍 끝날 때가 있다. 그래서 7월 말부터 악천후가 사라지리라는 희망은 나름 근거가 있다. 몬순 시기에 에베레스트처럼 높은 고도를 올라간다는 것은 불가능하다는 점을 잘 알기에 나는 몬순 시기가 빨리 끝날 것이라는 기상학자들의 예측에 희망을 걸었다.

베이스캠프에서 맞은 첫날 아침부터 나는 지형을 탐사하고픈 욕구를 누를 수 없어 1시간 정도 올라가봤다. 니나는 고산병으로 밤새 끙끙대던 차오를 차량과 함께 시가체로 돌려보내고 식량을 정리하고 있다.

알프스에서는 편리한 접근로를 이용해 빙하에 다가간다. 그러나 이곳은 다르다. 룽북 빙하는 강풍이 할퀸 자국이 너무 험한 나머지 나는 아예 시도조차 포기했다. 폭풍우가 몰아치는 시커먼 바다처럼 토사가 뒤섞여 칙칙한 거대한 얼음덩어리가 나를 조롱하듯 굽어본다. 나는 이런 식이라면 어떻게 위로 올라갈 수 있을까 한숨부터 나왔다. 높은 산에 접근하는 첫 시도는 언제나 긴장의 시위를 팽팽히 당긴다. 나는 에베레스트가 시야에 들어올 때마다 기쁨과 동시에 좌절감에 사로잡힌다. 해발고도가 30~40미터 치이기 날 때미디 쉬이야만 히는 것을 생각하면 나는 무력감에 가까운 허약함 탓에 끓어오르는 화를 참을 수가 없다. 나는 아직 기후에 충분히 적응하지 못했으며, 저 정상에 이르는 길에서 겪을 어려움을 어떻게 극복할 수 있을지 가늠할 수 없었다.

텐트로 돌아오는 길에 나는 다시금 왜 그냥 아래 머무를 수는 없는 건지, 어째서 수행을 하는 은자처럼 홀로 조용히 모든 것을 감내하지 못하는지 자문했다. 그러나 나는 나 자신이 은자와는 거리가 멀다는 점을 잘 안다. 나는 서구 문명은 물론이고 내 본능적인 운동 충동에 충실할 수밖에 없는 사람이다.

우리는 여전히 기후에 적응하지 못했다. 날씨는 정말 끔찍하다. 내가 보기에는 1980년의 여름뿐만 아니라, 에베레스트 북쪽의 모든 여름은 지독하며 고약하고 불편할 게 틀림없다. 우리는 날씨의 심술에 시달렸다. 북서쪽에 형성된 저기압대가 롱북 빙하를 지나가며 거의 매일 비를 뿌렸다. 산기슭도 축축하고 추웠다. 날씨는 툭하면 끝없이 폭우를 퍼부어댔다.

일단은 이곳에 앉아 기다리는 수밖에 달리 도리가 없었다. 그래도 몸은 만들어야만 했고, 또 우리는 호기심이 컸기에 니나와 나는 계곡 아래 서쪽, '람나 라Lamna La'까지 걷기로 했다.

롱북강의 오른쪽 강둑의 자갈길을 걸어 내려가는 동안 구름에 가려진 해는 흐릿한 빛만 비춘다. 3시간을 걸은 끝에 만난 작은 다리를 건너 '람나 라'의 왼쪽으로 들어가는 가파른 비탈길을 우리는 힘들여 올랐다. 티베트 토끼들이 뛰노는 가운데 구릉지가 끝없이 펼쳐진다.

우리는 지금 어떤 상황에 빠지게 되었는지를 깨닫기 시작했다. 길에서 만나는 마을은 모두 인적이라고는 찾아볼 수 없었다. 원래 우리는 이렇게 걷다가 만나는 마을에서 음식을 사먹을 수 있을 것으로 기대했다. 그러나 벌써 일곱 시간째 걸었는데 인간이라고는 단 한 명도 보지 못했다. 우리는 완전히 녹초가 되고 말았다. 마실 물도 충분하지 않은데, 사방에 물이라고는 흔적도 없다.

고개를 지나면서부터 눈이 내리기 시작했다. 1시간 뒤 공기가 다시 맑아져 북쪽과 서쪽 모두 환하게 볼 수 있었다. 지평선의 높은 정상은 손을 뻗으면 잡을 수 있을 것처럼 가까워 보이지만, 이는 티베트에서 흔히 겪는 착각이다. 티베트 공기는 세상의 그 어떤 다른 곳보다도 맑아 이런 착시현상이 일어난다.

나는 저 아래 어느 초원의 흐릿한 녹색 위로 마치 커다란 개미처럼 보이는 다섯 개의 검은 점을 발견했다. 가까이 다가가면서 보니 유목민 천막들이었다. 야크 털로 짠 천에 타르를 물들인 검은색 텐트의 끝을 두툼한 밧줄로 말뚝에 매어놓은 모습은 마치 개미다리 같았다. 유목민은 텐트를 중심으로 커다란 돌 벽을 쌓았으며 이렇게 생긴 울타리 안에 양떼를 몰아넣었다. 조금 떨어진 곳에서는 몇 마리의 야크가 풀을 뜯어먹는다. 야크의 뱃가죽은 축 늘어져 땅에 닿을 것만 같다.

그 천막에서 돌을 던지면 닿을만한 거리에 우리는 텐트를 쳤다. 니는 유목민 천막에 신중하게 접근했다. 한 천막에서 남자가 한 명 나와 휘파람을 불자 커다란 개 두 마리가 어슬렁거리며 그에게 다가간다. 그 남자는 나를 발견하곤 누구신가 하는 눈빛으로 태평하게 바라보았다. 나는 손짓발짓을 해가며 우유를 얻을 수 있냐고 물었다. "두드?Duhd?" 이 단어는 내가 네팔에서 티베트 출신 셰르파에게 배운 것이다. 남자는 껄껄 웃으며 천막 안으로 들어오라고 했다. 나는 니나도 불렀다.

말린 야크 똥에 붙인 불을 중심으로 남자들과 여자들 그리고 아이들이 앉았다. 그 얼굴들은 반쯤 어둑한 탓에 거의 알아볼 수 없었다. 우리는 나무의 옹이를 깎아 은으로 장식한 찻잔에 담긴 수유차[3]를 대접받았다. 유목민은 우리에게 차를 따라주기 전에 버터로 만든 동그란 과자 같은 걸 내놓았다.

그동안 내 눈은 어둠에 익숙해졌다. 남자들이 신발의 굽 가죽을 기우거나 면실을 짜서 만드는 장면이 눈에 들어왔다. 한 구석에는 야크 똥 말린 것을 차곡차곡 쌓아놓은 것도 보였다. 천막 실내는 가죽과 이불과 양탄자 등으로 꾸려져 있었다. 이곳에서도 달라이 라마의 작은 사진과 함께 야크 버터 등잔이 그 앞에 놓여 있었다. 다섯 개의 천막 모두 중국의 붉은 깃발이 나부끼기는 하지만, 티베트에서 중국과의 강제합병으로 거의 변하지 않은 쪽은 이 유목민뿐이다. 예전에 이 땅은 봉건영주의 차지였지만, 지금은 국가 소유다. 하지만 땅은 언제나 그렇듯 주인이 없다.

---

3 찻잎을 끓인 물에 버터, 소금, 참깨를 넣어 만든 것으로 티베트의 전통차이다.

우리는 어떻게든 대화를 나누려 시도했다. 의사를 표현하려 손짓발짓을 하다 보니 서로 킥킥대기 바쁘다. 나는 거듭 "람나라"라고 말하면서 손으로 우리가 온 방향을 가리켰다. 그때마다 유목민은 손을 내저으며 웃는다. 천천히 우리는 길을 잘못 들었음을 깨달았다. 그러나 지금 그게 무슨 상관이랴?

우리 텐트로 돌아가려 나섰을 때 눈이 약간 내렸다. 눈을 뒤집어쓴 게 꼭 외투를 입은 것만 같은 야크의 모습이 기묘해 보인다. 야크는 눈이 날리는 바람 속에서 심드렁한 표정으로 누워 부지런히 되새김질을 한다.

니나와 나는 깊은 잠에 빠졌다. 잠시 잠에서 깬 나는 천막 입구로 바깥을 내다보았다. 눈은 그쳤고, 달빛이 세상을 은빛으로 만들었다. 나는 다시 침낭 속으로 기어들었다. 야크의 평화로운 되새김질 소리를 나는 오래도록 들었다.

다음 날 우리는 계속 길을 걸었다. 처음에는 딩리Tingri, 定日 평원 쪽을 향해 걷다가 다시 '낭파 라Nangpa la' 방향으로 계곡을 올라갔다, 에베레스트의 맑은 자태가 무척이나 아름답다. 4시간쯤 걸었을까? 우리는 작은 규모의 유목민 일행과 마주쳤다. 일곱 마리의 야크, 당나귀 한 마리, 개 한 마리 그리고 유목민 두 명이다. 유목민은 낮고 부드러운 휘파람 소리로 동물들을 몰았다. 야크는 겉보기에만 두꺼운 가죽을 가진 동물이다. 실제로 이 동물은 아주 예민해서 조금이라도 놀라게 하면 다시 안정시키기까지 몇 시간이 걸린다.

유목민은 우리를 보고 함께 가자고 초대했다. 안 될 이유가 무엇인가? 야크 한 마리가 우리 텐트와 짐을 등에 지었다. 그러나 이 동행은 2시간 만에 끝났다. 유목민은 작은 천막을 치고는 야크를 초원에 풀어놓았다. 이제 겨우 오후 3시가 되었을 뿐이다. 우리는 하릴없이 쉬다가 건너편의 얼음처럼 찬 강물에 들어가 몸을 씻었다.

다음 날 아침 우리는 다시 유목민들과 함께 출발했다. 한동안 걷다가 유목민들은 오른쪽으로 산을 향해, 우리는 낭파 라 쪽을 향해 방향을 틀면서 서로 작별했다. 우리는 부드러운 녹색의 초원을 걸으며 천천히 위로 올라갔다.

낭파 라에 거의 다 와서 우리는 네팔 쪽에서 온 몇 명의 셰르파들과 마주쳤다. 낯익은 얼굴을 발견한 나는 눈을 믿을 수가 없었다. 예전에 알던 셰르파다! 우리는 함께 아마다블람에 올랐었다. 그들은 가지고 있던 물건을 소금과 맞바꾸기 위해 딩리로 가는 길이라고 했다.

티베트 민족 출신으로 셰르파는 몇백 년 전 고개를 넘어 네팔로 이주해 '솔로쿰부Solukhumbu'에 정착했으며, 오래전부터 네팔과 티베트를 넘나들며 생활해왔다. 이들은 대개 곡물을 가져다주고 소금을 얻어온다. 여전히 불심도 깊고 산은 신들이 사는 곳이라고 믿는 사람들이지만 셰르파는 오래전부터 세계 최고의 짐꾼이다. 셰르파의 도움 없는 등반은 생각할 수조차 없다.

셰르파는 우리에게 빙하를 넘어가는, 왕래가 잦았던 낭파 라가 지금은 상당히 위험해졌다고 했다. 1950년대 종교 금지령이 내려지고 이 고개를 넘어 네팔로 향했던 피난민 물결도 이제 모두 사라졌다. 몇 킬로미터를 더 걸은 뒤 나는 모레인에 앉아 늠름한 초오유의 전경을 감상했다. 나는 머릿속으로 저 먼 지평선의 북쪽을 가늠해보았다. 바람이 빙하 녹은 물을 실어와 반짝이는 설원에 아무렇게나 흩뿌린다. 물보라에 놀란 나는 생각에서 깨어났다.

빙하 언저리에서 야영을 하고 우리는 다음 날 저녁 베이스캠프로 돌아왔다.

4장 몬순 폭설

정오쯤 이미 해는 두꺼운 먹구름에 가려졌다. 강한 바람이 휘몰아치며 윙윙 올부짖는다. 젱은 폭풍을 걱정하며 자신의 텐트를 끈으로 더욱 강하게 고정시켰다. 나는 베이스캠프 근처에 있는 은자의 암자에 가보고 싶었다. 니나는 함께 가고 싶은 생각이 별로 없다고 해서 혼자 갔다. 그 사이에 그녀는 텐트에서 일기장에 다음과 같이 썼다.

내가 속내를 털어놔야겠다고 생각할 때마다 라인홀트는 시간이 없다고 한다. 듣고 싶지 않아 둘러대는 거겠지. 다시금 외롭다는 생각이 든다. 해묵은 강박관념이 또 고개를 든다. 이 남자에게 짓눌린다는 느낌이 들 때가 많다! 그러나 무어라고 불평하랴. 나는 독특한 개성을 가진 강한 남자를 원하지 않았던가. 그렇지만 때때로 공격당한다는 느낌을 참을 수가 없다. 빌어먹을! 그의 판단을 믿기는 하지만, "당신은 할 수 없어"라거나 "당신은 절대 올라가지 못해"라는 말을 들을 때마다 나는 속이 상한다. '잔 났어 정말! 뭐든 다 안다는 거야?' 그가 내 속을 들여다볼 수 있다면, "오, 나도 언젠가는 북벽으로 마터호른에 올라갈 수 있을까?" 하는 내 말이 진지하게 하는 말이 아니라는 걸 알 텐데. 물론 내가 나 자신을 과대평가하기는 한다. 툭 터놓고 하는 말이지만, 내 꿈을 실행에 옮기는 것은 언제나 어렵다. 하지만 그래도 내가 시도해보기도 전에 할 수 없다는 말을 듣는 건 기분 나쁘다.

그와 있을 때 나는 불합리한 경우가 많다. 라인홀트에게 모욕당하면 왜 모욕을 주느냐고 그를 비난하곤 한다. 그러나 솔직히 말해 내가 틀릴 때가 많다. 그렇지만 때로는 그를 견디기 힘들다는 사실을 참기 어렵다. 언행으로 보면 라인홀트는 내가 만나본 남자 가운데 가장 인내심이 좋으며 배려가 뛰어나다. 그는 적어도 자신이 건방지다는 건 아니까. 지금 텐트 안에 앉아 이 글을 쓰면서 나는 그에게 치미는 이 화가 작은 위기 그 이상의 것이라는 걸 느낀다. 일반적으로 여성은 살림살이에 더 적합하다는 선입견에 따라 역할분담이 이뤄진다. 나는 요리와 캠프와 구급약품을, 그는 일정을 짜고 산을 둘러보며 지형을 그리는 일을 각각 담당한다. 우리는 끊임없이 바람이 부는 가운데서도 베이스캠프를 말쑥하게 구축했다. 차오는 첫 날 밤에 이미 고열로 나를 깨워 고통을 호소했다. 나는 그를 시가체로 돌려보냈다. 요리하고 빨래하고 청소를 했다. 침착하게 앉아 글을 읽거나 쓸 시간조차 없다. 물론 내가 이런 일을 한다고 섭섭한 것은 아니다. 하지만 어쩌다 내가 도움을 청하면 늘 다음과 같은 대답이 돌아온다.

"나 좀 내버려둬, 지금 읽고 있는 거 안 보여?"

돌아버리겠다. 어제는 닷새 동안 주변을 탐사하고 돌아왔다. 최소한 150킬로미터는 걸었다. 결국 먹을 게 아무것도 없었다. 우리 두 사람은 주린 배를 움켜쥐고 그냥 앉아 쉬었다. 내가 움직여서야 비로소 간단한 요기를 했다. 어제 돌아온 후부터 라인홀트는 끊임없이 뭔가를 읽는다. "나는 일해야만 해, 그걸 모르겠어?"라고 말하면서. 그가 읽는 것이라야 보트 여행을 한 사람들의 이야기이거나 마르셀 프루스트의 소설일 뿐이면서 말이다. 물론 지도나 에베레스트 관련 자료를 들여다볼 때에는 나도 거들고 싶다. 하지만 그는 나를 끼워주지 않는다.

1980년 7월 11일. 오늘 탐사는 내가 원래 마음먹었던 대로 혼자 하지 않아 후회된다. 점심 때 기분이 좋았던 나머지 닭고기 통조림을 먹으면서 나는 산행을 제안했다. 답이 없다. 그래서 나는 먹은 자리를 치우고 나서 말했다.

"그럼 나 혼자 갈게요."

"안 돼." 그가 말했다.

본래 나는 혼자 걷는 게 즐겁다. 풍경을 감상하며 이러저러한 생각에 잠기다 보면 나 자신이 맑아지는 기분을 느끼기 때문이다. 라인홀트는 침낭 안에서 편한 자세로 뒤척이며 말했다.

"기다려, 이거 다 읽을 때까지, 그러고서 같이 가자고."

나는 얼마나 오래 걸리느냐고 물었다. 답이 없다. 아무래도 안 되겠다는 생각이 들었을 때 그가 말했다.

"같이 가, 대략 20분이면 될 거야."

그래서 나는 커피를 끓였다. 20분은 벌써 오래전에 지났다. 라인홀트가 말했다. "비가 내리네."

"별 거 아니에요, 그저 몇 방울일 뿐인데." 내가 대답했다.

시간은 속절없이 흘러갔다. 돌연 라인홀트가 자리에서 일어나 앉았다.

"좋아, 이제 갑시다. 다만 내 걷는 속도를 따라와야만 한다는 거 잊지 말아요."

나는 내가 계획한 명상 산책을 전력 질주로 바꾸고 싶지 않다고 말했다. 그게 라인홀트의 걷는 속도니까. 우리는 준비를 했다. 그런데 라인홀트는 내가 준비를 끝냈는지는 아랑곳하지 않고 텐트 앞에 서서 말했다.

"갑시다!"

별 거 아닌 말 같지만 나는 돌아버릴 것만 같았다. '이 치사한 놈, 가버려! 나는 1시간 반을 기다려줬는데 내가 양말 갈아 신을 동안도 못 기다려? 이 양말이 내 등산화에는 너무 얇다고!' 내가 1분 만에 양말을 갈아 신고 보니 라인홀트는 벌써 저만큼 가 있었다. 나는 허겁지겁 달리며 그의 뒤를 따라잡으려 했다. 그는 강 옆을 따라 걸었다. 나는 베이스캠프에서 거리 쪽으로 가는 산등성이를 탔다. 이렇게 가면 거리에서 그를 따라잡을 수 있을 거 같았다. 그러나 그는 빨랐다. 언덕 위에 도착하자 그는 벌써 다음 언덕을 지났다. 나는 그 자리에 서서 그의 뒤를 노려보았다. 그는 등을 돌려 나를 힐끗 보더니 계속 갔다. 도무지 믿을 수가 없었다.

우리가 함께 간다는 것은 그에게 아무 의미가 없는 모양이다. 그리고 나는 이 남자의 뒤를 따라 달릴 생각이 깨끗이 없어졌다. 늘 그를 따라잡으려 했지만 나는 항상 처졌다. 무슨 단서를 찾거나 험난한 지형에서 걸을 때 서로 간격을 두어야 한다는 것을 나는 모르지 않는다. 그러나 함께 산책하자는 데 이게 무슨 짓인가? 서글퍼진 나는 혼자 강으로 내려가 걸었고 라인홀트를 다시는 보고 싶지 않다는 생각이 들었다. 크고 넓은 강에서 나는 돌에서 돌로 긴니뛰었다. 도내체 무엇 때문에 나는 이 관계를 소중히 여길까? 나는 빠른 걸음으로 걸으며 라인홀트를 내 생각 속에서 몰아내려 했다.

나는 이날 오후 에베레스트를 찾아갔다. 매끈하게 아름다운 그 선을 보자 늘 그랬듯 감탄이 절로 나왔다. 피라미드 모양의 정상에 보이는 암갈색 바위산을 덮은 만년설이 왕관처럼 빛나는 에베레스트는 꼭 양 날개를 펼친 아주 아름다운 새처럼 보였다. 이제야 나는 라마교의 오랜 지혜를 이해했다.

"그 어떤 새도 에베레스트보다 더 높게 날을 수 없다."

나는 살아 있는 동물들과도 마주쳤다. 몇 마리의 토끼, 그리고 더 올라가서는 산양도 보았다. 이곳의 모든 동물은 그 가죽이 모레인 색깔을 닮았다. 움직이지 않는 동물은 돌과 잘 구분되지 않는다.

통역사는 건강을 회복해 시가체에서 돌아왔다. 그리고 베이스 캠프를 더 위쪽으로 옮기기 위해 짐을 나를 수 있는 야크를 주문해주었다.

7월 13일 마침내 우리는 세 마리 야크와 두 명의 몰이꾼과 함께 출발했다. 우리는 강을 건너 계곡의 오른쪽을 이용해 위로 올라갔다. 빙하 위에 모레인 비탈이 거의 10미터 높이의 기둥을 이룬 것이 보였다. 나는 그것을 보며 바르셀로나의 가우디성당을 떠올렸다.

날씨가 아름답다. 초모룽마는 계곡 깊숙한 곳에서 솟아오른 거대한 바람벽처럼 서 있다. 늘 그랬듯 에베레스트가 하나가 아니라 두 개의 산으로 느껴지는 게 흥미롭기만 했다. 내가 올라갔던 네팔 남쪽 에베레스트의 어두운 피라미드는 대부분 로체와 눕체로 이어지는 산맥에 가려져 시야에 들어오지 않는다. 이 남쪽은 내가 지금 오르고자 하는 날개 단 형상의 북쪽과는 완전히 다른 성격을 자랑한다.

롱북 계곡이 좁기는 하지만 나는 전혀 답답하지 않았다. 계곡의 양쪽 벽 너머에 쌓인 설원을 통해 나는 저 먼 지평선을 얼마든지 볼 수 있었다. 심지어 나는 저 멀리 남쪽으로 히말라야의 장벽을 넘어 네팔의 전망을 즐겼다. 다른 어떤 곳에서도 계곡 바닥에서 이처럼 탁 트인 전망은 즐길 수 없다.

아스라이 우윳빛 유리처럼 빛나는 지평선은 내가 어려서 산을 오르게끔 이끈 마법의 손이다. 지금도 나는 산을 오를 때마다 겪

에베레스트 솔로

는 가장 강렬한 체험으로 지평선을 꼽는다.

모레인으로 이뤄진 거대한 벽은 끝날 줄을 모른다. 이 거친 빙하로 어떤 암석과 얼음덩어리가 훑고 내려왔는지 상상조차 하기 힘들다.

롱북 빙하의 동쪽이 시작되는 움푹 팬 곳에서 우리는 비박을 하기로 결정했다. 야크는 등에 지고 온 짚더미를 잠자리 삼았다. 우리는 짐꾼들과 함께 차를 마시고 수프와 함께 몇몇 통조림을 먹었다. 니나와 나는 빙하 틈새에 생긴 짙푸른 호수에서 몸을 씻었다. 내가 야크 털로 짠 짐꾼들의 천막에 앉아 있는 동안 니나는 일기에 이렇게 썼다.

우리는 롱북 빙하에서 흘러내리는 강줄기를 따라 올라가면서 앞서 이곳을 찾았던 중국과 일본 등반대의 캠프 자리가 나타나리라고 짐작했다. 야크의 걸음걸이는 느렸으며, 갈수록 쉬어야만 하는 시간이 늘어났다. 우리는 별 어려움 없이 강을 따라 움직였다. 황량한 고산지대에서 이따금 작은 규모의, 그러나 무성한 수풀이 나타났다. 암벽 틈새로 피어난 앙증맞은 풀은 강한 향기를 피웠다. 야생 닭들이 놀라서 비명에 가까운 울음소리와 함께 날개를 푸드덕거리며 달아난다. 강은 유속이 빠르며 부글부글 끓는 게 마치 간헐천을 보는 것 같다. 모레인을 덮은 빙하에서 솟아오르는 물은 커다란 연못을 이루었다가 계단을 내려가듯 계곡 아래로 흐른다. 우리는 이 연못을 피해 빙 돌아가 모레인으로 이어신

비탈을 오르다가 상상도 하지 못할 규모의 큰 쓰레기더미와 마주쳤다. 어떻게 사람들은 이 태곳적 풍경을 찾아와 쓰레기를 아무렇게나 버릴까? 심지어 푸른빛의 작은 물웅덩이에도 쓰레기 조각이 둥둥 떠돈다. 다시금 나는 인간이라는 존재에 환멸을 느꼈다.

다음 날 우리의 야크들은 알프스 영양처럼 빙하의 언저리를 따라 계속 올라갔다. 고산 등반에 경험이 없는 사람은 지능이 뛰어나며 안전 감각이 탁월한 이 민첩한 동물을 따라갈 수조차 없다. 토사가 쓸려 내려간 어떤 지점, 야크는 토사가 무너지며 내는 소리를 들었음에 분명한데, 그 지점에 이르자 머리를 흔들며 마치 뿌리박힌 것처럼 꼼짝도 하지 않았다. 야크 주인인 농부들은 동물을 잡아끌려고 했다. 그러자 야크는 등에 졌던 짐을 털어버리고 달리기 시작했다. 우리는 상자들을 직접 끌어올리느라 많은 시간을 허비했으며, 겁에 질린 동물을 데리고 이 위험한 길목을 넘느라 진땀을 흘렸다. 이곳의 야크는 세계의 산악에서 유일하게 해발고도 6,500미터까지 올라갈 수 있다. 이게 가능한 이유는 단 하나다. 빙하가 만들어낸 강력한 흐름으로 토사가 쌓여 북쪽 능선의 빙벽에 이르기까지 둑 같은 길이 생겨났기 때문이다.

우리는 해발고도 6,500미터 지점에 중간캠프를 설치하고 이곳에 하산을 위한 물자를 비축해두기로 계획했다. 그래서 바닥을 주의 깊게 다진 다음 텐트를 쳤다. 텐트 주변에는 수직으로 선 빙벽 앞에 토사를 뒤집어쓴 더러운 얼음덩어리가 차곡차곡 쌓였다.

에베레스트 솔로

빙벽은 우리의 텐트를 압도할 것처럼 굽어보았다. 세상에 이보다 더 기괴한 장면이 또 있을까!

베이스캠프를 떠난 지 사흘째 되던 날 우리는 빙하의 벽 사이에 고개를 드러낸 모레인이 얼음을 녹여 수로를 만든 것처럼 보이는 곳을 지나갔다. 이런 식으로 우리는 빙산과 빙벽과 세락 사이를 헤맸다. 티베트에서는 바람에 구름뿐만 아니라 산과 언덕과 얼음도 변한다. 나는 이 고산지대가 바다처럼 생동하는 모습을 생생하게 보며, 냄새를 맡기도 한다. 나는 기상학을 전혀 모르며, 지질학도 아는 게 없고, 지리학자도 아니다. 그러나 내가 이곳에서 보고 냄새 맡고 느끼고 듣는 모든 것은 나에게 힘을 북돋워주는 아주 중요한 기운이다.

이렇게 우리는 에베레스트의 북동벽 아래 전진 베이스캠프로 점찍어두었던 곳에 꾸준히 다가갔다. 정상은 아직도 저 멀리 배경에서 고개를 꼿꼿이 세운 것처럼 우리를 노려본다. 야크는 지친 기색이 역력하다. 이 동물도 고도를 느낀다. 결국 우리는 야크를 돌려보냈다.

전진 베이스캠프의 첫날부터 나를 경악하게 만든 것은 곳곳에서 굉음을 내는 눈사태다. 북동쪽은 물론이고 북벽에서도 눈사태가 그치지 않는다. 이 정도로 열악하리라고 나는 상상조차 하지 못했다. 물론 바람이 북벽에 깊은 균열을 일으켜 아주 위험한 눈사태를 일으킬 수 있으리라고는 짐작했다. 하지만 이처럼 많은 눈사태가 일어나리라고 나는 예상하지 못했다. 내가 이번에 도전할 코스에서 가장 위험한 구간이다.

나보다 앞서 단독 등반을 시도했던 사람들 가운데 이 구간을 넘어선 사람은 아무도 없다. 광신도 모리스 윌슨은 이 구간에 도달조차 하지 못했다. 그러나 아무래도 나는 윌슨보다 더 미친 게 아닐까? 지금 몬순이 이렇게 기승을 부려 내가 이 구간을 통과할 확률은 제로다. 눈사태가 일어날 때마다 나는 자신감을 잃고 근심에 휩싸였다. 티베트 사람들은 신들의 권좌에 다가가려는 사람은 불행해진다고 말한다. 심지어 광석을 캐는 일도 물질세계와 정신세계 사이의 균형을 흔들기 때문에 파멸을 부르며, 돌을 두드리는 사람은 악마를 자유롭게 풀어주어 세상에 저주를 부른다고 한다. 그런데 나는 산의 돌을 두드려가며 올라갈 뿐만 아니라, 감히 신들에게 다가가려 한다.

이후 며칠 동안 나는 망원경으로 북쪽 고개만 바라보았다. 해발 7,000미터 높이의 고개가 나의 다음 목표다. 그 고개 아래 갈라진 틈새를 보이는 거대한 얼음덩어리는 모습만 보아도 나로 하여금 지레 포기하게 만든다. 얼어붙은 비탈은 눈사태로 주름투성이이다.

눈은 너무도 부드러워 내 배까지 푹 빠진다. 나의 상상력과 야심에 내가 함정에 빠진 것은 아닐까?

베이스캠프에서 우리가 돌아올 때까지 기다리기로 한 쳉과 차오가 곁에 없는 게 우리는 전혀 아쉽지 않았다. 차오는 이런 고도에서 다시금 고산병에 시달릴 것이고, 차오가 없이 우리는 어차

베이스캠프에서 찍은
쳉과 차오의 사진

피 쳉과 의사소통을 나눌 수 없다.

나는 날씨를 비롯해 등반을 가로막는 장애에 집중했다. 인도
의 기상통계가 맞는다면 날씨는 16년 주기에 따른다. 이는 곧 우
리가 건조기를 누리게 된다는 뜻이다. 그러나 통계가 무색하게도
매일 눈이 내렸고, 갑작스런 기상이변이 속출했다. 전진캠프에서
정상에 오르자면 나는 적어도 나흘 연속 좋은 날씨가 이어져야
한다.

아무튼 지금의 상황에서는 희망이 보이지 않는다. 북쪽 고개
에 이르는 비탈은 여전히 허리까지 푹푹 빠지는 부드러운 눈으
로 덮였다. 눈사태가 일어날 위험이 대단히 크다. 암벽의 첫 번째
단계인 '옐로 밴드'조차 많은 눈가루 때문에 오르기 힘들어 보인
다. 나는 각진 산마루 밑에서부터 정상에 접근할 수 있을지 따져
보기 시작했다. 정상의 아래 지대는 그렇게 위험해 보이지는 않았

동쪽의 에베레스트

다. 그러나 내가 선호하는 등반 루트인 산마루 아래 300미터 지점에 커다랗게 파인, 경사가 급한 골짜기에 눈이 쌓인 게 마음에 걸렸다. 내린 지 몇 주는 되었을 눈이 밟아도 좋을 든든한 토대를 만들어줄까? 마음에 걸리는 점은 이 길로 올라가면 나는 맬러리의 루트와 멀어진다는 것이다. 혹시라도 그가 남긴 흔적을 찾을 수 있지 않을까 하는 희망을 품고 있었는데….

어느 날 니나와 함께 동북 능선의 고개 꼭대기에 앉아 주름진 설원이 선명하게 보이는 에베레스트 동벽을 올려다보다가 나는 맬러리와 어빈이 북쪽으로만 등반할 수밖에 없었음을 깨달았다. 물론 합리적인 깨달음은 아니었다. 나는 다만 맬러리가 나에

---

1 'das gelbe Band'라는 표현은 해발고도 8,350미터 지점에서 약 170미터 폭으로 대리석과 편암의 띠를 이르는 것이다. 이 바위지대는 오랜 풍화작용으로 주변보다 색상이 두드러져 '옐로 밴드'라고 부른다.

에베레스트 솔로

게 직접 말해준 것 같은 느낌이 들었다. 동쪽은 맬러리와 어빈이 1924년에 오르기에는 경사가 너무 가팔라 어떤 경우든 두 남자는 북쪽을 택할 수밖에 없었을 것이다. 심지어 동쪽 능선은 갑자기 돌풍이라도 불었다가는 어디 의지할 데도 없이 날아가 버릴 위험이 커 보인다.

그동안 니나와 나는 기후에 아주 잘 적응했다. 오랫동안 나는 병리학에 관심을 가지고 신체 반응을 연구했지만, 이제 고도적응 만큼은 정확한 측정 없이도 주관적으로 구체적 판단을 내릴 수 있다. 빠른 속도로 올라가면서 두통을 느끼는가 여부에 따라 나는 적응을 했는지, 아니면 좀 더 시간을 필요로 하는지 판단할 수 있다. 나는 보행 속도에 비추어 얼마든지 적응 정도를 가늠할 현장 감각을 갖추었다.

한 가지만큼은 분명하다. 높은 고도는 우리의 신경을 곤두서게 만들 정도로 자극적이다. 그러나 높은 고도가 내 의지를 흔들지는 못한다.

날씨가 청명했던 첫날 나는 눈 상태를 살피려고 북벽의 발치까지 올라갔다. 저 멀리 동쪽의 칸첸중가 봉우리들이 한눈에 들어올 정도로 전망이 탁 트여 있었다. 멀리 반짝이는 산맥줄기는 마치 구름들이 연결된 띠처럼 보인다. 지평선이 사라졌다. 돌연 나는 더 올라가고 싶은 충동을 느꼈다. 그러나 아직은 너무 경직되어 있고, 불안하다는 사실을 나는 잘 안다.

두려움에 사로잡히는 것은 주먹을 불끈 쥐는 것과 같다. 주먹을 쥐지 않고 펼친 손만이 에너지를 허비하지 않는다. 단독 등반에서 맞닥뜨릴 모든 위험에 맞서기 위해 나는 힘을 조금이라도 허비해서는 안 된다.

물밀 듯 몰려오는 두려움의 흐름을 틀어막았을 때에만 나는 출발할 수 있다! 두려움에 위축당하지 않고 얼마든지 이겨낼 수 있는 것처럼 꾸며 보이는 일은 쉽다. 정작 어려운 일은 일체의 잡념을 놓아버리고 평온한 마음을 갖는 동시에 고양이처럼 날렵하게 행동하는 것이다. 이것이 예술이다.

정상에 오르고야 말겠다는 생각을 버려야만 아마도 나는 나 자신과 조화를 이루며 살 수 있지 않을까? 나 자신을 이겨낸다는 것, 정상에 올라 사람들의 인정을 받는 것은 이미 이룩한 과거의 일이지 않은가? 정상에 나부끼는 깃발 옆에서 찍은 사진과 같은 증명이 중요한 게 아니다. 그런 것은 겉보기에 지나지 않는다. 지금 나를 몰아세우며 예전의 성공을 즐기지 못하게 만드는 것은 에베레스트 단독 등반이 얼마든지 가능하다는 것을 모두에게 증명해 보여야만 한다는 일종의 강박관념이다.

아무튼 지금 나는 변명을 해댄다. 산을 오르기에는 너무 따뜻한 기온이다. 날씨가 나쁘다. 니나가 글을 쓰거나 요리하는 동안 나는 꼼짝도 하지 않고 에베레스트 정상만 노려보았다.

해발고도 6,500미터에서 보낸 지난 며칠은 나에게 정말 힘들었다. 머리가 지끈거리고 아프다. 나는 심술궂은 마녀처럼 예민하게

에베레스트 솔로

군다. 고도가 이런 짜증을 불러일으키며 공격성을 자극한다는 것은 나도 안다. 때로는 무력감에 욕이 나올 정도여서 나도 모르게 라인홀트가 다시는 나를 데리고 다니지 않으리라는 생각을 하게 된다. 그렇지만 그는 이런 나를 잘 이해해준다. 그도 자신의 문제로 힘겨워한다. 정상에 오르고야 말겠다는 의지가 그를 괴롭힌다. 그의 믿기 어려운 능력, 그의 창조적 의지, 그의 자기표현 갈망은 워낙 커서 그의 목숨을 위협한다.

이곳 위의 텐트에서 나는 며칠 전 내 등반 계획에 힘을 실어주는 이야기를 읽었다. 1974년인가 1975년, 시점은 정확하지 않은데 정상으로 가는 길목에서 한 구의 시신이 발견되었다. 발견한 사람은 중국 산악인이다. 서구에 이 소식은 1979년 가을에 접어들어서야 비로소 알려졌다. 시신의 주인은 맬러리나 어빈일 가능성이 높다.

두 남자의 실종은 그보다 12년 전 남극에서 캡틴 로버트 팰콘 스콧[2]이 사망한 것과 마찬가지로 당시 빅토리아 시대의 사고방식에 젖은 탐험가 영웅들에게 엄청난 충격이었다. 이후 50년이 넘도록 두 남자가 목숨을 잃기 전에 정상을 밟았는지 하는 의문을 놓고 논란이 끊이지 않은 것은 당연한 일이다.

---

2 로버트 팰콘 스콧(Robert Falcon Scott, 1868~1912)은 영국의 군인이자 탐험가로 남극 탐험을 지휘했던 인물이다. 스콧을 비롯해 네 명의 탐험 대원들은 남극에 갔다가 돌아오는 길에 조난당해 모두 사망했다.

1933년 북동 능선, 아마도 두 남자가 추락한 장소로 추정되는 곳에서 발견된 피켈은 성공했음을 보여주는 방증일 수 있다. 정상을 밟았던 두 남자는 하산하면서 너무나 지친 나머지 발을 헛디뎠으리라. 그리고 내가 알기로 중국인 왕훙바오Wang Hungbo가 해발고도 8,000미터가 넘는 지점, 곧 피켈이 발견된 바로 그 아래 지점에서 한 구의 말라버린 시신을 발견했다. 그는 시신의 옷이 "바람에 찢겨 너덜너덜했으며 죽은 사람은 영국인"이라고 말했다. 그는 1979년에야 비로소 그가 짐꾼으로 참가한 일본의 에베레스트 등반대에게 이 모든 이야기를 전해주었다. 그다음 날 일본인들이 더 자세한 이야기를 듣기도 전에 왕훙바오는 눈사태를 만나 빙하의 크레바스에 빠져 죽고 말았다. 사람들은 이 사건을 두고 아무래도 저주가 내린 게 아니냐며 수군거리곤 했다. 그만큼 나는 두 남자의 흔적을 계속 추적해보고 싶은 더 큰 자극을 받았다.

에베레스트가 이미 1924년에 등정되었는가 하는 의문의 답은 죽은 이들만이 답할 수 있다. 맬러리는 코닥의 접이식 카메라를, 어빈은 이른바 포켓 시네마, 일종의 휴대용 촬영기를 각각 소지하고 있었다. 두 남자가 정상에 올랐다면 분명 사진을 찍었으리라. 목표를 코앞에 두고 돌아섰다 할지라도 이들은 자신들이 도달한 가장 높은 지점에서 촬영했을 게 분명하다. 로체스터의 '이스트먼 코닥Eastman Kodak' 본사는 카메라 본체가 손상되지만 않았다면 그 안의 필름은 그 위의 혹한도 *끄떡없이* 견뎌낸다고 주장했

에베레스트 솔로

다. 두 사람의 카메라만 찾아낼 수 있다면 맬러리와 어빈, 또는 맬러리나 어빈 중 한 명이 힐러리와 텐징에 앞서 정상에 올랐는지 여부를 확인할 수 있다.

누가 최초로 정상에 올랐는지 하는 의문은 고산 등반의 역사만큼이나 오래된 것으로 어처구니없는 논란을 부르는 주제다. 그런데 이런 경향은 산악인들보다는 일반대중에게서 더 심하게 나타난다. 등산을 올림픽 국가 대항전처럼 여기는 탓에 나타나는 논란이다. 힐러리와 텐징은 1953년 한 점의 의혹도 없이 정상 등정에 성공하고 가드만두로 돌아왔을 때 누 사람 가운데 누가 먼저 정상을 밟았느냐는 빗발치는 질문에 '이게 뭐지?' 싶어 당혹함을 감추지 못했다. 한쪽에서는 힐러리가, 인도와 네팔 사람들은 텐징이 최초로 정상을 밟았다고 우격다짐을 벌였기 때문이다. 베테랑 산악인들은 고개를 절레절레 흔들며 아니라고, 맬러리와 어빈이 최초라고 강조한다.

이 논란은 오랫동안 지속되었다. 텐징은 카트만두에 돌아와 문서 하나에 서명했다. 이 문서에는 텐징이 힐러리보다 5분 먼저 정상을 밟았다는 문구가 적혀 있었다. 어떤 기자가 텐징에게 왜 그런 문서에 서명을 했냐고 묻자, 그는 두 손을 휘휘 내저으며 말했다.

"주변에서 모두 성화를 해대는 통에 정신이 하나도 없었어요. 내가 뭐에 서명했는지 나는 모릅니다. 우리 두 사람은 거의 동시에 거기 올랐어요."

힐러리도 쏟아지는 질문에 시달렸다. 그는 그저 이렇게 말했다.

"마지막 몇 미터를 이끈 쪽은 납니다. 텐징은 뒤에서 안전을 확보해주었죠. 누가 먼저 위에 올랐든 그게 무슨 상관입니까? 우리는 두 사람이었기에 해낼 수 있었던 겁니다."

이 소동이 벌어지고 난 뒤 얼마 있다가 인도의 어떤 기자는 힐러리가 먼저 정상을 밟았다는 기사를 썼다가, 네팔의 동료 기자들로부터 "앵글로아메리카 식민주의의 첩자"라는 비아냥거림을 들어야만 했다. 나는 어설픈 영웅주의로 국가의 명예를 꾸미는 작태가 얼마나 어리석은 것인지 잘 안다. 바로 그래서 나는 산 위의 모든 승리를 혐오한다.

두 사람이 간신히 누울 만한 크기의 전진캠프에서 니나와 나는 벌써 며칠을 머물렀다. 이 캠프는 1920년대 등반대의 3캠프에 해당된다. 습관처럼 우리는 비탈의 어딘지 모르게 불안정해 보이는 바위 위에 쳐놓은 텐트에서 아침 9시면 기어나왔다. 내가 알루미늄 코펠에 눈을 모으면, 니나는 요리를 했다. 사방이 눈 천지인데 물 보기가 힘들다는 사실이 믿기지 않는다. 오전이 거의 다 가서야 비로소 빙하와 모레인 사이에 작은 시냇물이 졸졸 흐른다. 그 물을 모아 버너 위에 올려놓고 우리는 다시 텐트 안에 들어가 더운 물을 쓸 수 있을 때까지 기다렸다가 씻는다. 아주 편안하게 들리겠지만, 해발고도 6,500미터 높이에서의 이런 생활은 대단히 힘든 고역이다. 심지어 식사마저도 의지력을 요구한다. 음식을 씹을 때마다 속이 메스꺼워서 견디기 힘들었다. 그래서 나는 오로지 줄곧 마셔대기만 했다.

드디어 북벽을 향해 올라갈지, 아니면 베이스캠프로 철수할지 결정해야만 할 때가 되었다.

돌과 얼음으로 이뤄진 세상에 밤이 내려와 앉는다. 우리 머리 위 저 높은 곳에 에베레스트 정상이 차가운 얼굴로 우리를 굽어본다. 사흘째 나는 맑은 아침만 기다렸다. 나는 날씨만 좋다면 바로 루트 탐색을 감행할 만반의 준비를 갖추고 기다렸다. 위에 작은 '데포Depôt', 곧 하산에 필요한 물자를 저장할 곳을 마련해두고 마침내 정상 등반을 감행할 루트를 확정하고 싶었다. 내일 날씨는 과연 어떨까?

잠자리가 뒤숭숭하기만 했다. 자주 깨어 일어나 밤하늘을 올려다보았다. 2시의 밤하늘은 별빛이 청아하다. 8시에 나는 출발 준비를 끝냈다. 이렇게 늦게? 그러나 이런 고지대에서 아침에 일찍 일어나는 것은 저 아래에서보다 몇 갑절은 힘들다. 30분 뒤 나는 노스 콜 벽 아래에 섰다. 빙하 바닥에 내 등산화는 고작 몇 센티미터 정도 들어간 흔적만 남긴다. 이로 미루어 나는 벽의 눈이 굳게 얼어 있을 거라고 기대했다. 오늘, 7월 22일은 반드시 내 인생의 좋은 날이 되어야만 한다. 위로 올라갈수록 눈 더미는 부드러워졌지만 그래도 나는 계속 올라갔다. 지금 모든 망설임은 사라졌다. 세상의 모든 근심과 걱정을 해결해줄 유일한 답은 행동이다. 텐트에 죽치고 앉아 걱정만 하느니 움직이는 편이 훨씬 더 좋다. 갑자기 나는 몬순이 걱정되지 않았다. 물론 하늘에서 몬순의 조짐을 보기는 했지만, 오늘 나는 노스 콜까지 가리라.

벽의 발치는 해발고도 6,600미터다. 나는 비록 느리기는 했지만 멈추지 않고 꾸준히 올라갔다. 북벽 테두리의 갈라진 곳에 올라서자 나는 무릎까지 눈에 빠지고 말았다. 이런 실수를 저지르다니! 그러나 지금 돌아가지는 않으련다. 나는 천천히, 아주 천천히 몸을 빼냈다. 1미터, 1미터, 차근차근 올라가며 눈이 미끄러져 무너지지 않게 나는 신경을 곤두세웠다. 축축한 눈이 스패츠 사이를 비집고 들어온다. 합성수지로 만든 등산화 속까지 밀려들어온 눈 탓에 젖어서 쓸리는 소리가 난다.

신중을 기했음에도 눈이 조금씩 계속 무너져 내린다. 노스 콜 아래 대략 200미터 지점에서 나는 꼼짝없이 눈에 갇히고 말았다. 그야말로 진땀을 흘리며 이 사악한 눈과 씨름한 끝에 나는 겨우 빠져나왔다. 이런 조건 아래서 정상에 올라갈 가능성은 제로다. 왜 나는 이런 상황에서, 어떤 대가를 치르고서라도 노스 콜에 오르려 하는 걸까? 간단하다. 올라가야만 한다! 매번 사투를 벌이며 한 걸음씩 나아갈 때마다 나는 새로운 에너지가 샘솟는 기분을 느꼈다.

마지막 파인 곳, 그리 깊지는 않게 파인 곳을 만나 나는 날카롭게 왼쪽으로 방향을 틀었다. 이곳이라면 나는 바로 위의 벽에 횡으로 벌어진 틈 위로 올라설 위치를 잡을 수 있을 거 같았다. 그러나 자세히 살펴보니 마땅히 디딜 곳이 없다. 이를 악물고 이곳저곳 더듬어보다가 나는 오른쪽으로 한참 나아간 지점에 눈이 얼어붙어 스노브리지 모양을 이룬 곳을 발견했다. 이것을 믿어도 좋은지 나는 자신이 서지 않았다. 내 다리를 길게 벌려 쭉 뻗은 끝에야 나는 다른 쪽 벽으로 올라설 수 있었다. 그곳에서 나는 피켈로 지지할 곳을 찾았다. 다행히도 성공이다. 그러나 안타깝게도 그 위의 눈은 부드럽고 무거웠다. 그러나 지금 와서 나는 포기하고 싶지 않았다. 늘 안타깝게 올려다보기만 하던 노스 콜에 나는 올라서야만 한다. 지금 포기하는 것은 영원한 포기를 의미한다는 점을 나는 잘 알기 때문이다.

오른쪽으로 비스듬하게 고개로 올라설 수 있는 경사로가 보였다. 이 경사로를 자세히 살피는 동안 나는 피로가 몰려오는 걸 느꼈다. 한 걸음씩 차근차근 경사로를 올라갔다. 도무지 끝이 날 거 같지 않았다. 이 절망적인 느낌이 무엇을 뜻하는지 나는 안다. 위를 올려다보아서는 안 된다. 오로지 한 발자국씩 집중해 올라야만 한다. 끝이 보이지 않는다는 절망과 싸워가며 나는 그저 꾸준히 올라야만 한다. 조바심은 금물이다. 갑자기 시야가 탁 터진다. 드디어 올라왔다!

주위를 돌아보면서 나는 고개 정상에 섰을 뿐만 아니라, '드디어 높은 곳이로구나' 하는 실감을 했다. 내 왼쪽으로 북벽 방향의 능선이 환히 보였기 때문이다. 햇빛이 눈부시다. 올려다보는 북벽이 내 눈에는 우쭐우쭐 커지는 것만 같다. 가파른 그 경사가 아니라, 거대한 하얀 표면이 나를 압도한다.

나는 쭈그린 자세로 앉아 한동안 서쪽을 바라보았다. 내가 아는 정상들, 푸모리, 초오유, 가충 캉이 차례로 눈에 들어온다. 나는 에베레스트의 서쪽도 내려다보았다. 더할 수 없이 고요하다. 다른 팀이 오르고 있다는 조짐은 전혀 보이지 않는다. 푸른 하늘이 산들 위에 거대한 천막 지붕처럼 펼쳐진다. 그리고 이 광활한 전망은 다시금 나의 어린 시절 기억을 일깨운다.

아이는 가파른 비탈에 날카로운 암벽 그리고 무성한 숲에 둘러싸인 좁은 계곡에서 10년 동안 살았다. 자신의 머리 위로 펼쳐진 광활한 하늘을 본 그날, 아이의 인생은 정해졌다. 산속 깊숙한 그 풍경을 떠나기 오래전부터 아이는 정상에 올라 무한히 펼쳐진 지평선을 보며 감격에 몸을 떨었다. 암벽은 마을 광장에서 올려다볼 때보다 훨씬 더 웅장했다. 그러나 이 웅장한 암벽도 무한히 펼쳐지는 지평선에 비하면 아무것도 아니었다. 한마디로 그것은 꿈의 광경이었다. 당시 나는 처음으로 저 먼 산맥 뒤에 또 산맥이 있으며, 그 뒤에는 또 산들이 펼쳐진다는 것을 깨달았다. 세계는 무한하다.

등산은 매번 나를 어린 시절로 데려다준다는 사실에 나는 감동을 받았다. 나는 앉은 채 추억에 젖었다. 내가 듣고 읽거나 두 눈으로 본 모든 것은 내 손들과 눈처럼 나의 것이다. 그리고 내 인생을 다른 어떤 것보다도 결정적으로 이끈 이 유리 같은 지평선도 마찬가지다. 아버지는 나에게 지평선을 보여주었으며, 어머니는 내가 지평선을 찾아 떠날 수 있게 해주었다. 이번 등반을 감행할 때까지 나는 내가 이곳까지 오게 되리라는 것을 짐작도 하지

에베레스트 솔로

전진캠프를 뒤덮은
몬순

못했다.

그리고 정상은? 지금은 불가능하다. 노스 콜 위쪽에서 나는 최소한 두 번은 비박을 해야만 한다. 날씨는 너무 불안정하며, 눈사태 위험은 너무 크다. 물론 산의 가장 어려운 부분은 극복했다. 지금 내 위치는 해발고도 7,000미터 이상이다. 나는 몇 시간째 피켈로 비교적 안전한 스텝을 만들기 위해 안간힘을 썼다. 햇볕에 앉아 전망을 즐기노라니 피로가 확 밀려온다. 미끄러지고 넘어지면서, 가지고 올라갔던 텐트와 침낭은 앉았던 자리에 그대로 둔 채 두 번이나 엉덩방아를 찧으며 나는 계곡을 타고 내려왔다.

니나는 뜨거운 수프와 함께 캠프에서 나를 기다렸다. 나는 하루 종일 깊은 설원에서 씨름했다. 이걸로 충분하다! 우리는 더는 이곳에 머무르고 싶지 않았다. 나는 장소가 마음에 들지 않았다. 돌은 온통 눈을 뒤집어썼으며, 식수는 눈을 녹여 만들어야만 한다. 다시금 눈이 내리기 시작했다.

니나는 지친 모습이 역력했지만 그래도 아직 기력을 완전히 잃지는 않았다. 그녀는 이곳에서 한동안은 더 버틸 수 있다. 그러나 그녀가 언제 정신적으로나 육체적으로 무너질지, 그걸 누가 아는가? 이런 고도에서 심신은 얼마든지 무너질 수 있다. 우리는 이곳에서 일주일 넘게 캠핑했다. '그래, 이제는 내려가자.'

하산하는 동안에도 눈이 펑펑 내렸다. 빙하 위에서 우리는 바람을 고스란히 맞으며 중간캠프로, 허청거리는 발길로 베이스캠프로 돌아왔다. 우리가 도착했을 때는 저녁이었다. 쳉과 차오가 저녁식사를 마련해주었다.

우리는 기다려야만 한다. 하지만 노스 콜까지 해냈기에 나는 정상에 도전할 자신감이 샘솟았다. 나는 이제 몬순의 에베레스트를 조금은 더 잘 알게 되었다.

이 남자의 지칠 줄 모르는 활력은 무어라 형언하기 힘들다. 마치 나는 도저히 풀리지 않는 수수께끼, 답을 찾아주기만 바라는 물음과 마주한 것 같다. 이 몰아붙이는 힘은 대체 어디서 오는 걸까? 라인홀트 메스너라는 현상은 그가 계속해서 자기 자신에게 도전한다는 특징이 있다. 나는 그의 힘이 놀랍기만 하다. 그러나 많은 경우 나도 참가하고 싶지만, 그의 곁에 있으면 어딘지 모르게 마비되는 느낌이 나를 엄습한다. 그는 내가 모든 걸 함께해주었으면 좋겠다고 말한다. 나도 그게 좋다. 그는 나에게 강한 사람

　　　　　　　　　　　　　　　에베레스트 솔로

이 되라고 윽박지른다. 강한 사람이야 나도 기꺼이 되고 싶다. 그러나 너무 어렵다. 불가능해 보일 때가 많기만 하다. 다행히도 나는 빨리 걸을 수 있다. 그러나 이처럼 높은 고도와 험한 지형에서는 이야기가 달라진다. "당신은 너무 느려." 그가 흔히 하는 말이다. 나는 그처럼 빠르지 못한 것만이 아니다. 그는 항상 무슨 일이든 하려 분주하다. 나는 그런 면모와도 거리가 멀다. 그는 어느 한곳에 머무르려 하지 않는다. 얼음과 암벽을 타고 수십 킬로미터를 행군했음에도 그는 정상에 서기 바쁘게 내려가자고 한다.

나는 등산 초보자가 아니다. 걷는 속도에 따라 생사가 결정된다는 것은 나도 안다. 그러나 내가 말하고 싶은 것은 그런 게 아니다. 메스너 안에는 몰아붙이는 힘이 있다. 이런 힘은 산과는 아무 관련이 없다. 이 힘과 메스너는 떼어놓고 볼 수 있는 게 아니다. 이 힘이 지금의 메스너를 만들었다. 이 힘이 그로 하여금 혼자서 8,000미터에 오르게 한다. 집이든 시가체든 라싸든 유럽으로 귀환하는 길이든 이 힘이 항상 그를 움직인다. 이 힘이 그의 인생을 결정한다. 이 힘이 그를 천상으로 이끌었으며, 동시에 파괴시킨다. 단편적이나마 그의 인생을 들여다보고, 또 우리의 관계로 미루어 볼 때 나는 그가 두 개의 전혀 다른 인격을 가졌다는 인상을 받는다. 그는 누구보다도 빠르고 능숙하게 산을 타면서도, 게으름을 피우는 것을 좋아한다. 그는 많은 일을 동시에 처리하며, 고함을 지르고 욕설을 일삼으면서도, 배려할 줄 아는 이해심이 뛰어나다. 그는 나를 대단히 섬세하게 다루면서도, 불 같이 화를 내곤

한다. 워낙 다양한 성격을 보여주는 통에 나는 미칠 지경이다. 베이스캠프에서 나흘 동안 몸을 추스른 뒤에 우리는 새로운 등반에 나섰다. 네팔로 넘어가는 해발 6,000미터 높이의 '로 라Lho La' 고개에서 우리는 비박을 했다. 눈이 내렸다. 이날 우리는 오랜 시간 행군을 했다. 대개 함께 걸었지만, 서로 떨어져 각자 홀로 걷기도 했다. 저녁노을이 지기 전에 우리는 얼음에서 커다란 돌들을 몇 개 치우고 손가락 굵기의 매트리스를 차가운 바닥에 깔았다. 이렇게 해서 몇 개의 커다란 바위 사이에 잠을 잘 좁은 공간이 생겨났다. 라인홀트가 베이스캠프에서 가져온 방수포가 지붕 노릇을 했다. 방수포는 눈을 막아줄 뿐, 그 이상은 아니었다. 밤새 물이 라인홀트의 머리에 떨어졌다. 그는 불평도 욕설도 하지 않고 잠을 잤다. 지금 올라가는 것만이 중요할 뿐, 물방울 따위야 아무것도 아니라는 듯. 아침에 나는 완전히 녹초가 되어 그저 내려가고 싶은 생각밖에 없었다, 라인홀트는 일어나더니 몇백 미터 올라가 에베레스트 북벽의 전망을 보며 루트를 연구했다. 그는 더 높은 곳에서 하게 될 비박이 몹시 가혹하다는 것을 새기는 모양이었다.

일본의 어떤 등반대가 이 거대한 암벽과 빙벽으로 올라간 적이 있어, 나는 그들의 루트를 답습해보는 것은 어떨까 따져보았다. 아마도 '고정로프fixed rope'가 그대로 남아 있다면, 그쪽 길이 최단 루트일 수 있다. 그곳이라면 하산도 아무 문제가 없다. 나는

'혼바인 쿨르와르'[3]라면 길을 잃지 않을 자신이 있기 때문이다.

거대한 북벽은 도저히 극복할 수 없는 빙벽으로 내 머리 위에서 웅장한 피라미드 위용을 과시한다. 단독으로는 세상의 모든 피켈과 로프를 쓴다 할지라도 몬순 기간 동안에는 절대 그 수직 코스로 정상 근처에도 갈 수 없다. 일본인들은 오른쪽의 눈 쌓인 긴 협곡으로 올라갔다. 그 코스는 가파르고 어려워 보이기는 하지만, 최단 거리라는 이점 때문에 얼마든지 도전해볼 만하다. 나는 한때 이 긴 협곡을 돌아서 왼쪽으로 올라가려는 생각을 해보았으나, 룽북 빙하 중심부에서 7,500미터 높이의 에베레스트를 몬순 동안 오른다는 것은 너무 위험하다. 룽북 빙하의 정점에는 새로운 눈이 덮였으며, 벽 자체에도 끔찍할 정도로 눈이 많다. 애초에 나는 북벽이 너무 가팔라서 눈이 거기 쌓일 수 없을 거라고 희망했다. 그러나 이것은 내 착각이다.

지금 정상 능선에는 가늘고 하얀 구름이 줄처럼 걸렸다. 그 유명한 '깃털구름'이다. 제발 바람이 정상의 눈을 쓸어가기만 해준다면!

룽북 빙하의 중심 줄기를 따라 노스 콜로 올라가는 것도 내가 도전해볼 만한 코스다. 어쨌거나 나는 빙하가 산등성이의 잘록한 곳에 맞서 우뚝 솟았으며 갈라진 크레바스가 많은 걸 확인했

---

3 에베레스트 북벽에 있는 '혼바인 쿨르와르(Hornbein Couloir)'는 정상 직전까지 이어지는 150미터 협곡이다. 1963년 미국 등반대 대원이었던 토머스 혼바인(Thomas Hornbein)이 개척해 그의 이름이 붙었다.

다. 가파른 데다가 자칫 눈사태가 일어날 위험이 큰 비탈이 고개 아래까지 이어진다. 이 코스는 내가 반대쪽에서 정찰했던 것보다 더 위험해 보인다. 로 라 정상까지 무릎이 눈에 푹푹 빠지며 걸어 간 끝에 마침내 나는 이 코스를 포기하기로 결심했다. 우리는 다시 베이스캠프로 되돌아왔다.

한여름의 질척한 빙하가 계곡 바닥을 채웠다. 어제만 해도 탁하고 흐릿했던 저 아래 얼음 바위가 생동하는 푸른 하늘을 반사해준다. 말갛게 썻은 부드러운 하늘이 아니다. 몬순의 하늘은 우윳빛의 강함을 자랑한다. 여차하면 한바탕 뇌우를 퍼부을 하늘이다. 마치 솜을 찢어놓은 것 같은 하얀 구름 줄기가 저 바닥 모를 푸름을 미끄러져 간다.

피곤함에 젖어 우울했던 감상이 싹 가셨다. 성공을 보증해주는 조짐은 전혀 없지만, 그럴수록 마음을 굳게 먹어야겠다고 다짐했다.

얼음처럼 차가운 바람이 얼굴을 때린다. 북벽을 떠받든 기둥들과 서쪽의 몇몇 6,000미터급 봉우리들 사이의 협로를 내려가며 우리는 몸이 얼어붙는 것만 같았다. 얼음 세상에서 암갈색의 산비탈로 내려가며 나는 히말라야의 다른 측면을 체험했다. 이것이 바로 내가 꿈꿔온 티베트다. 온통 흙색의 배경에 파스텔로 푸른 녹을 칠해놓은 전망이 끝없이 펼쳐진다. 심지어 무지개마저 녹청이다. 오로지 섬세한 색조 차이만이 변화를 만들 뿐이다. 북서쪽의 저 계곡 바닥이 롱북임에 틀림없다. 그곳의 검은 그림자마저 푸른 색조를 띠었다. 저 멀리 북쪽으로는 산에서 산으로 이어지는 산맥이 붉은빛으로 반짝인다.

계곡과 능선은 색조가 밝거나 어두운 농도 차이로만 구분된다. 빙하와 곳곳에 갈라진 틈새 역시 마찬가지다. 모레인 바닥에 흐릿한 푸른색이 햇빛을 받아 반짝이는 것으로 미루어 나는 그게 시냇물임을 알 수 있었다. 빙하 바닥을 두 눈으로 직접 볼 수는 없지만, 그 음울한 색깔은 감지된다.

니나와 나는 시냇물이라고 짐작한 부분으로 내려갔다. 실제로 우리는 세락들로 이뤄신 미로 속에서 계곡을 따라 흐르는 물을 발견했다. 우리는 기분을 상쾌하게 해주는 순풍을 맞으며 구름 사이에서 헤드라이트처럼 빛나는 햇빛을 받아가며 걸었다. 북벽의 잿빛 그림자는 뒤에서, 모레인이 비탈을 이룬 곳의 잿빛 구름은 옆에서, 빙하는 흰색에 가까운 잿빛으로 아래에서 우리와 보조를 맞춘다. 이제 하늘은 창백한 잿빛으로 반짝인다.

몬순이 잠시 숨을 고르느라 세력이 약해지거나, 비바람이 심한 이 시기가 끝날 때쯤에서야 비로소 나는 유리한 상황을 기대할 수 있다.

롱북 빙하의 동쪽에서 흘러내리는 시냇물이 이제 너무 불어 우리가 건너다닐 수 없게 되었다. 결국 우리는 롱북 빙하의 큰 줄기를 따라 이 시냇물을 우회할 수밖에 없었다. 이미 너무 늦은 시간이다. 해는 볼 수 없지만 아직 어두워지지 않은 하늘에는 달이 떴다. 저 멀리 북쪽으로 펼쳐지는 저녁의 티베트 고원지대는 갈색 흙의 바다처럼 보인다. 풍경은 오랜 세월 그랬듯 침묵으로 일관한다. 모레인으로 이어지는 산등성이는 길처럼 보이고, 커다란 바위는 이정표처럼 서 있다. 내 등 저 멀리 뒤편의 에베레스트를 다시금 뒤돌아보며 나는 결의를 다졌다. 에베레스트는 이제 단순한 물질이 아니다. 이제 그것은 그 형태로 압축된 내 이상의 결정체다.

이후 며칠을 우리는 베이스캠프에 머무르며 쉬었다. 니나는 그녀의 부모에게 이런 편지를 썼다.

사랑하는 부모님께,

이 편지가 어떻게 아버님과 어머님께 전달될 수 있을지 상상이 잘 되지 않습니다. 베이징으로 돌아가기 전까지는 이 편지를 보낼 우체국을 찾을 수 없기 때문입니다. 그래서 말입니다만 이것은 편지라기보다는 부모님과 대화를 나누고픈 제 심정이라 여겨 주세요.

아무튼 이번에는 모든 것이 전혀 달라요. 우리는 익숙함과는 거리가 먼 환경 속에서 지냅니다. 편지를 주고받는 일이 없어도 전혀 이상하지 않은 환경입니다. 또 편지가 그립지도 않아요. 우리가 이곳 롱북 빙하를 찾아온 지도 정확히 한 달이 흘렀습니다. 우리는 이 빙하에서 텐트를 치고 지냅니다. 정말이지 아름다운 곳이며 순수한 자유의 땅입니다. 유목민과 야크가 자갈길을 따라 야트막한 곳에 위치한 마을들을 한가로이 지나가는 모습이 정겹습니다. 우리 캠프 옆을 흐르는, 빙하 녹은 물이 이룬 도랑은 하루가 다르게 늘어나는 수량으로 콸콸 소리와 함께 흘러갑니다. 이 계곡의 위쪽 끝에 초모룽마가 서 있습니다. 티베트 사람들이 에베레스트를 부르는 이름입니다. 네팔 사람들은 이 산을 '사가르마타Sagarmatha'라 부릅니다. 산은 이 지역을, 우리의 현재 삶을 다스립니다.

우리는 이제 서로 다른 세 곳에 캠프를 설치했습니다. 우리가 쉬는 곳은 가장 낮은 곳에 위치한, 가장 큰 텐트입니다. 우리는 이곳을 롱북 본부캠프라 부릅니다. 이곳에는 워낙 무심한 사람이라 차라리 '뇌가 없다'는 표현이 더 어울리는 통역사 차오와 연락장교인 쳉이 머뭅니다. 쳉은 그런 대로 친절한 남자입니다. 두 남자 가운데 누구도 지금까지 더 높은 곳에 설치한 캠프로 우리를 동행하지 않았어요. 차오는 산과 빙하를 탈 줄 몰라요. 등산 솜씨가 좋은 쳉은 차오가 혼자 베이스캠프에 남는 걸 두려워해서 곁을 지켜줘야만 합니다. 충분히 이해할 수 있는 일이에요. 차오는 도시 출신이고, 이곳에는 늑대와 산양과 야크가 자유롭게 돌아다니니까요.

우리의 다음 캠프는 해발고도 6,000미터 높이의 2인용 텐트예요. 이 캠프는 중국과 일본의 등반대가 최근에 도전하면서 두 번째 캠프로 이용했던 바로 그 장소입니다. 비상식량과 구급약과 요리 기구를 놓아둔 이 텐트를 우리는 중간캠프라 부릅니다. 이 캠프는 전진캠프로 가는 길 중간에 위치합니다.

가장 높은 곳에 위치한 전진캠프는 최근 등반대가 사용한 세 번째 캠프와 같은 위치로 해발고도 6,500미터 지점입니다. 이 캠프 바로 아래에는 빙하의 크레바스가 얼룩진 비탈로 이 길을 따라가면 노스 콜입니다. 에베레스트의 가파른 북동벽 바로 아래의 이 지점은 정말 굉장합니다. 우리가 한 달 동안 먹을 식량은 세 마리의 야크가 등에 실어다주었습니다.

그렇게 되기만 간절히 바라는 마음인데, 날씨가 맑아지고 기온이 좀 더 떨어지면 라인홀트와 저는 해발고도 6,500미터의 전진캠프로 올라갑니다. 우리가 필요로 하는 것은 낮은 덥고 밤은 차가운 기온입니다. 그래야 얼음 표면이 단단하게 굳어지니까요. 혼자서 아무 문제없이 등반하는 라인홀트지만 지금은 매우 신중합니다. 노스 콜 아래의 비탈은 상당히 위험하거든요. 언제라도 눈사태가 일어날 수 있고 커다란 크레바스를 오르는 길은 수직입니다.

아래에 앉아 그가 올라가는 모습을 볼 때마다 저는 가슴이 조마조마하기만 합니다. 빙하 틈새 사이의 깊은 눈 속에 점처럼 찍힌 그의 모습이 위태로워 보이기만 하니까요. 하지만 저는 그의 판단력과 등반 기술을 믿습니다. 그가 노스 콜에 500미터씩 오르는 속도를 본 뒤부터 저는 마음이 진정되었습니다.

라인홀트는 전진캠프에서 정상까지 사흘, 최대한 나흘 만에 올라가고 싶어 합니다. 그게 그가 성공할 유일한 전략이라고 하더군요. 그는 높은 고도에, 특히 산소마스크가 없이 오래 머무르면 안

됩니다. 그런 곳에서 몸의 기능은 급속히 떨어지니까요.

어쨌거나 지금 그는 몸 상태가 최고조이고, 등산 전문가답게 평온합니다. 우리는 다만 전제조건이 맞아떨어지기만 기다릴 뿐입니다. 몬순이 여러 날 동안 그쳐야만 합니다.

지금은 밤 9시 반이고, 우리는 잠자리에 듭니다. 무척 피곤하네요. 그 어떤 안락함도 기대할 수 없는 상황이지만 우리의 인간적 관계는 맑기만 합니다. 부족한 것이 없습니다. 저는 라인홀트 옆에서 풍요롭고 안전하며 편안하다는 기분을 느낍니다.

아버님 어머님, 온 마음을 다해 사랑합니다.

1980년 7월 29일, 니나 올림.

5장 문화혁명의 흔적

어느 날 아침, 한 번쯤 베이스캠프를 벗어나 서쪽으로 달려보고 싶다는 생각이 문득 들었다. 어차피 중국 정부로부터 나중의 등반을 위해 시샤팡마를 정찰해도 좋다는 허가를 받아두었고, 지금 당장은 에베레스트에서 할 게 없으니 그쪽으로 가서 필요한 관찰을 해도 좋겠다는 생각에서였다. 7월의 태양은 이토록 뜨거운데, 황량한 롱북 계곡은 마치 지금이 봄인 것처럼 희미한 빛만 보여준다. 어쨌거나 나는 지금 기회를 기다리는 것밖에는 달리 할 일이 없다. 은자가 동굴에서 해탈을 기다리는 심정이 이런 걸까?

우리는 차오를 보내 지프를 가져오도록 했다. 그리고 사흘 동안 롱북 사원에서 기다렸다. 폐허가 된 사원은 보기만 해도 안타까운데, CMA는 이곳에 등산가를 위한 호텔을 짓겠다고 한다. 참으로 어처구니가 없어 분통이 터진다. 그러나 돌이켜보면 어디 중국만 그러랴. 유럽인들도 정말 보물처럼 아름다운 지역마다 관광 사업으로 속속들이 망가뜨려놓지 않았던가. 안다, 내 등반으로 인해 나도 결국 관광 개발에 일조하게 되리라는 점을. 모든 관광은 꿈의 땅을 찾아 나선 열정적인 탐험가의 보고서와 함께 시작된다는 점도.

마침내 지프가 도착했다. 우리는 지프를 타고 일단 딩리로 갔다. 이곳은 계곡이 넓은 평원으로 확 트이는 지점이다. 이 지역은 예전부터 상업의 중심지였다. 네팔로 가는 카라반은 이곳 딩리에 머무르며 티베트 고원지대에서 산출되는 소금을 사들였다. 그러나 지금의 딩리는 텅 비었다. 산비탈에 그림과 같은 보금자리를 형성한 100여 가구의 집들 옆에 담장과 철조망을 두른 중국군 양철지붕 막사가 기묘한 대조를 이룬다. 반대편 기슭에 돌들로 글자를 만들어 놓은 공산주의 구호가 눈길을 사로잡는다.

"모든 부자들이 파멸될 때까지 우리는 쉬지 않으리라!"

또는 이런 구호도 보인다.

"달라이 라마의 편에 서는 사람은 마오 주석에 대항하는 것이다."

서쪽으로 달리면서 보니 밭마다 농사가 한창이다. 티베트 농부들은 밭에 물을 대고 야크에 쟁기를 달아 땅을 갈아엎거나, 손수 잡초를 뽑는다. 이따금 나는 농토 언저리에 진흙으로 지은 작은 제단을 발견했다. 몬순의 습기가 잠자는 땅을 일깨웠다. 100여 마리는 족히 될 야크 무리가 겨울을 난 우리에서 나와 더 높은 곳에 위치한 초원으로 이동한다.

쳉은 우리가 하루 만에 시샤팡마에 도착하기 바랐다. 가는 길은 그늘이 졌음에도 더웠다. 약 100킬로미터를 달린 다음 우리는 서쪽으로 방향을 틀어, 몇 개의 시냇물을 건너 커다란 고원지대에 도착했다. 이 지대는 그야말로 무한하게 펼쳐진다. 좌우로 즐비한 산들은 그 푸른 기를 머금은 갈색으로 평원의 올리브색과 선명한 대조를 이룬다. 작은 강들이 평원을 흐르는 모양이 꼭 은빛 번개 같다. 계속해서 우리는 풀을 뜯어먹는 야크 무리, 마치 검은 점처럼 보이는 무리를 지나쳐갔다. 높고 푸른 하늘에 흰 구름이 유유히 흘러간다. 이런 장면은 티베트에서만 볼 수 있는 것이다. 평원처럼 반짝이며 흐르던 구름은 서로 모여 용, 호랑이, 물고기, 연꽃과 같은 아주 놀라운 형상을 빚어낸다. 이 평원에 축복을 내리려는 하늘의 뜻일까? 짙고 하얀 구름 사이를 빠져나온 햇빛은 이 초원지대를 몇 개의 그림자 섬들로 바꿔놓는 초현실적인 장면을 연출한다. 멀리 지평선에서 홀로 말을 타는 사람이 나타나 평원을 가로질러 그대로 풍경 속으로 사라진다. 이곳에서 고독은 내가 예전에 전혀 경험해보지 못한 품위를 자랑한다. 나는 "우주의 기운이 지켜준다"라는 말의 뜻을 처음으로 이해했다.

왼쪽으로 언덕에 옹기종기 몰린 것처럼 집들이 들어선 마을이 나타난다. 야트막한 지붕에 겨울을 나기 위한 짚단을 얹고 벽에 흰 칠을 한 집들이 오순도순 모여 있는 이 마을을 티베트 사람들은 "네 마리 용의 마을"이라고 부른단다. 나무로 만든 어두운 색의 문은 야크의 뿔과, 푸른색과 빨강색으로 그린 그림으로 장식되었다. 맞은 편, 몇 킬로미터는 떨어진 곳에 마치 신기루처럼 터

북쪽의 시샤팡마

키옥을 닮은 푸른 호수가 보인다. 그 뒤로 가파른 빙벽으로 무장한 산이 우뚝 섰다. 들판에서 노니는 양떼가 하얀 구름을 보는 것만 같다. 유리처럼 맑은 공기를 자랑하는 이 풍경을 돌아보려면 며칠은 걸리리라. 이런 풍경을 가슴에 담은 티베트 사람들은 인생을 살며 좌절하는 일이 결코 없으리라고 나는 생각했다. 그 어떤 이데올로기도 물들일 수 없는 풍경, 제아무리 철저한 이념 공세라 할지라도 흔들 수 없는 인간과 힘이 있다는 사실도.

이미 자세를 낮춘 태양이 긴 그림자를 만든다. 우리의 지프가 석회암 절벽 위를 달리는 동안 공기가 부드럽다. 절벽 저 아래 유목민 천막이 보이고, 노간주나무와 포도나무 덩굴과 금잔화가 자란다. 우리는 좌회전을 해 강 하나를 건넜다. 불현듯 그 웅장한

에베레스트 솔로

자태가 우리 앞에 나타났다. 거대한 모레인 더미들로 둘러싸인 시샤팡마다. 이 산의 이름은 '초원 위의 산'이라는 뜻이다. 그림은 완벽했다.

이곳 북쪽 분수령의 날씨는 더할 수 없이 훌륭하다. 오랫동안 지프를 탄 니나와 나에게는 운동이 필요했다. 우리는 계곡을 따라 올라갔다. 계곡은 상당한 길이의 자갈밭이다. 이런 자갈들은 태곳적부터 빙하의 흐름에 쓸려온 것이리라. 우리 앞에는 깨진 얼음 조각들이 즐비했으며, 그 앞에 인상적인 벽이 가파르게 솟았다. 시샤팡마의 북벽이다. 돌들 사이에 보이지 않게 숨어 있다가 날카로운 울음소리와 함께 우리를 피해 달아나는 뇌조가 보였다. 약간의 흰색을 머금은 회색 화강암, 저 유명한 시샤팡마 화강암이 지는 해의 햇살을 받아 반짝인다. 빙하와 빙벽과 암벽과 만년설을 뒤집어쓴 능선이 구름의 바다 위에 솟아 웅자를 뽐낸다. 구름들은 저 멀리 인도까지 이어진다.

어둠이 천천히 깃들었다. 달빛을 받은 초원이 아름답다. 완전한 정적은 멀리서 불어오는 바람소리에만 품을 내준다. 저 멀리 남쪽에서 우리는 번개를 보았다.

해발고도 5,300미터 지점에 지프를 세워둔 지 몇 시간이 흘렀다. 모든 방향으로 몸집을 부풀리는 하늘은 창백한 별이 유유히 흘러가게 해준다. 밤이 되어 우리는 어두운 길을 허청거리며 텐트로 돌아왔다. 니나는 오랜만에 밝고 쾌활한 모습을 보여준다. 산을 오르고 싶다는 그녀의 의지는 강력하기만 하다.

밤이 지나 날씨는 안정적이 되었다. 몇 시간째 나는 반쯤 잠든 상태로 아침이 밝아오는 소리에 귀를 기울였다. 눈을 떴을 때 하늘은 자줏빛이었다. 우리는 텐트를 해체하고 차에 싣고는 롱북의 베이스캠프로 출발했다. 나는 지금 혼자가 아니라는 것, 니나와 함께 이야기를 나눌 수 있다는 사실에 행복하고 기쁜 마음을 느꼈다.

"당신은 낭가파르바트에 혼자 오른 것을 두고 알파인으로서 최고 경험이라고 했잖아요. 시샤팡마도 혼자 오를 거예요? 에베레스트로 충분하지 않아요?"

니나가 나에게 물었다.

"낭가파르바트를 혼자서 오르고 난 뒤에 나는 에베레스트도 홀로 해낼 수 있다고 느꼈소. 그리고 에베레스트야말로 세계 최고봉이잖소. 그곳을 홀로 오르고 싶다는 생각을 하게 되는 건 당연한 일이죠. 한 번 올라가봤다는 사실은 중요하지 않아요. 지금 나는 단독으로 시도하고 싶으니까. 예전에도 나는 항상 8,000미터 고봉을 홀로 충분히 오를 수 있다고 다짐해왔죠. 낭가파르바트 단독 등반을 내 경력의 최고 정점으로 찍고 은퇴하고 싶었소. 그러나 그럴 수가 없어요. 낭가파르바트를 해내고 난 뒤부터 내 눈에는 에베레스트가 어른거렸죠. 내가 하는 건 단순한 단독 등반이 아니죠. 오히려 나는 일종의 시시포스와 같은 인간이라고나 할까? 절대 정상에 오를 수 없는. 나는 시시포스이고, 내가 산 위로 밀어 올리는 바위는 세상의 그 어떤 것으로도 채울 수 없는 나의 마음이라오."

"그럼 시샤팡마는요?"

"그건 나에게 자극을 주는 산이죠, 그 이상도 이하도 아닙니다. 내가 시샤팡마를 어떤 방식으로 오를 것인지, 친구들과 함께 또는 나 홀로, 이런 물음에 지금 나는 관심이 없소."

"혼자 오르면 그 경험이나 고통을 함께 나눌 사람이 그립지 않아요?"

"혼자 가지 않는다면, 내가 파트너의 눈에서 읽는 것은 우리의 피로뿐이오. 결국 파트너는 거울에 비친 나 자신일 뿐이죠."

"자연이 위로를 주지는 않나요?"

"주죠, 그것도 대단히 큰 위로를. 예를 들어 아침의 첫 햇살. 모든 것이 완전한 정적에 잠겼을 때 보는 여명은 보는 것만으로도 위로가 되죠. 그러나 나는 그걸 행복이라 부르고 싶지는 않아요. 그저 평온함이죠."

"왜 행복이라는 말을 쓰기 꺼려하는 거죠? 내가 보기에 인간이 이보다 더 큰 행복은 느낄 수 없을 거 같은데요. 자연과 하나가 되어 힘을 얻는다는 느낌이 행복 아닌가요?"

"행복이라는 단어는 너무 닳은 거 같아서요."

그동안 우리가 탄 지프는 100킬로미터는 족히 달렸다. 얼마 전만 하더라도 이 지역의 여행은 위험하다 못해 모험에 가까웠다. 거세게 불어오는 바람만으로도 이곳을 지나는 카라반은 죽음의 나락으로 떨어졌다. 안전한 휴식 장소에서 다음 휴식처를 찾기까지 몇 날, 심지어 몇 주가 걸렸다. 그러나 우리는 비교적 상태가 좋은 도로를 지프로 안전하게, 안내원의 도움을 받으면서 빠르게 달렸다. 우리가 지금 체험하는 것은 열린 티베트다. 하지만 옛 티베트는 우리에게 닫힌 채 남았다. 그러나 전통의 티베트는 문화혁명과 사인방의 파괴, 곧 옛 문화, 옛 풍습, 유구한 역사를 자랑하는 가치관을 짓밟으려는 시도에도 죽지 않았다. 전통은 때가 무르익었을 때 다시 소생하기 위해 깊은 잠에 빠졌을 따름이다.

달리는 지프와 함께 풍경이 빠르게 스쳐 지나간다. 멀리서 색색들이 다채로운 놀이를 벌인다. 날씨는 쾌청하다. 심지어 메마른 모래 바닥에서도 식물이 자란다. 티베트에서 생명이 없는 풍경은 전혀 찾아볼 수 없다.

시샤팡마로 가는 길에 이미 나는 '네 마리 용의 마을'을 주목했다. 나는 마을을 더 자세히 살피고 싶었다. 어떤 집의 야트막한 담장 위에 앉은 젊은 남자가 자신의 검은 머리를 빗질한다. 머리카락은 어깨에 닿을 정도로 길다. 귀에는 끈에 꿴 산호와 터키옥 장식을 했다. 그는 남루한 면 셔츠와 양가죽으로 만든 바지를 입었다. 피부는 햇빛에 그을려 초콜릿 빛깔을 자랑한다. 우리가 그 집 앞에 멈추었을 때 벽에 달린 나무문에서 백발의 짧은 머리를 한 어떤 노인이 나왔다. 나는 "타시 델렉!Tashi Delek" 하고 인사를 건넸다. "평안과 행복을 빕니다"라는 뜻의 티베트 인사말이다.

노인은 웃으며 우리를 집 안으로 들였다. 벽 뒤에는 가축우리를 갖춘 뒷마당이 있다. 가축 가운데 한 마리는 깡마른 말로 갈기털을 땋았다. 늙어서 볼살이 축 늘어진 개가 쉰 소리로 몇 번 짖더니 어슬렁거리며 자기 자리로 돌아갔다. 거실로 보이는 곳에서는 늙은 여인이 나무로 만든 베틀로 옷감을 짠다. 머리를 틀어올린 그녀는 목에 커다란 호박과 산호와 은으로 만든 긴 목걸이를 걸었다. 목재를 깐 바닥에는 양탄자가 깔렸으며, 그 위에 동물 가죽을 늘어놓았다. 가죽을 말리는 모양이다.

노인은 우리를 문이 달린 커다란 방으로 안내했다. 창문이 없는 방은 연기를 빼내는 구멍을 통해서만 빛이 들어와 어둑하다. 방 한가운데 쇠로 만든 작은 화덕이 보인다. 연통이 없는 게 나는 희한하게만 보였다. 방바닥은 진흙을 다져 만들었다. 벽에는 신문지를 발라놓았다. 벽 쪽에 양탄자를 깔고 그 위에 베개와 이불을 갖춘 침상이 놓였다. 우리는 앉으라는 권유를 받았다. 그리고 주인은 나무로 만든 접시에 은으로 장식된 잔에 담긴 보리술 '창'을 내왔다. 어떤 젊은 여인이 옆방에서 나왔다. 모두 우리를 친절하게 대해주었다. 대화는 시종일관 미소와 호기심으로 이어졌다. 보리술을 몇 모금 마시기 무섭게 손때가 묻어 꾀죄죄한 하얀 플라스틱 주전자로 주인이 잔을 다시 채워준다. "시샤팡마", "초모룽마" 하는 단어와 함께 손짓발짓해가며 우리는 여행 목적을 설명했다. 그들은 친근한 표정으로 고개를 끄덕였다. 작별을 하며 나는 내가 지니고 다니던 다용도 칼을 선물로 내놓았다. 나중에 차오는 이 사람들이 반유목민으로 야크와 양떼를 몰고 고원을 거처 시샤팡마의 빙하 앞까지 유랑하는 생활을 한다고 이야기해주었다. 천막을 가지고 초원을 누비던 이곳 주민은 겨울이 오면 다시 마을로 돌아와 생활한다.

라싸로 가는 도로에서 카트만두 쪽으로 방향을 바꾸었을 때 나는 쳉에게 국경까지 가는 것이 금지되었는지 물었다.

"아뇨, 금지되지 않았습니다." 그가 대답했다.

"좋아, 그럼 국경으로!" 하고 내가 호기롭게 외치자 지프는 오른쪽으로 방향을 틀었다. 우리는 고개를 넘어 계곡 아래로 계속 내려갔다. 골짜기는 갈수록 깊어지고 좁아졌다. 100미터가 넘는 암벽들이 수직으로 서서 우리를 굽어보았으며, 그 위에 도열한 새로운 암벽은 구름 속으로 자취를 감추었다. 차츰 우리는 열대림으로 들어섰다. 비가 그야말로 퍼붓는다. 길가에 거목과 대나무가 즐비하며, 그 아래는 양치식물이 무성하다. 나무 꼭대기에서 새들이 어지럽게 날아다닌다. 우리는 알록달록한 나비를 보았으며, 거대한 폭포 옆을 지나갔다.

우리는 한 마을에 도착해 그곳에서 하룻밤을 보낸 뒤 다음 날 아침 일찍 네팔 국경으로 출발했다. 지프로 2시간 정도 걸렸다.

달리다 보니 우리는 돌연 히말라야 남쪽 계곡, 온갖 생명이 넘쳐나는 계곡 한복판에 섰다. 이미 부드럽고 툭 터진 지평선과 티베트 고원의 황량한 색깔에 익숙해졌던 내 눈은 이 풍성한 녹색에 흠뻑 취했다. 공기는 묵직했으며, 색은 강렬했다. 우리는 완전히 새로운 세계로 입장해 히말라야를 전혀 다른 눈으로 보았다.

에베레스트 솔로

수백만 년 전 티베트는 해변에 위치했다는 이론이 있다. 이 이론에 따르면 히말라야 산맥은 오늘날의 인도에 해당하는 대륙판이 중국과 충돌하면서 생겼다. 티베트 고원지대 역시 이 충돌의 여파로 솟아났다. 그래서 지금도 티베트의 높은 산 정상에서 화석이 된 조개를 발견할 수 있다. 티베트의 호수들은 원래 바다였던 게 남은 잔재다. 그래서 호수의 물은 여전히 짜다. 아니, 두 대륙의 충돌은 끝나지 않아, 히말라야는 계속 커지고 있다. 에베레스트는 언젠가 해발고도 9,000미터의 산이 될지도 모른다.

카트만두 북쪽의 숲들을 이틀 동안 누빈 끝에 우리는 베이스캠프로 돌아가기로 했다. 히말라야를 넘어서자 다시 티베트의 탁 트인 고원이 펼쳐진다. 해가 지는 동안 풍경과 색이 계속 바뀐다. 열대림의 풍성했던 녹색은 그림자처럼 어두운 회색으로 변모했다.

라싸로 가는 대로에서 쉬는데 피난민 행렬이 지나간다. 난민들은 끔찍한 파괴가 자행되고 있다고 말했다. 그들은 네팔을 떠나 고향 티베트로 돌아간다고 했다. 중국의 압력이 줄어들고 있으며, 다시 티베트어로 말해도 되고, 불교를 믿어도 좋다는 소식을 들었다고 했다. 티베트에 남은 친척으로부터 들은 소식이라고 했다. 타향살이를 하느라 향수병을 앓아 견딜 수 없었다고도 했다. 그래서 난민들은 이제 라싸로 돌아가는 길이다.

딩리에 도착하니 점심때였다. 막사에서 쉰 다음 우리는 베이스캠프로 돌아가기 전에 주유를 하러 쉐가르로 달렸다. 딩리와 쉐가르 사이에서 우리 눈을 사로잡은 것은 일주일 전보다 훨씬 더 깨끗하게 보이는 산들이다. 그저 몇 조각의 구름만 하늘에 듬성 듬성 떠 있다. 기온이 더 차가워졌음에 틀림없다. 내가 그토록 고대하던 몬순 중단이 시작된 걸까?

쉐가르에서 나는 바삐 서둘렀다. 우리는 과일 통조림을 사고, 채소를 찾아 시장을 누벼 양파 몇 개를 구입해 출발했다.

롱북 강에 도착했을 때는 오후 늦은 시간이었다. 물이 너무 차올라서 내일 아침에나 건너갈 수 있을 것 같았다, 빙하가 녹은 물은 밤에 기온이 떨어져 줄어들기 때문이다. 결국 우리는 야영을 하기로 했다. 저녁에 잠깐 소나기가 퍼부었다. 비구름은 북쪽에서 생겨나 남쪽으로 이동했다.

마을 주민들이 떼를 지어 찾아와 텐트를 구경했다. 내 왼쪽에는 어떤 여자가 앉아 내 일거수일투족을 지켜본다. 그녀는 무릎까지 내려오는 외투처럼 보이는 옷을 입었는데, 무어라 말할 수 없이 더러운 형색이다. 그을음이 묻은 것 같은 검은 얼굴의 뺨과 관자놀이에는 손때가 묻어 시커메진 하얀 반창고가 덕지덕지 붙어 있다. 묘한 것은 반창고들이 좌우 대칭을 이루고 있다는 점이다. 그러고 보니 여성들의 얼굴에 대부분 반창고가 붙어 있었다. 그게 그들의 화장법이라는 걸 나는 나중에서야 알 수 있었다. 한 여성이 나에게 한 줌의 '참파'[1] 가루를 주었다. 그런 다음 그녀는

---

1 티베트의 전통 음식으로 주로 쌀보리 씨앗을 타작해 구운 다음 빻아 가루로 만든 것이다.

에베레스트 솔로

집으로 가더니 몇 개의 작은 달걀을 가져왔다. 나는 그것을 돈을 주고 구입했다. 그러자 주민들은 저마다 뭔가를 들고 와 우리에게 팔려고 했다. 사람들이 몰려드는 바람에 나는 이러다 텐트가 무너지는 줄 알았다. 내가 사람들을 막으려 안간힘을 쓰는 상황에 대해 니나는 이렇게 썼다.

1980년 8월 8일. 이런 일은 상상조차 할 수 없었다. 나는 마치 동물원의 원숭이가 된 것만 같았다. 쳉과 라인홀트와 나는 마을 언저리에 친 텐트 안에 있었고, 맞은편에서는 강이 콸콸 흘러내렸다. 저녁식사를 준비하려는데 이건 마치 서커스 무대가 따로 없을 지경이었다. 내가 통조림을 딸 때마다 사람들이 달려들어 그 안에 뭐가 있는지 보려고 했다. 나는 몇 개의 초콜릿 사탕을 선물하는 큰 실수마저 저지르고 말았다. 저마다 달라고 달려드는 통에 우리는 텐트 안에서 압사당하는 줄 알았다. 이때부터 사람들은 더욱 구걸하기 시작했다. 내가 사탕 봉지를 뜯을 때마다 저마다 자기도 달라고 소리를 질렀다.
이곳에 도착했을 때는 어떤 술 취한 젊은 남자가 텐트 앞에서 상당히 무례하게 빵을 달라고 졸랐다. 쳉이 알아들을 수 없는 말로 뭐라고 거칠게 쏘아붙이자 남자는 씩씩거리며 자리를 떴다. 내가 사탕을 나눠주는 어리석은 짓을 하기 전까지 마을 주민들은 전혀 구걸을 하지 않았다. 그러나 이제 모두 몰려와 뭔가 먹을 것을 달라고 한다. 그들의 눈에는 우리가 어마어마한 부자처럼 보였겠지만, 우리가 조촐한 식량으로 근근이 버텨야 한다는 것을 그들은 알 턱이 없었다. 이 소동을 겪고 나서 나는 우리 롱북 캠프가, 콸콸 흐르는 그 물소리가, 황량한 모레인 더미가 얼마나 평화로운 것인지 깨달았다. 이 소동에 비하면 강물 소리는 한밤중의 자장가였으니까.

1980년 8월 10일. 우리는 다시 롱북 캠프로 돌아왔다. 오늘은 초승달이 떴다. 날씨는 변함없었다. 우리가 기압계로 쓰는 라인홀트의 고도 측정기 바늘은 올라갔다 떨어지기를 반복한다. 나는 모리스 윌슨처럼 하루는 금식하자고 제안했으나, 잠에서 깼을 때 너무 배가 고파 금식 다짐은 깨끗이 잊고 말았다. 우리는 설사도 했다. 내일은 나아지겠지.

1980년 8월 11일. 사원 근처에 있는 커다란 암벽을 타고 오르는 것은 나에게 흥미진진한 놀이다. 몇몇 바위는 라인홀트가 위에서 나를 로프로 잡아주어야만 오를 수 있을 정도로 어렵다. 라인홀트에게 이런 암벽은 아무 문제가 되지 않는다. 그의 손놀림은 가볍고 지극히 자연스럽다. 그는 다섯 살 때부터 암벽을 타기 시작했다고 한다. 그동안 무수히 많은 산행을 하며 두려움도 점차 극복하게 되었다는 것이 그의 말이다.

1980년 8월 12일. 내 건강은 다시 좋아졌지만, 라인홀트는 여전히 몸 상태가 좋지 않다. 그를 위해서 뭐라도 해주고 싶은 심정이다. 그는 기분이 축 쳐졌고, 아주 예민해서 신경질적이었다. 그는 지금이야말로 정상 등정에 나설 때라는 점을 알았기 때문에 항생제를 먹으려 하지 않았다. 항생제는 인간의 몸을 더 약하게 만들기 때문이다. 라인홀트는 지극히 사소한 문제조차도 에베레스트 단독 등반에는 치명적인 위험을 부를 수 있음을 의식하고 있었다. 또 자신이 설사 탓에 수분을 많이 잃은 것도 알았다. 고도는 우리 몸의 수분 문제도 복잡하게 만든다. 또 다른 위험 요인을 부러 자청해서는 안 되는 이유다.

1980년 8월 13일. 다람쥐가 더는 보이지 않아 나는 속이 상했다. 구멍에서 기어나와 바위를 타고 오르며 햇볕을 쪼이는 녀석의 모습을 구경하는 게 참 좋았는데. 다람쥐는 두 발로 서서 주변을 둘러보기도 한다. 가까이에 다람쥐가 있으면 참 좋은데. 그러나 차오는 그놈의 빌어먹을 총으로 다람쥐를 놀래게 만들어 쫓아 버렸다. 그는 하루 종일 구멍마다 후벼 파고 다닌다. 병든 생각을 가진 병든 사람만이 할 수 있는 행동 아닐까?

밤바람이 분다. 바람은 매번 휘몰아칠 때마다 더 차가워진다. 드디어 때가 왔구나! 옆의 니나도 나와 같은 생각을 하는지 안도의 한숨을 쉰다. 그녀는 하늘에서 우리를 굽어보는 외로운 별의 빛을 뚫어져라 올려다본다. 나는 몸이 한결 가벼워진 것을 느꼈다. 우리는 한동안 텐트 위쪽의 모레인 언덕에 앉아 등반 계획을 의논했다. 벵골만에서 생겨난 몬순이 마침내 아라비아해의 몬순과 충돌하는 모양이다. 기상학자들이 예상한 몬순 휴지기가 찾아오는 게 틀림없다. 두 개의 기압대가 서로 힘겨루기를 하느라 숨을 고르는 이때가 바로 내 기회다. 하늘이 맑은 밤이다. 평소 같았으면 룽북 빙하에서 내리꽂히듯 부는 바람이 오늘은 조용하다. 소나기도 돌풍도 없는, 드높은 하늘의 신선한 여름밤이다.

내일이나 모레 나는 출발해야만 한다. 지금 산의 상황은 최상이다. 이 휴지기가 얼마나 오래갈지 누가 아는가! 가장 아름다운 일은 등반이고 뭐고 고민하지 말고 지금 이 순간의 기분과 풍경을 즐기는 것이리라. 그러나 이렇게 결심하면 내 해묵은 두려움과 근심도 다시 올라온다.

잠을 자려고 작은 텐트 안으로 들어가려다 올려다본 에베레스트의 북벽은 그 엄격한 흰 자태로 우리를 굽어보았다. 밤새 나는 잠을 이루지 못하고 뒤척였다. 2년 동안 다듬었으며, 1,000번도 넘게 그려온 꿈이 이제 실현되려 한다. 비탈과 캠프들의 모습이 내 머릿속을 차례로 지나가며 나를 뜨겁게 달구었다. 마치 초모룽마가 바로 내 머릿속에 있는 것처럼 내 내면의 눈앞에 숱한 추억의 장면들이 스쳐 지나갔다. 부푼 희망과 동시에 혹시나 실패하면 어쩌나 하는 근심이 동시에 나를 잠 못 이루게 만들었다.

6장 오른다는 것은 내려오기 위함이다

하늘은 마치 옷감을 펼쳐놓은 것 같다. 에베레스트 위 하늘의 청람색은 너무도 강렬해서 묵직해 보인다. 손을 뻗으면 닿을 것처럼 정상이 가깝게 느껴진다.

나는 롱북 계곡에 앉아 몇 시간 동안 공기의 흐름을 지켜보았다. 휘몰아치고 맴돌다가 차분히 가라앉는 공기가 고스란히 느껴진다. 그것은 돌풍이나 안개가 아니다. 몬순은 잦아들었다. 그러나 몬순이 할퀴고 간 이 공간에는 에너지가 가득하다. 파란 하늘에 뜬 흰 구름 사이로 뻗어 나오는 두 개의 원초적인 힘이 충돌한다. 창공의 푸른색으로 땅도 생기가 넘친다. 비탈의 녹색 그늘 그리고 심지어 암벽도 에너지를 발산한다. 나는 이 에너지를 두 눈으로 볼 수 있다. 손으로 만지듯 느껴지기도 한다. 출발하고 싶다. 출발해야만 한다.

나는 지금 기후와 고도에 아주 잘 적응했다. 힘들여 걸을 때 가빠지는 호흡이 사라졌다. 해발고도 5,000미터 이상의 지점에서 /주를 보낸 나는 베이스캠프 주변을 고향땅처럼 돌아다닌다.

높은 고도에 노출되는 빈도가 잦을수록 그만큼 더 산소가 희박한 공기에 잘 적응한다는 점을 나는 다시금 확인했다. 등산 초보자는 이것이 어렵다. 당시, 1969~1970년만 하더라도 나는 불안함과 싸우느라 모든 게 마비된 느낌이었다. 갑자기 힘이 하나도 없는 상태에 빠질 때 그 깊은 충격은 당해보지 않은 사람은 모른다! 아무래도 우리 몸은 특별한 기억 장치를 가지고 있어서 계속 높은 고도에 노출되면 저절로 주변에 맞추는 모양이다. 그렇다 하더라도 몸의 적응을 위해서는 3~4주 정도의 시간이 필요하다. 이런 적응 훈련이 없이 에베레스트 정상에 오른다는 것은 불가능하다. 심지어 8,000미터급 고봉들을 모두 올라본 사람이라 할지라도 적응 훈련은 반드시 해야 한다. 이런 고도적응이 등반의 기본조건이다. 날씨가 좋아지는 것을 기다려야 하듯, 몸도 최적의 상태를 만들어야 한다. 인간이라는 자연과 우주는 그 조건에 내가 맞추어야만 한다. 그럼에도 단독 등반 계획이 성공할지 여부는 인생과 마찬가지로 그 답을 알 수 없는 문제다. 많은 것이 우연에 좌우되는 탓에 누구도 예측할 수 없다. 에베레스트 단독 등반은 계산으로 풀 수 있는 문제가 아니다.

나는 인간의 본능을 믿는다. 그리고 이런 본능을 가진 것이 다행이라고 생각한다. 인간은 살아남느냐 죽느냐의 기로에 설 때 본능적으로 올바른 선택을 한다. 다만, 이런 선택을 미리 연습할 수 있는 것은 아니다.

니나에게도 기다림의 예행연습은 없다. 내가 해내리라는 그녀의 믿음은 굳건할까, 아니면 근심과 걱정이 많은데도 이를 숨기는 걸까? 불안할 때면 그녀는 일기를 쓰며 안정을 취하는 것 같다.

1980년 8월 15일. 우리는 드디어 등반을 시작한다. 이 순간을 얼마나 기다렸던가! 그는 롱북 빙하를 타고 더 높이 올라가 정상으로 오르려 한다. 나도 정상에 오르고 싶다, 하늘에 더 가까이 가고 싶다. 그저 감상에서 하는 얘기가 아니라 정말 내 본심이다. 위의 공기가 맑아질수록 내 두뇌도 맑아지겠지. 산에 오르며 인간은 자기 자신과 더 가까워진다고 한다. 아마도 그동안 살아온 기억들이 하나로 압축되어 그런 게 아닐까? 또 주의가 흐려지지 않고 자신에게 더 잘 집중할 수 있어서. 어쨌거나 산 위에는 에너지가 넘쳐난다. 그래서 느낌이 그토록 강력한 게 아닐까? 산에 오르는 사람은 누구나 이런 느낌을 받는다. 나는 특히 라인홀트와의 개인적 관계에서 강한 힘을 느낀다. 몇 주 전부터 나는 그의 왜곡되지 않은 진면모를 본다. 산에서 그는 자신의 더 많은 것을 보여준다. 30년 동안 등산을 하면서 세상에 등을 돌리는 동시에 자신에게 씌웠던 거친 철갑 안의 그는 의외로 섬세하고 예민한 남자다.

지금 내 상태가 썩 좋은 것은 아니지만 그래도 처음보다는 많이 좋아졌다. 길은 멀지만 내가 이번에는 아무것도 들거나 등에 지지 않아도 돼 편하게 걸을 수는 있다. 여행 초에 나를 괴롭혔던 누통도 사라졌다. 또 나는 지금 환경에 잘 적응했다. 그리고 나는 라인홀트와 함께 산행하는 게 좋다. 우리는 저마다 자신의 속도로 걷지만, 멀리 떨어진 적은 전혀 없다. 우리는 이런 식으로 저마다 자신의 생각에 골몰할 공간을 얻는다.

이번에 짐 싸는 일은 오래 걸리지 않았다. 이미 전진캠프에 모든 것을 가져다놓았기 때문이다. 4주 동안 먹을 식량, 연료, 정상 등반을 위한 장비 등은 미리 올려다 놓았다. 잊지 말아야 할 것은 필름, 다용도 칼, 예비 안경과 같은 자잘한 것들이다. 머릿속으로 나는 필요한 목록을 끝없이 챙겼다. 나는 등산 장면을 떠올려가며 매 걸음마다, 비박할 때마다 뭐가 필요할지 검토했다. 해발고도 6,500미터 이상의 높이에서는 물품이 가능한 적어야 하며, 생명 유지에 중요한 것은 곱절로 갖춰야만 한다는 것이 내 신조다.

배낭 주머니에 고도측정기를 집어넣다가 나는 기압을 나타내는 바늘이 올라간 것을 발견했다. '아, 진짜 몬순 휴지기로구나!' 나는 계곡 아래 농부들이 한 말을 떠올리며, 이를 기상학자들의 예측과 비교했다.

"여름 몬순에는 나흘에서 열흘 정도 좋은 날씨가 지속되는 때가 한두 번 정도 있다."

원주민들의 경험에서 나오는 날씨 예보가 기상학 예측과 딱 맞아떨어진다니 정말 놀라운 일이다.

에베레스트 솔로

나는 이번 등반에 나서기 전에 헬무트 크라우스[1]라는 기상학자가 히말라야의 날씨를 주제로 쓴 과학논문을 읽어가며 몬순을 공부했다. 이 정보와 티베트 주민의 말, 그리고 내 관찰은 모두 지금 등반을 시작해야만 한다고 재촉한다.

몬순은 계절에 따라 방향이 바뀌는 바람을 말한다. 이 계절풍의 물리적 원인은 행성 운행에 따른 계절적 압력 변화와 대기 대순환 그리고 육지와 바다가 서로 다르게 보여주는 기온 차이다. 또 산악과 고원지대도 그곳의 공기가 인접한 대기권의 비슷한 고도보다 여름에는 빨리 더워지고, 겨울에는 훨씬 더 빠르게 차가워지기 때문에 영향을 미친다. 더 넓은 의미에서 몬순은 풍향만을 나타내는 게 아니다. 오히려 몬순은 특정 풍향과 결부된 기후와 풍화 현상까지 포함한다. 그래서 인도의 남서 몬순(6월에서 9월까지)은 낮아지는 대기 온도와 잦은 강수가 특징이며, 인도의 북동 몬순(겨울철)은 건조하고 구름이 적은 날씨를 보여준다.

지금 내가 관심을 가져야 하는 것은 7월과 8월의 날씨다.

몬순의 소강상태는 7~10일 정도 지속된다. 소강상태가 일어나는 빈도는 1년에 여섯 번에서 열네 번 정도다(6월에서 9월까지). 이따

---

1 헬무트 크라우스(Helmut Kraus, 1930~2019)는 독일의 물리학자이자 기상학자로 날씨의 과학 연구에 많은 기여를 한 인물이다.

환하게 열린
에베레스트

금 몬순 기압골이 정상적인 위치에서 벗어나 북쪽으로 이동하면 갠지스 평원과 히말라야 산맥의 남쪽 비탈에는 동풍 대신 서풍이 분다. 몬순 기압골의 북쪽 이동은 갠지스 평원과 인도 중심 지역에 비가 그치는 조건이다. 바로 그래서 길게는 2주까지 지속되는 몬순 휴지기 현상이 일어난다. 산악지방에서는 몬순 기압골과 멀리 떨어져 휴지기에도 매일 비가 내리는 현상이 빚어질 수 있다.

이 정보는 나에게 힘을 북돋워주었다. 나는 단 하루도 미뤄서는 안 된다. 지금의 상황을 이용하지 않는다면 나는 다음 기회를 10월 초까지 기다려야만 한다. 베이스캠프 뒤의 첫 모레인 더미에 도착해 나는 니나에게 말했다.

"틀림없소. 지금은 몬순이 그쳤소."

눈앞의 에베레스트는 전에 본 적이 없는 압도적인 위용을 과시했다. 그렇지만 나는 더는 두렵지 않았다. 하얀 만년설을 왕관처럼 쓴 에베레스트는 이 계곡 밑에서 마치 멀리 있는 거울처럼 보였다. 오로지 왼쪽 능선에만 약간의 눈발이 날린다. 하늘은 우윳빛 유리처럼 보였다. 살짝살짝 부는 바람이 신선한 느낌을 준다. 내 눈에 이 모든 것은 어딘지 모르게 생소하다. 길은 지형의 오른쪽 계곡에서 물결 모양의 곡선을 그리며 가볍게 경사진 모습으로 올라간다.

우리가 있는 곳에서 산까지 거리가 얼마나 되는지 육안으로는 가늠할 수 없지만 몬순의 휴식이 시작되고서부터 매일 조금씩 더 짧아지는 것 같다. 산과 산 사이로 행랑처럼 난 길에 안개가 생기자 그 거리가 비로소 느껴진다. 정상은 갈수록 뒤로 물러서며, 그 아래의 벽이 윤곽을 드러낸다. 그 배경의 하얀, 무슨 모양이라고 불러야 좋을지 모를 면적이 살아 움직이기 시작한다.

이처럼 멀리 떨어진 채 벽의 경사를 가늠하기는 어렵다. 그러나 나는 에베레스트의 북쪽 날개가 지금 보이는 것보다는 완만하다고 자신했다. 이런 판단은 그저 나 자신을 달래려는 시도일 뿐일까, 아니면 역사적 사실과 부합하는 것일까? 대략 60년 전 영국의 선구자들은 오늘날의 관점에서 원시적이라 할 수 있는 장비를 가지고 해발고도 8,000미터 이상을 올랐다. 다시 말해 북쪽 날개는 가파를 수 없다. 또 내 장비는 지금 시중에 나온 것 중 최고의 것들이다. 가볍기도 가볍다. 수백 번의 테스트를 거쳤을 뿐만 아니라, 최신 기술로 보강된 피켈과 티타늄으로 만든 발톱 열두 개의 아이젠, 고어텍스로 만든 원통형 덴드, 인조섬유로 짠 매트와 침낭은 그야말로 나무랄 데 없는 품질을 자랑한다. 나는 해를 올려다보며 '어떤 것도 나를 막을 수 없다'는 소년 같은 자부심을 느꼈다.

베이스캠프와 전진캠프 사이의 거리를 나는 두 구간으로 나누었다. 해발고도 6,000미터 지점까지 6시간에 주파할 수 있게 구간을 설정했다. 텐트는 에베레스트의 북쪽 중간 봉우리 '창 라' 바로 아래에 쳤다. 그곳에서 모레인 위에 세운 전진캠프까지는 4시간 걸리는 거리다.

우리는 해발고도 6,000미터의 캠프에서 숙박하기로 했다. 마치 그곳에 방을 하나 예약해둔 기분이다. 실제로 나는 그곳에서 단순한 보호 이상의 것을 누린다는 느낌을 받는다. 길이 1.8미터에 폭이 1.2미터 그리고 높이가 약 1미터인 이 텐트에서 나는 쉬고, 요리하고 잠을 잘 수 있다. 이 작은 반구형의 텐트에서 눈보라를 이겨낼 수 있다는 믿음이 나에게 자신감을 채워준다. "나는 할 수 있다" 하는 식의 허튼 자만이 아니라, 보호받는다는 느낌에서 나오는 자신감이다.

우리는 동쪽 룽북 빙하에서 얼음 시냇물이 시작되는 곳을 건넜다. 돌과 얼음 조각 사이에서 100리터는 족히 될 물이 콸콸 솟아오른다. 나는 그동안 잘 준비했고, 고도에도 적응되었지만, 끊임없이 이어지는 이 모레인 더미를 오르락내리락 하는 것은 여전히 힘들기만 했다. 발아래에서 갑자기 돌이 미끄러지면 내 걸음걸이의 균형이 무너지면서 보행이 불규칙해지기 때문이다. 나는 그

때마다 서서 숨을 골라야만 했다.

이날 우리는 고도 900미터를 올라야 한다. 물론 실제로 이 고도 정복을 위한 거리는 훨씬 더 길다. 고도 1미터를 오르기 위해 올라야 하는 걸음은 네 걸음이다. 매 걸음마다 힘들고 고되기만 하다.

한동안 우리는 빙하 왼쪽의 돌로 된 둑을 따라 올라갔다. 그다음은 높이 쌓인 모레인 더미가 나타난다. 그곳의 경사는 완만하게 이어졌으며, 바닥은 단단했다. 그곳을 지나자 지난 번 올랐을 때 쳐놓은 작은 텐트가 있는 지역이 나타났다. 놀랍게도 텐트는 우리가 3주 전에 쳐놓은 그대로 있었다. 니나는 요리를 하고, 나는 가까운 얼음 시냇물에서 물을 길어왔다. 물이 흘러내리는 빙하 터널에서 쫄쫄쫄 하는 소리가 들린다. 이따금 탁 하고 얼음 깨지는 소리도 들린다. 이 모든 소리는 나로 하여금 신시사이저 음악을 떠올리게 했다. 빙하는 붕붕 윙윙 소리를 낸다.

환기를 시키려 텐트 입구를 열어놓았다. 문 쪽으로 머리를 두고 나는 계속해서 날씨를 살폈다. 모든 조짐이 좋다. 구름만 몇 조각 보인다. 하늘은 높고 흐릿한 청색이었는데, 놀빛을 받아 터키옥처럼 반짝인다. 저녁 창공은 그야말로 별들이 쏟아져 내릴 것만 같다. 마침내 나는 평온해졌다. 중지된 몬순이 불안에 떨던 내 마음을 어루만져주기라도 한 것처럼.

고산을 오르는 등반가는 결코 자신의 능력과 몸 상태를 과신하지 않아야 한다. 산이라는 지연의 조건은 변화무쌍한 모습을 보여주기 때문이다. 가장 중요한 조건은 날씨다. 나는 지금 무엇보다도 내 직감에 의지해 날씨가 좋으리라고 확신했다.

롱북 베이스캠프로 내려가기로 한 내 결정은 옳았다. 해발고도 6,500미터에서 보낸 열흘은 우리에게 적잖은 흔적을 남겼지만 베이스캠프에서 다시 빠르게 회복했다. 식욕도 돌아왔고, 적절한 수면도 취할 수 있었다. 해발고도 5,000미터 지점에서 3주를 보내자 우리는 완전히 회복되었다.

특히 나나를 보니 몸의 회복 정도를 분명히 알 수 있었다. 지금 그녀는 높은 곳도 빠르게 오르며, 아무런 불편을 호소하지 않았다. 높은 고도에도 그녀는 잠을 푹 잔다. 반대로 나는 이날 밤 잠을 잘 이루지 못했다. 아침에 배낭을 싸는데 나나는 일기에 다음과 같이 썼다.

맙소사, 라인홀트는 기분이 좋지 않다. 오늘은 원래 그가 쉬기로 한 날이다. 오늘은 전진캠프에 올라가지 않는다. 우리는 해가 중천에 뜨기를 기다렸다. 라인홀트가 잠을 이루지 못해 끔찍한 밤을 보냈다는 것 외에 아무 문제가 없다. 혹독한 추위에 우리는 침낭 하나를 같이 썼다. 침낭을 서로 잡아당기고, 생리적 현상으로 묘한 소리가 나고, 보란 듯 등을 돌리는 따위로 전형적인 신경전이 벌어졌다. 아무튼 불편하기 짝이 없는 분위기였다. 역시나 라인홀트는 짜증을 냈다. 그가 잠을 잘 못 잔 것은 내 책임이다. 아니면 누구랴?

제대로 의식하지 못했지만 아무래도 단독 등반이 나에게 큰 부담을 준 모양이다. 새삼스럽게 찾아온 모든 평온은 곧 꺼진 거품처럼 사라졌다. 이 상황을 초래한 책임은 나 말고는 다른 누구에게도 없다. 그럼에도 짜증을 내다니 나라는 사람도 참!

하기야 이런 인내력을 요하는 상황에서는 아무리 좋은 조건이라도 잠을 이룬다는 것은 힘든 일이다. 기껏해야 손가락 두께만큼의 인조고무 매트 위에서 편히 잠들 수 있을까? 텐트가 바람에 날리지 말라고 양쪽 끝에 놓은 주먹만 한 돌들은 연신 덜거덕거리며 신경을 곤두세운다. 온몸이 얼어붙을 것처럼 춥다. 요 며칠을 이런 식으로 반쯤 깬 상태에서 밤을 지새웠다. 한편으로는 부푼 기대감에 젖어, 다른 한편으로는 정말 해낼 수 있을까 근심하며 나는 아침 해가 뜨기만 기다렸다. 저 위에서 어떤 위험이 도사리고 있는지 나는 안다. 크레바스, 눈사태, 안개, 돌풍은 여차하면 나를 집어삼키리라. 무엇보다도 나는 내가 어떤 약점을 가졌는지 잘 안다. 잘 지치며, 두려움이 심하고, 특히 외로움을 잘 탄다. 아무것도 하지 않고 있을수록 내 자신감은 더욱 위축된다. 아마도 나는 바로 그래서 은자가 그토록 부러운 모양이다. 은자는 철저하게 고독한 가운데 명상을 하며 살아가지 않는가. 더욱이 사막 한복판에서 아무것도 하지 않고 버티는 고행자는 놀라움 그 자체다.

시간이 멈춰 서버렸다. 초조하다. 다시금 니나는 아직 출발할 준비가 안 되었다고 한다. 니는 배낭을 메고 혼자서 중긴 모레인 더미 위쪽으로 약 100미터 올라가 상황을 살폈다. 마치 니나를 기다리고 있으면 뭔가 놓치기라도 하는 것처럼 조바심을 내는 나 자신이 낯설게 느껴진다. 몸을 움직여야 한다는 내 강박관념은 동물적이다. 스스로 정한 목표가 주는 압력은 크기만 하다. 심적 부담이 너무 커서 몸을 움직이지 않으면 나는 견딜 수가 없다.

우리는 북벽 꼭대기의 동쪽 모서리를 피해야 한다. 신중하자! 하얀 눈이 쌓인 모서리는 겉보기와 달리 주름투성이다. 눈이 단단한 줄 알고 발을 디뎠다가는 빠질 가능성이 크다. 이런 상념에 젖어 나는 꾸준히 위로 올라갔다. 균일한 보폭은 나에게 안정감을 선물한다! 내 호흡의 리듬이 발걸음과 심장 박동뿐만 아니라 내 감정의 흐름도 정해주는 것 같다. 이곳은 산소가 희박하다. 하지만 에너지는 그만큼 더 강렬하다. 이곳은 무덤 속처럼 적막하고 쓸쓸하기는 하지만 나를 둘러싼 생기가 고스란히 느껴진다. 듣지도 보지도 못하고 잴 수도 없지만 나는 기운을 느낄 수 있다. 이 기운은 눈사태의 굉음이 내 감각을 화들짝 깨울 때마다 머리 끝에서 발끝까지 내 몸 전체를 관통한다. 이 기운은 마른하늘에 벼락 치듯 폭발하며 그 압력의 파장이 공간을 채운다. 혹시 내가 미쳐가는 걸까? 물리적으로 실체를 확인할 수 없음에도 이 요동치는 생기는 어디서 오는 걸까?

이런 고도에서는 내 걸음을 제어할 수 없다. 한 발이 다른 발보다 언제나 자동으로 앞을 향한다. 이때 다른 발은 단단한 돌처럼 내 몸을 받쳐준다. 바위에서 바위로 건너뛰면서도 균형을 잃지

에베레스트 솔로

않는 것은 내 힘이 아니라, 산의 정기 덕분이다.

니나는 저 뒤 어딘가에서 자신만의 고유한 리듬을 따른다. 이런 고도에서 함께 보조를 맞춰 걸으려 하면 자신만의 균형을 잃고 만다. 그럼 훨씬 더 빠르게 피곤해진다. 해발고도 6,000미터 이상에서 두 사람이 서로 에너지 흐름을 방해하지 않고 같은 보행 리듬을 유지하며 등반할 수는 없다.

여전히 나는 6,500미터 지점의 텐트를 볼 수 없었다. 혹처럼 불거진 빙하가 텐트를 가렸다. 길이 가팔라질수록 내 보폭은 그만큼 더 짧아졌다. 그러나 길이라니, 이게 무슨 말인가? 빙하의 양옆으로 쓸려 내려온 모레인은 검은 띠처럼 보이기는 했지만, 이곳을 걷는다고 해서 길이라고 할 수 없다. 곳곳의 갈라진 틈새와 자갈 탓에 나는 불규칙적으로 지그재그 행보를 하지 않을 수 없었다. 한 발이 확실한 바닥을 디딜 때마다 다른 발이 자동으로 나아가며 얼음과 물과 암벽 사이에서 안정적으로 내디딜 곳을 찾는다. 시선은 전체 방향을 놓치지 않으려 정면을 뚫어져라 노려본다. 우리의 앞뒤로는 수많은 자갈들이 반짝이는 얼음 사이에 검은 줄을 이룬 듯 놓여 있다. 이 검은 줄은 앞으로 '얼마나 더 걸어야 할까?' 하는 의문을 계속 품게 만든다. 이런 고도에서 계속해서 올라가려는 고통과 수고를 표현할 수 있는 말은 없다. 시각적인 착각도 자꾸 일어난다. 공기가 희박해진 탓에 다음 목표점까지의 구간은 실제보다 더 짧아 보인다. 바로 그래서 눈앞에 정상을 보는 것만 같은 착시현상은 대단히 위험하다. 거듭된 착각은 동기부여를 약하게 만들 뿐만 아니라 의지를 꺾어놓기 때문이다.

이곳은 아직 그렇게까지 열악하지는 않다. 1시간에 고도 200미터를 올라가면서 나는 전진하고 있다는 느낌을 받는다. 이 느낌 역시 강렬한 에너지를 준다. 에너지 흐름을 느낄 수 있다는 점에서 등산은 자전거 타기나 달리기와 비견할 만하다. 그러나 더 나아가 인간의 한계를 이겨내기 위해 겪는 고통은 시시포스의 시련에 비유할 수 있다. 이로써 빚어지는 고통과의 게임은 시간 감각의 상실뿐만 아니라 공간 감각도 놓아버려야만 견뎌낼 수 있다. 앞으로 나아가야만 한다는 강박은 오로지 동물이 될 때에만 이겨낼 수 있다. 시시포스의 진짜 아픔은 같은 일을 되풀이해야 하는 것 때문에 빚어지지 않는다. 시시포스는 위에도 아래에도 머무를 수 없어 고통스러울 따름이다. 높은 산을 오르는 사람을 괴롭히는 진짜 위협은 위에도 아래에도 머무를 수 없는 자신의 존재에서 오는 회의감 아닐까? 정점으로서의 정상에 오른 사람은 그 순간에만 아픔의 굴레에서 벗어날 뿐이다. 하지만 동시에 정상 등정은 끝없는 수고를 새롭게 받아들일 에너지를 주기도 한다.

태양이 돌들 사이의 얼음을 녹여버렸다. 실개천이 졸졸졸 소리를 내며 흐르기 시작한다. 웅크렸던 온기가 퍼져 나간다. 마치 봄이 온 것만 같다. 우리는 발밑에서 소리를 내는 자갈을 밟으며 롱북 빙하 상부의 둑처럼 생긴 곳으로 올라섰다. 텐트를 쳐둔 자리는 둑이 빙하의 경계 노릇을 하는, 낙석 위험이 없는 곳이다.

햇살이 눈부신 좋은 날씨다. 아침의 첫 햇살이 우리 텐트로 곧장 쏟아진다. 텐트의 배경을 이루는 것은 동쪽에 있는 비교적 낮은 산들, 마찬가지로 흰 눈을 뒤집어쓴 산들이다. 저녁때가 되면 이 자리는 일찌감치 그늘에 든다. 그러나 1시간의 집중적인 햇살은 텐트 근처의 실개천에 몇 시간 동안 물을 흘러내리게 할 정도로 얼음을 녹이지는 못했다. 이곳은 내가 지금껏 해발고도 6,500미터 이상에서 본 곳 가운데 가장 좋은 장소다. 우리가 텐트를 새롭게 정비하며 지지대를 다지는 동안 나는 에베레스트 북동 능선 쪽의 눈 쌓인 고개 '라피우 라Rapiu La'를 계속해서 살폈다. 그곳에 안개가 피어오르지 않는 한 날씨는 안정적이다.

이곳에서 4월 말부터 5월 초 사이의 봄에는 워낙 강한 바람이 불어 등반가는 텐트에서 꼼짝도 할 수 없다. 그러나 지금 부는 바람은 나의 구세주다. 무엇보다도 이 바람은 서풍이다. 계속 불어 준다면 이 바람은 아주 이상적이다. 산 위의 상황을 비교적 유리하고 안정적으로, 다시 말해서 눈을 굳게 하고, 능선에 쌓인 눈을 날려 보내 눈사태 위험을 줄여주는 게 이런 바람이기 때문이다.

물론 나는 이런 아름다운 날씨에도 순식간에 엄청난 변화가 일어날 수 있음을 안다. 얼음 탑이 흔들려 빙하 테두리의 악어 이빨같이 날카로운 저 톱니가 무너진다거나, 모레인이 무서운 소리와 함께 쓸려 내려온다거나, 북동 벽에서 굉음과 함께 일어나는 눈사태는 단박에 이곳을 지옥으로 만들 수 있다. 그러나 지금 비 탈에 가늘고 섬은 풀을 남기는 눈사태를 나는 고마운 마음으로 바라보았다. 이는 곧 눈 상태가 그만큼 안정적이 된다는 행운을 뜻하기 때문이다.

풍경은 맑고 푸른 공기 속에 잠겼다. 하얀 에베레스트와 깊고 푸른 하늘, 이 모든 것은 만물상을 보는 것만큼이나 신비해서 비현실적이라는 느낌마저 준다. 얼마나 떨어졌는지 가늠하기 힘든 공간, 깊이를 헤아릴 수 없을 정도로 심원한 공간 속에서 짙은 하얀 안개가 띠처럼 이어진다. 이따금 안개는 구름으로 뭉쳐져 눈 깜짝할 사이에 주변의 모든 것을 감싸 형체를 지워버린다. 모든 것이 흐릿하다. 반시간쯤 뒤 안개는 쓸어버린 듯 사라지고 새롭게 빛나는 청아함이 여름으로의 복귀를 알렸다.

인생을 살며 나에게 감동을 주고 깨달음을 얻게 한 것 가운데 풍경, 광활한 풍경만 한 것은 따로 없다. 자연의 풍경은 곧 나의 스승이다. 풍경은 그만큼 나에게 깊은 영향을 주었다. 그리고 이번 등반만큼 나로 하여금 많은 것을 보고 느끼며 깨달을 기회를 베푼 것도 없다. 찰나의 순간이지만 이런 깨달음은 편협했던 나 자신을 벗어나 이 풍경과 혼연일체가 될 수 있게 해준다.

해발고도 6,000미터 이상에서 오랫동안, 중간에 하산해 쉬는 일도 없이 머무르면 인간은 누구든 건강에 치명적 타격을 입는다고 한다. 그래서 나는 빠르게 행동해야만 한다. 내일, 8월 17일에 나는 전진캠프에서 노스 콜 바로 아래까지 배낭을 메고 올라가야만 한다. 다행히 배낭은 무겁지는 않다. 아마도 18킬로그램쯤.

그래도 그 안에는 단독 등반에 꼭 필요한 모든 것이 들어 있다. 식량, 일주일 정도 땔 연료, 비박 텐트, 침낭, 매트, 사진기 등. 이 배낭을 지금보다 500미터 더 높은 곳에 데포할 수만 있다면 나는 정상에 오르는 결정적 순간을 위한 힘과 시간을 비축해둘 수 있다. 내가 몇 주 전 위에 올려 둔 장비가 그대로 있을지 장담할 수 없다. 그래서 모든 것을 다시 준비해두어야 한다. 모든 경우를 대비해야 한다.

노스 콜까지 오르는 일은 이번 단독 등반에서 가장 위험한 구간이다. 거의 500미터 높이의 '창 라' 벽은 에베레스트 남쪽 벽의 크레바스와 마찬가지로 균열이 심해 언제라도 얼음이 깨져 내릴 수 있다. 무엇보다도 눈사태의 위험이 너무 크다. 1922년 처음으로 에베레스트 정상에 오르려던 등반대는 팀 전체가 이곳에서 눈사태에 쓸려가고 말았다. 일곱 명의 셰르파들이 죽은 채 발견되었다. 맬러리와 그의 동료들은 기적처럼 목숨을 건졌다. 단독 등반을 시도하며 나는 눈사태 위험뿐만 아니라, 내 몸을 지지해주는 로프도 없이 크레바스를 건너뛰어야만 한다. 탑처럼 솟은 세락과 크레바스 사이에서 안전한 등반 루트를 찾는 일은 오랜 세월에 걸쳐 쌓은 경험을 요구하며, 탁월한 본능적 반응감각을 필요로 한다. 나는 그 어떤 교신도 원하지 않았기 때문에 무전기도 소지하지 않았다. 스스로 택한 도전을 위해 위험을 감수하는 마당에 다른 사람의 목숨까지 위태롭게 만드는 일만큼은 철저히 거부하고 싶었다. 에베레스트 단독 등반은 위와 아래를 연결해주는 다리가 없어야 그야말로 진정한 단독 등반이 된다. 주의 깊게 지켜보는 안전요원의 도움도 없어야만 한다.

이번에는 빠른 속도로 올랐다. 튼튼한 등산화를 신고 가벼운 발놀림으로 나는 고도 400미터를 올라섰다. 나는 창 라와 에베레스트 벽 사이의 맨 오른쪽 능선 위에 도착했다. 하얀 설원이 너무도 단단해서 등산화 밑창의 돌기는 그저 새 발자국처럼 앙증맞은 자국만 남길 정도다. 지난주에 많은 눈이 내리기는 했지만, 옛것과 함께 얼어붙어 지금은 설원이 단단하기만 하다. 이 등반은 손과 발로 엉금엉금 기는 것이 아니다. 나는 꾸준한 속도로 스키스틱을 두 번째 발로 삼아 균형을 잡으며 올랐다.

비탈의 왼쪽 만곡과 가팔라지는 지점을 지나 50걸음쯤 오르고 나서야 비로소 나는 휴식을 가졌다. 나는 곧바로 스키스틱을 짧게 줄였다. 내 몸은 프로그래밍이 된 것처럼 정확히 움직인다. 내가 쉬지 않고 소화해낼 수 있는 발걸음의 수는 항상 똑같다. 늘 50보에서 플러스마이너스 1보 정도다. 더 위로 올라갔다고 해서 이 행보가 줄어들지는 않는다. 이는 곧 내가 고도에 최고로 잘 적응했다는 증거다. 짧은 휴식만으로도 핏속의 줄어든 산소를 회복하는 데 충분했다. 신선하게 채운 산소는 다시 50보 만에 바닥난다. 그동안에는 내 몸에 힘과 안정감이, 심지어 거의 오만함에 가까운 자부심이 넘쳐난다. 쉴 때는 머릿속이 기분 좋게 피곤하다. 다만 허파가 헐떡인다.

햇살이 아직은 뜨겁지 않다. 해는 동쪽의 구름 띠 위로 높게

에베레스트 솔로

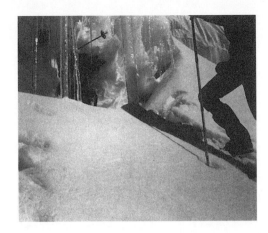

노스 콜 아래의
배낭 데포

떠서 설원을 거의 수직으로 직격하기는 하지만, 여전히 공기는 신선하기만 하다. 내일도 이런 상태라면 나는 해낼 수 있다.

노스 콜 바로 아래, 산마루에서 약 80미터 아래 지점에 위치한 작은 얼음 구멍에 나는 배낭을 집어넣었다. 구멍 안의 얼음 기둥에 배낭을 단단히 묶어 맸다. 한 번 더 위치를 자세히 살피고 나는 돌아섰다. 위치가 중요하다. 나는 이 데포를 이른 새벽에, 아마 아직도 어두울 때 찾아낼 수 있어야만 한다.

이제 나는 빠른 속도로 전진캠프로 내려가야만 한다. 그곳에서 푹 쉬며, 무엇보다도 많이 마셔야만 한다. 그리고 나는 결전의 날을 위한 마음의 준비를 해야 한다. 니나는 그녀의 카메라 망원렌즈로 그동안 한 순간도 빼놓지 않고 나를 관찰했다.

1980년 8월 17일. 나는 라인홀트가 노스 콜로 오르는 엄청나게 빠른 속도에 눈을 의심할 정도로 놀랐다. 아침 8시 15분에 배낭을 가지고 그가 눈을 시험해보고 장비를 데포하기 위해 출발했을 때 나는 그가 그저 루트 점검만 한다고 생각했었다. 그러나 그는 정신적으로 이미 정상을 향하고 있다. 처음에 나는 그가 약간만 올라갔다가 바로 내려올 거라고 믿었다. 그래서 잠을 더 자두려고 했다. 그러나 1시간 뒤 텐트 입구로 올려다본 나는 그가 이미 노스 콜까지 절반 정도 올랐으며, 계속 오르고 있음을 확인했다. 놀란 나는 화들짝 깨어났다. 그가 노스 콜로 오를 때마다 나는 내 등에 소름이 돋는 걸 느낀다. 매번 너무 위험해 보이기 때문이다. 그가 빙하의 크레바스를 피해가며 길을 열어나가는 모습을 보자 감탄이 절로 나왔다.

30분 뒤 나는 텐트로 돌아왔다. 극한의 도전에 나설 때를 대비했다. 충분히 마시고, 먹고, 잠도 푹 잤다. 텐트의 기온은 편안하다.

이번에 나는 자신을 확실하게 통제했다. 두려움은 아예 고개를 들지 못하게 했다. 루트 가운데 가장 위험한 구간, 곧 노스 콜로 오르는 구간이 어떤 곳인지 이제 나는 감을 잡았다. 그곳에서 나는 눈 속에 갇히거나 안개 속에서 헤맬지언정 목숨을 잃지는 않으리라. 단 날씨가 좋아야 한다. 안개가 피어오르지 않아야 한다. 자아를 다스리려는 나의 노력은 힘들기는 하지만, 내 존재 전체가 갖는 긴장감을 고스란히 느끼게 해준다. 심지어 한밤중에도

에베레스트 솔로

나는 침착하자고 몇 번이나 다짐했다. '걱정하지 말자', '쓸데없는 물음에 매달리지 말자.' 이렇게 다짐하는 나는 내 몸의 힘줄 하나하나를 대도약을 위해 준비시켰다. 한밤중의 푸른 에베레스트는 마법의 산처럼 나를 굽어보았다.

일어날 때가 되자 나는 몽유병에라도 걸린 사람처럼 양말과 등산화와 바지와 옷을 찾아 입었다. 모든 동작은 몇백 번이라도 연습한 것처럼 빠르고 확실했다. 단 한 번의 손놀림도 나는 허비하지 않았다.

텐트 앞에서 스트레칭을 하는 동안 밤공기가 나의 코를 간질였다. 그리고 곧장 나는 등반하기 시작했다. 지난번에 오른 구간을 나는 빠른 속도로 소화했다. 얼음 동굴을 찾아 배낭을 챙겼다. 니나는 저 아래에 머물렀다.

1980년 8월 18일. 아, 그가 올라간다! 스쳐 지나가듯 그는 내 입술에 입을 맞추었다. 마치 영원한 작별을 하듯! 나는 그의 뒤통수에 대고 외쳤다. "당신을 생각할 게!" 하지만 그는 내 말을 듣지 못한 모양이다. "뭐라고?" 되묻는 그의 목소리는 이미 이 자리에 없는 사람의 것처럼 들렸기 때문이다. 그는 약간 당황한 모습이었다. 어젯밤은 평소보다 더 따뜻했다. 눈이 녹아 너무 부드러워진 것은 아닐까 걱정하는 것이 틀림없다. 그를 더는 잡아두지 않으려 나는 그냥 "바이, 바이"라고 말했다. 그도 "바이, 바이"라고 화답했다. 이런 상황에 무슨 거창한 말이 필요하랴. 그는 지금 무슨 생각을 할까, 그리고 나는 무슨 생각을 해야만 할까?

갑자기 내 발아래 눈이 푹 꺼졌다. 헤드램프도 꺼졌다. 순간 당황한 나는 눈을 붙잡으려 들었다. 눈이 잡힐 리 없다. 첫 번째 충격의 시간이 지나갔다. 칠흑처럼 어둡지만 나는 모든 것이 보인다고 믿었다. 눈의 크리스털 결정체, 푸르면서 녹색으로 빛나는 얼음이. 순간 아이젠을 등산화에 장착하지 않았다는 것을 깨달았다. 침착해야만 한다. 나는 크레바스에 빠졌다. 추락은 슬로비디오처럼 이루어졌다. 처음에는 가슴으로, 다음에는 등으로 얼음벽에 부딪치며 미끄러지던 내 눈앞에 지금껏 살아온 인생이 주마등처럼 스쳐 지나갔다. 내 시간 감각이 마비되어 얼마나 깊이 빠졌는지 가늠할 수도 없었다. 추락의 시간은 찰나였을까? 아니면 몇 분 정도 걸렸던 걸까? 어쨌거나 지금 나는 살아 있다. 따뜻한 기운이 온몸에 퍼졌다.

불현듯 내 발이 발판을 찾았다. 동시에 나는 지금 얼음의 포로가 되었음을 안다. 아마 나는 영원히 이 얼음 틈새에 갇힌 것일 수 있다. 차가운 땀방울이 이마에 맺혔다. 나는 두렵다. 가장 먼저 든 생각은 무전기를 가졌더라면 하는 것이다. 그럼 니나를 부를 수 있을 텐데. 내 부름을 듣고 그녀는 달려와 줄 텐데. 그러나 과연 그녀가 500미터를 올라 나한테 와서 로프를 내려줄 수 있을까? 그런 기대는 품는 것 자체가 말이 되지 않는다. 그리고 나는 위험을 전적으로 의식하면서 무전기가 없는 단독 등반을 결심

에베레스트 솔로

하지 않았던가.

나는 손가락으로 헤드램프를 더듬었다. 갑자기 환해졌다. 빛이다! 나는 깊게 숨을 들이마셨지만, 몸을 움직일 엄두는 내지 못했다. 내가 디디고 서 있는 눈 표면은 단단하지 않았다. 얇고 투명한 다리처럼 틈새의 두 벽 사이에 걸린 얼음은 당장에라도 무너지는 게 아닐까 싶을 정도로 섬약했다. 나는 머리를 들어 내가 빠진 나무뿌리만 한 구멍, 8미터 높이의 구멍을 올려다보았다. 동그란 점 같은 하늘에는 무한히 멀리 떨어진 몇 개의 별이 반짝였다. 몸의 모든 땀구멍에서 두려움이 솟아난다. 두려움은 내 몸을 휘감는다. 벽은 내 머리 위로 비스듬한 경사를 이루고 있어 그것을 타고 올라간다는 것은 불가능에 가깝다. 헤드램프로 나는 이 크레바스의 바닥을 비추어보았다. 그러나 바닥은 보이지 않는다. 검은 구멍만이 양옆으로 나를 노려본다. 나의 추락을 막아준 스노브리지는 고작 몇 제곱미터 정도의 크기밖에 되지 않았다.

온몸에 닭살이 돋았고 내 몸은 사정없이 떨렸다. 그러나 긴장한 몸의 반응과 달리 머리는 그저 내가 해체되리라는 것, 이 세상으로부터 증발해 깨끗이 사라지리라는 것만 예감하고 있었다. 이제 나의 유일한 문제는 이곳에서 빠져나가는 것이다. 에베레스트 정상은 나에게 존재 의미를 잃고 말았다. 나는 아무 잘못 없이 갇힌 억울한 죄수의 심정이었다.

아니, 내가 나를 비난할 이유는 없다. 저주해서도 안 된다. 그냥 내려가자, 포기하자. 일단 무사히 이 위기를 넘기는 것이 중요하다. 다시는 8,000미터급 고봉을 단독으로 오르지 않으리라! 나는 이렇게 다짐했다.

두려움으로 흘린 땀이 머리카락과 수염에서 얼어붙었다. 그러나 배낭에서 아이젠을 꺼내려고 몸을 움직이는 순간 뼛속 깊이 스몄던 두려움이 증발했다. 몸을 움직일 때마다 계속 '추락하는 게 아닐까' 하는 두려움도 사라졌다. 마치 저 구멍이 차츰 줄어들어 메워지는 것처럼.

그때 나는 크레바스 안의 벽 쪽으로 얼음 속에서 발 두 개 정도 폭의 경사로가 윤곽을 드러낸 것을 발견했다. 경사로는 비스듬하게 위로 이어진다. 출구다! 나는 신중하게 두 팔을 뻗어 그 윤곽이 드러난 벽을 잡았다. 일순간 내 몸은 내가 서 있는 쪽과 반대편 벽 사이에 휘어진 활 모양을 이루었다. 조심스럽게 나는 오른발을 뻗어 벽에 문턱처럼 얼어붙은 곳에 올려놓았다. 발에 힘을 주어보았다. 단단하다. 지금의 바닥은 힘을 견디지 못하는 것이 느껴진다. 나는 모든 동작을 본능적으로, 그동안 연습한 그대로 정확하게 수행했다. 그리고 나는 되도록 내 몸을 가볍게 만들려 시도했다. 숨을 깊게 내쉬고 온몸을 새로운 자세와 동일시하려 노력했다. 이렇게 생사를 결정짓는 순간 나는 무중력 상태가 되었다. 왼발로 그 얼음 다리를 차면서 동시에 팔로 균형을 잡고 오른 다리는 온몸을 지탱하게 했다. 왼발이 얼음 턱 위로 올라갔다. 나는 안도의 깊은 한숨을 쉬었다. 나는 얼굴을 벽 쪽으로 돌리고 오른쪽 경사진 곳으로 올랐다. 오른발로 눈 속을 더듬으

에베레스트 솔로

며 다시 발 디딜 곳을 찾았다. 왼발은 몇 초 전 오른발이 섰던 자리에 한 치의 오차도 없이 딱 맞춰졌다. 경사진 비탈은 폭이 넓어지며 비스듬하게 위로 올라갔다. 이런 식으로 한 발 한 발 신중을 다해 80미터를 움직여 나는 밖으로 나왔다. 해냈다!

몇 분 뒤 다시 나는 눈의 표면 위에 섰다. 여전히 크레바스의 계곡 쪽이다. 그러나 이번에는 안전하다. 빠져나오고 난 뒤의 나는 빠지기 전과는 완전히 다른 사람으로 거듭난 기분이다. 물론 여전히 어깨에 배낭을 메고 손에는 피켈을 들었다. 마치 아무 일도 없었던 것처럼. 한동안 나는 꼼짝도 하지 않고 생각에 잠겼다. 왜 추락한 걸까? 왼발로 디디고 오른발로 반대쪽의 빙벽에 지지할 곳을 찾다가 왼발이 2센티미터 미끄러지며 아래의 구멍으로 쓸려 가버린 걸까?

저 아래, 크레바스 안에서 나는 돌아가자고, 포기하자고 거의 마음을 굳혔었다. 몸 성히 빠져나올 수만 있다면, 나는 등반을 중지하고 싶었다. 다시 위에 선 지금, 나는 고민할 필요 없이, 정확히 의식하지도 않고, 정상을 향해 나아가기 시작했다. 내 발은 마치 프로그래밍이 된 것처럼 앞만 향해 나아갔다.

첫 여명이 노스 콜을 밝힌다. 나는 시계를 보았다. 아침 7시 전이다. 얼마나 오래 나는 아래 갇혔던 걸까? 모르겠다. 크레바스 추락은 하산하자던 다짐이 멀리 사라진 것과 마찬가지로 내 의식 속에서 깨끗이 지워졌다. 다시 나는 오로지 정상에만 눈길을 맞추고 크레바스의 테두리를 따라 섰었다. 생사의 기로에 섰

노스 콜과
그 아래 낫 모양의
크레바스

던 사고가 내 몸에는 충격을 안겼지만, 몇 주 동안 골몰했던 일, 곧 나 자신과 에베레스트의 혼연일체는 끄덕도 하지 않았다. 크레바스 추락은 나를 평소와는 비교도 할 수 없는 경각 상태로 몰아넣었다.

나는 단독 등반을 하면서 알루미늄 사다리도 로프도 가져오지 않았다. 나의 유일한 보조수단은 두 개의 스키스틱과 티타늄으로 만든 아이젠뿐이다. 마치 최면에라도 걸린 것처럼 나는 추락한 구멍으로 되돌아갔다. 그 안을 헤드램프로 비추었다. 그저 시커먼 어둠이다. 지금 나는 똑같은 실수를 되풀이하지 않으려 극도로 긴장했다. 크레바스의 건너편은 가파른 빙벽이다. 즉흥적인 결심으로 나는 허리를 굽혀 스키스틱을 쭉 뻗어 빙벽을 찍어 댔다. 이제 빙벽에는 손을 걸 만한 턱이 만들어졌다. 그런 다음 나는 다리를 최대한으로 쭉 뻗어 구멍을 건너뛰었다. 피켈과 스키스틱으로 넘어지지 않게 자세를 잡았다. 하산할 때는 다른 길을 찾아야만 한다는 것을 알면서도 나는 오로지 오르는 일에만 몰두했다. 마치 정상 등정 이후에는 아무것도 없는 것처럼.

천천히 날이 밝는다. 멀리 동쪽으로 칸첸중가의 위용이 보인다. 그밖에는 보이는 것이 별로 없다. 잿빛을 머금은 푸른 안개의 바다 위로 창공이 무한히 펼쳐졌다.

공기는 투명하고 살을 엘 것처럼 차가웠다. 지난 7월 중도에서 포기했던 선택이 얼마나 다행인가. 당시 몬순으로 부드러워진 눈은 푹푹 빠질 정도로 깊었고, 눈사태 위험은 크기만 했다. 물론 지금도 위험하지 않은 것은 아니다. 나는 노스 콜로 오르는 비탈에서 길을 잃기도 했지만 오늘, 8월 18일의 눈은 단단하게 얼어붙어 내 발자국은 그저 희미한 흔적만 남겼다.

비탈의 가장 윗부분은 가파르기는 했지만, 눈은 단단했다. 그러나 내가 오르는 곳은 저 아래와 같이 꽝꽝 얼어붙은 만년설은 아니며, 얇게 얼어 조심스러웠다. 계속해서 나는 발밑에서 바스러지는 얼음조각에 가슴이 조마조마했다. 어떤 곳은 얼음이 깨지는 바람에 손목이 쑥 들어가기도 했다. 갑자기 강한 서풍이 얼굴을 때렸다. 숨이 턱 막히고, 물방울이 눈으로 들어온다. 나는 잠깐 멈추어 서서 먼 곳을 바라보며 간헐적으로 숨을 거칠게 쉬었다. 계속 가자! 다시금 균일한 리듬이 회복되었다. 바람은 내 두꺼운 옷을 파고들지는 못하지만, 이따금씩 나를 휘청거리게 만든다. 본능적으로 허리를 굽히며 나는 스키스틱을 꽉 잡고 의지했다. 나는 정확하세 북쪽 능선, 영국인들이 옛닐에 올랐던 고스를 따라갔다. 이 능선의 첫 500미터는 무척이나 가팔라 마치 스키 활강코스 같다. 그 날렵한 선은 가볍게 물결 모양을 이루며 30도쯤 기울어진 경사를 보인다. 동쪽에 걸린 만년설은 끝 모르게 펼쳐진다. 여명의 강렬한 붉음이 빙하 고드름들에 생기를 불어넣는다. 에베레스트의 정상 위에도 불그스름한 여명이 걸렸다. 정상은 검푸른 하늘과 명확한 대비를 이루어, 북동 능선의 모든 암벽이 선명하게 드러난다.

1924년, 맬러리와 어빈은 이곳에서 정상 등정을 마지막으로 시도했다. 그들의 마지막 모습이다. 내가 선 위치에서 퍼스트스텝까지 육안으로 가늠해본 거리는 약 2킬로미터다. 이 정도 거리에서 육안으로 사람의 모습을 본다는 것은 말이 되지 않는 이야기다. 나보다 훨씬 더 높이 올랐던 오델은 맬러리와 어빈을 5분 동안 두 눈으로 보았다고 나에게 말한 적이 있다. 오델은 그들을 안개를 통해 살핀 게 아니라, 갑자기 맑아진 공기, 바로 지금 내가 보는 공기를 통해 확인했다고 했다. 그는 정말 퍼스트스텝에 선 맬러리와 어빈을 보았을까? 아니면 바위를 사람으로 혼동한 걸까? 지금 퍼스트스텝을 오랫동안 노려보고 있노라니 검은 점이 움직이는 것 같은 느낌이 들기는 하지만, 그래도 나는 오델이 시각적으로 착각을 일으켰으리라고 생각하지 않는다. 맬러리는 세컨드스텝을 올라간 걸까?

올라가다 보니 작은 점이 곧 사라진다. 나는 한 걸음, 한 걸음 스키스틱에 의지해 균일한 속도로 걸었다. 50보, 휴식, 다시

태양이 비추는
초오유의 위용

50보. 쉴 때마다 나는 방향을 잃지 않으려 고개를 들어 정상을
보았다. 그때마다 나를 사로잡는 혼자가 아니라는 느낌은 어디서
오는 걸까? 위를 올려다볼 때마다 이 느낌은 더 강렬해졌다. 이는
분명 아래서 나를 지켜보는 니나가 주는 느낌이리라.

나는 해발고도 6,500미터의 캠프에서 일상생활을 지속했다. 그러
면서 나는 계속 높이 올라가는 그를 지켜보았다. 여러 모로 나는
그가 부럽기만 하다. 나도 저 위의 정상에서 내려다볼 수만 있다
면 얼마나 좋을까? 그러나 무엇보다도 간절한 것은 그와 함께 오
르고 싶다는 생각이다. '언젠가는 그런 날이 오겠지.' 나는 이렇게
나 자신을 위로했다. 그는 내 시야에서 갈수록 더 작아진다.

니나는 내가 위험한 순간을 가까스로 모면했음을 알지 못한
다. 그녀는 크레바스 주락을 알아차리지 못했다. 그때는 어두운

밤이었으니까. 지금 그녀는 내가 오르는 길을 지켜보며 촬영한다.
노스 콜에 오르는 비탈에는 햇살이 가득하다. 빠른 속도로 꾸준
히 오른 나는 지금 해발고도 7,200미터 이상의 지점에 이르렀다.
공기가 한결 따뜻하게 느껴진다. 태양은 서쪽의 초오유와 에베레
스트의 북쪽 봉우리에 넘치는 빛살을 선물했다. 오로지 봉우리
의 그림자만이 빛으로 채워진 계곡 가운데 검은 쐐기처럼 우뚝
솟았다.

이날 아침 나는 고도 700미터를 이미 올랐다. 오늘 목표로 삼
은 것은 1,000미터다. 7,000미터 이상의 고도에서 이렇게 몸이
가벼웠던 적은 처음이다. 이처럼 나에게 기운을 북돋워준 것은
이상적인 상태의 눈뿐만이 아니다. 무엇보다도 나는 기분이 날아
갈 것처럼 상쾌했다.

그렇다고 무리하는 것은 절대 금물이다. 나는 정해진 행보를
소화할 때마다 휴식을 가졌다. 다리에 마비되는 것만 같은 아픔
을 피로가 주어서는 안 된다. 나는 충분한 시간을 가지고 온몸에
남은 힘들이 고루 나뉠 수 있게 했다.

중간에 계속 휴식을 취하면서 나는 북동 능선을 따라 꾸준하
게 올라갔다. 세컨드스텝에 이르는 고개만큼은 반드시 올라서야
한다. 휴식을 취하는 동안 즐기는 전망은 내 머리 깊숙한 곳에 아
로새겨졌다.

등을 비탈 쪽으로, 얼굴을 계곡 쪽으로 향하고 가득 채워진 배
낭 위에 앉아 쉬면서 나는 사진을 찍었다. 카메라를 피켈에 조립

에베레스트 솔로

휴식 장소를
다지는 모습

하고, 이 피켈을 눈 속에 박아 자동셔터를 누른 다음 몇 걸음 물러나 나는 찰칵 소리만 기다렸다. 그리고 쉬었다가 다시 돌아가 해체하는 이 모든 일이 갈수록 어처구니없는 체력 낭비로만 여겨졌다.

나는 등반을 할 때면 늘 마음이 편안해진다. 일정한 리듬으로 걷는 것이 내 몸의 생리와 잘 맞아떨어지기 때문이다. 두 개의 스키스틱만 있으면 나는 선 채로도 쉴 수 있다. 걷는 동안, 심지어 바닥이 고르지 않은 빙하를 걷는 동안에도 스키스틱은 균형을 잡는 데 도움을 준다. 생각해보면 나는 마터호른조차 오르지 못할 빈약한 장비로 60년 전 맬러리와 노턴과 소머벨은 등산 역사상 처음으로 해발고도 8,000미터 이상을 올랐다. 그 당시에 이미 맬러리는 에베레스트는 철저한 준비와 롱북 사원의 베이스캠프에서 6수에 설친 기우 및 고노적응 훈린을 한 뒤 엿새 만에 올라야만 등반에 성공할 수 있음을 알아냈다. 그의 깨달음은 지금 나에게는 일종의 비전이다.

내가 라싸와 시가체를 거쳐 베이스캠프에 도착한 지도 벌써 7주 이상이 흘렀다. 지금 나는 나흘째 등반하는 중이며, 정상까지는 이틀이 더 필요하다. 모든 것이 순조롭고, 날씨가 거들어준다면, 나는 맬러리의 선구적인 혜안을 입증할 수 있다.

나는 지금 해발고도 7,220미터 지점에 있다. 다시금 나는 자리를 잡고 앉아 쉬었다. 이런 고도에서 성급하게 구는 것은 탈진만 부를 뿐이다. 그리고 이미 나는 오늘 목표로 한 구간을 주파했다. 물론 힘이 닿는 한, 나는 더 가고 싶다.

저 아래 롱북 빙하 계곡이 보인다. 서쪽 전망은 여전히 툭 트였다. 왼쪽 하늘 아래가 네팔이다. 네팔은 에베레스트 서쪽 어깨의 봉우리에 가려졌다. 저 멀리까지 이어지는 산맥줄기가 꼭 물 위에 떠 있는 것만 같다. 오전의 환한 빛은 산과 계곡의 윤곽을 뿌옇게 흐려놓는다. 롱북 빙하로 가파른 경사를 보이는 '창체 Changtse', 북쪽 봉우리를 부르는 이름인 창체 암벽은 그야말로 대단한 장관이다. 바람은 불지 않는다. 그저 노스 콜 저 아래에서만 눈이 허공 속에서 회오리를 일으킨다. 노스 콜을 두고 티베트의 모든 바람을 빨아들이는 깔때기라는 말은 허언이 아니었다. 오른쪽의 티베트 고원지대는 아득하게 보이는 것이 도저히 다다를 수 없는 땅만 같다. 그곳의 몇 안 되는 구름은 꼼짝도 하지 않는 게 거미줄을 연상시킨다. 푸모리의 아름다운 피라미드는 '저것이 정

에베레스트 솔로

말 이승의 광경일까?' 싶어 신비하면서도 기이한 느낌을 준다.

나는 이제 갈수록 더 짧은 간격을 두고 휴식을 취해야만 한다. 그러나 쉴 때마다 내 호흡은 빠르게 원래의 리듬을 회복한다. 나는 이내 회복된 기운을 느낀다. 가다 서다의 반복, 피로감과 에너지 회복의 반복이 내 걷는 속도를 결정한다. 이런 식으로 달팽이처럼 걷는데도 나는 30보마다 몇 분씩 쉬어야만 했다. 2시간이 지나자 휴식은 갈수록 더 길어졌다. 고도를 1미터 올라갈 때마다 걷는 것과 쉬는 휴식 사이의 간격은 어쩔 수 없이 더 짧아진다. 내 경험으로 미루어 보건대 정상에 가까이 갈수록 온몸의 힘을 쥐어짜야만 간신히 한 발자국씩 전진이 가능하다. 이런 상황에 이르면 등반은 전적으로 의지의 문제다. 정상의 공기는 우리가 익숙한 산소량의 3분의 1 정도밖에 되지 않기 때문에, 나는 셰르파가 하는 그대로 해야만 한다. 오르고 쉬고, 쉬고 오르고. 물론 몸은 자꾸 주저앉고 싶어 한다. 나는 편해지고 싶어 하는 이런 마음을 계속 밀어내야만 한다. 무엇보다도 나는 호흡기가 강한 자극을 받는 것을 피해야만 한다. 기관지와 구강은 나의 가장 약한 부분이다. 벌써부터 나는 목이 칼칼해지는 것을 느꼈다. 이 바람의 산에 오늘 산들바람조차 거의 불지 않는 게 나는 얼마나 고마웠는지 모른다.

경사가 급격히 가팔라지면서 짐작했던 것보다 훨씬 더 힘이 든다. 아래에서, 되도록 위를 올려다보지 않고 내딛는 걸음에 집중하기만 할 때 나는 다섯 번 정도 휴식을 취하면 되겠다고 생각했다. 그러나 그동안 벌써 여덟 번인가 아홉 번을 쉬었다. 그럼에도 아직 목표 지점에 도달하지 못했다. 경사가 좀 완만해지는 지점은 마치 구원처럼 느껴졌다. 저기 뭉툭한 바위만 오르면 앉아서 좀 쉬어야겠다.

이따금 눈의 작은 크리스털 결정체가 내 머리 위에서 소용돌이친다. 영롱한 반짝임이 이곳에 생기를 불어넣는다. 쉭쉭 하는 소리와 마치 노랫소리 같은 울림이 왔다가 사라진다. 아직 80걸음 정도 남았을까?

올라가며 나는 오로지 축이 되어 받쳐주는 발만 보았다. 하긴 다른 것은 아무것도 없다. 공기에서는 공허한 맛이 난다. 아니, 김 빠진 그런 맛이 아니다. 그저 공허하고 거칠다. 지금 목구멍이 아프다. 쉬면서 나는 한동안 고개를 젖히고 하늘만 바라보았다. 상체는 스키스틱에 의지했다. 폐가 펌프질을 한다. 한동안 나는 모든 것을 잊었다. 호흡이 워낙 힘들어서 생각할 힘조차 없다. 내 안에서 폐가 펌프질 하는 소리가 바깥의 모든 소리를 묻어버린다. 천천히, 아주 천천히 목에서 맥박이 뛴다. 더 올라가야 한다.

계속 오르자. 다시 30보. 이 능선이 나를 비웃는 걸까? 아니면 내 눈이 나를 조롱하나? 모든 것이 가깝게만 보인다. 그런데 걸어 보면 자꾸 뒤로 물러난다. 다시금 선 채로 쉬었다. 드디어 뭉툭한 바위에 올랐다. 나는 돌아서서 그대로 눈밭에 자빠졌다. 이 위에서 내려다보는 저 아래 세상은 정말이지 끝없이 이어진다. 파스텔 색조의 산맥에는 뭔가 신비로운 것이 있다. 멀다는 느낌, 도달할

에베레스트 솔로

수 없다는 무한함의 인상을 강하게 키우는 것은 무엇일까? 위에서 내려다보는 티베트는 꼭 꿈속의 풍경만 같다. 내가 실제로 단 한 번도 가본 적이 없는 땅인 것 같다.

지금 내가 있는 곳은 이미 내 발길이 닿았던 곳이다. 모든 것이 친숙하게만 여겨진다. 나는 저 아래 고원지대에 눈길을 고정하고, 내가 보았던 마을이라고 믿었다. 딩리일까? 머릿속에 하얀 회칠을 하고 창문 대신 검은 구멍이 난 점토 집이 떠올랐다. 티베트의 기도 깃발과 붉은 천이 나부낀다. 마을 언저리에서 보았던 익숙한 풍경이다. 아니, 기억 속의 장면이 아니라, 지금 내가 목도하는 현재다. 고도 측정기는 7,360미터를 가리킨다. 9시쯤 되었다. 노스 콜까지의 구간을 나는 2시간에 주파했다. 이 전술로 나는 한 번의 비박을 아꼈다. 지금 나는 천천히, 온전히 의도적으로 속도를 늦추어가며 오른다.

이따금 나는 무릎까지 눈에 빠진다. 바람에 불려와 쌓인 눈을 헤치고 가는 일은 힘겹다. 하지만 신중한 덕분에 깨지기 쉬운 얼음은 대부분 피해갔다. 한 번씩 이런 곳을 피할 때마다 나는 이겨냈다는 성취감을 맛보았다. 그렇지만 힘을 허비하는 일은 없어야만 한다! 나는 이 명령을 갈수록 마음 깊이 새겼다. 단순히 논리적으로만 받아들이는 게 아니라, 감정으로도 흔쾌히 받아들여야만 한다. 내일과 모레는 훨씬 더 힘들어진다. 길이 조절을 할 수 있는 두 개의 스키스틱은 정말 큰 도움이 된다. 무엇보다도 체중을 팔과 다리에 분산해주는 덕분에 나는 다리뿐만 아니라 상제로도 균형을 잡는다.

내 오른쪽의 북쪽 날개는 하나의 거대한 얼음덩어리다. 다만 몇 개의 바위만 이 수직의 얼음 사막 가운데 점점이 뿌려진 섬처럼 돌출해있다. 눈사태로 생겨난 주름이 선명하게 보인다.

나는 일단 북쪽 능선의 완만한 지점에 머무르며 전반적인 상황을 점검했다. 이 코스는 가장 안전한 루트일 뿐만 아니라, 바람이 불어 많은 눈을 쓸어 가버리기도 했다. 그럼에도 대부분의 지형은 두꺼운 눈 외투를 뒤집어썼다. 나보다 앞서 이 길을 갔을 선구자들의 흔적은 보이지 않는다. 다만 한 번, 대략 해발고도 7,500미터 지점에서 나는 눈 속에 묻힌 붉은색의 로프를 보았다. 나는 당장 가서 로프를 잡아보았다. 그것은 상당히 새것처럼 보였으며, 바위에 묶여 있었다. 일본인들이 사용한 로프가 분명하다고 나는 판단했다. 통상적인 등반 방식으로 일본인들은 팀을 이뤄 5월에 일련의 캠프를 설치했으며, 베이스캠프로 내려갈 수 있도록 '고정로프'를 가파른 비탈에 설치했다. 악천후를 대비하는 흔한 방식이다. 또 이 로프에 매달려 등반 루트를 계속 다져나가는 일도 가능하다. 일본 등반대는 중국인 짐꾼들을 고용해 단계적으로 작업해가며 정상 바로 아래까지 올랐다. 이런 전술은 내가 1978년에 남쪽 루트로 에베레스트를 등반할 때도 썼던 것이다. 우리는 11명의 대원과 24명의 셰르파로 이뤄진 팀이었다. 당시 캠프를 구축해가던 경험이 새삼스레 떠올랐다. 마지막 900미터 구간은 페터 하벨러[2]와 내가 아무런 지원을 받지 않고 정상까지 올라갔다.

이번에는 아무도 없다. 짐을 들어줄 사람도, 비박을 준비해줄 사람도, 이 엄청난 설원에서 길을 찾게 도와줄 사람도 없다. 내 장비를 지고 가 줄 셰르파도 없다. 그야말로 전무하다! 둘이서 함께 오른다면 얼마나 가벼울까? 누군가 뒤를 지켜봐준다는 것만으로도 위로가 되거늘. 단독 등반은 무엇과도 비교할 수 없이 힘들고 위험할 뿐만 아니라, 무엇보다도 심적 부담이 몇 곱절이나 넘을 정도로 심하다. 내 앞에 있는 모든 것은 넘어서야만 할 장애물이다. 하산도 마찬가지다. 등에 집을 지고 다니는 달팽이처럼 나는 배낭에 텐트를 메고 오른다. 텐트를 치고, 그 안에서 잠을 자고, 다시 다음 날을 위해 해체해 등에 지어야 한다. 내 처지는 유목민보다도 더 열악하다. 이렇게 버틸 수 있는 시간, 내게 주어진 시간은 고작 일주일뿐이다. 7일 뒤에는 돌아가야만 한다. 털끝 하나 다치지 않고 돌아가는 것이 중요하다. 이 고도에서 내가 등에 진 18킬로그램이 너무나 무거워, 나는 24보쯤 걸을 때마다 나는 멈추어 쉬어야만 했다. 숨을 헐떡거리며 쉬노라면 나는 주변의 모든 것을 잊어버렸다.

휴식 사이의 걷는 구간이 갈수록 짧아졌다. 조금만 걸어도 숨이 가빠 나는 앉아서 쉬어야만 했다. 다시 일어서는 일은 엄청난 의지력을 요구한다. 그러나 힘에 부칠 때마다 스스로 정한 하루

---

2 페터 하벨러(Peter Habeler)는 1942년생의 오스트리아 등반가로 세계 유수의 고산을 오른 인물이다. 1978년 라인홀트 메스너와 함께 에베레스트 무산소 등정에 성공했다.

목표를 채워야만 한다는 굳은 다짐이 도움을 주었다. 목표를 생각하는 것만으로도 힘이 솟았다.

"한 걸음 더, 그 정도는 갈 수 있다."

나는 자신만 들으라는 듯 작은 소리로 이렇게 다짐했다.

"오늘 네가 걷는 걸음은 내일은 더 오르지 않아도 돼."

나는 홀로 있음을 더는 고립으로 느끼지 않았다. 다만 앞으로 치러야 할 끝없는 노력을 떠올릴 때마다 일종의 무력감이 나를 엄습하곤 했다. 파트너 또는 친구가 함께 걸어준다면, 우리는 앞서거니 뒤서거니 하면서 서로 격려할 수 있을 텐데. 그러나 내 뒤에는 아무도 없지 않은가? 그런데도 누가 나와 함께해준다는 이 느낌은 뭘까? 혹시 분열된 나의 또 다른 자아? 아니면 인간이 가진 어떤 다른 에너지일까? 어쨌거나 혼자가 아니라는 느낌은 고맙기만 했다. 이처럼 나는 기묘한 혼백이 동행해주는 가운데 해발고도 7,800미터 지점까지 올랐다.

그곳에서 처음으로 밟아보는 설원은 느낌이 좋지 않았다. 나는 바위에 텐트를 쳐야만 한다. 텐트는 지지대를 단단히 해주어야만 한다. 바람이 거세지고 있기 때문이다. 위쪽으로 몇 미터 떨어진 곳에서 나는 이상적인 장소를 발견했다. 바닥을 다지기 전에 나는 왠지 모르게 망설여졌다. 텐트 칠 장소가 아니라는 느낌이 들었기 때문이다. 몇 미터 더 아래로 내려가야 할까? 무엇보다 배낭을 풀고 텐트를 칠 힘이 없었다. 나는 그대로 서서 저 아래의 전진 캠프를 내려다보았다. 산에 눈이 많이 녹았으니 그곳은 따뜻할 게 틀림없다.

아래에 작고 붉은 점이 하나 보인다. 분명 니나가 침낭을 텐트 지붕 위에 널어 햇볕의 열기를 막으려는 것이리라. 아니면 나에게 보내는 신호일까? 나는 그녀가 나를 봐주었으면 하는 희망을 품었다. 보고 싶은 그리움은 아니다. 다만 저 아래서 그녀가 올려다보며 기다리고 있다는 사실이 고맙기만 했다. 아래에서는 비록 온도계가 밤에 영하 10도까지 떨어지기는 하지만 낮에는 추위보다는 열기가 더 견디기 힘들다.

이곳 위의 기온은 영하 20도다. 오후 3시가 조금 넘었다. 이제 식사를 준비해야만 한다. 태양과 메마른 공기가 나를 말려버리는 것만 같다. 나는 일본에서 만든, 약초에서 짜낸 기름이 담긴 작은 병을 넣어둔 것을 떠올리고 그것을 꺼내 혓바닥에 두 방울 떨어뜨렸다. 한동안 시원한 기분이 들면서 호흡기가 열린다. 아스피린과 더불어 이 향유는 내가 산에 지니고 다니는 유일한 약품이다.

고산의 산소가 희박한 공기는 구강을 거칠게 공격한다. 매번 숨을 쉴 때마다 목구멍이 아프고 입속이 끈적거린다. 이제 텐트를 칠 준비를 시작했다. 더 힘들여 오르지 않아도 된다는 안도감이 피로를 잊게 해주었다. 지금껏 나를 이곳까지 끌어올린 힘은 무엇일까? 단독 등반을 해내야만 한다는 책임감? 다시 명확하게 생각하기 시작했다. 지금은 그저 두 눈으로 보는 것이 아니라, 풍경을 감상하는 여유가 생겨났다. 나는 저 아래 동쪽의 설국, 빙하의 위용을 잠시 즐겼다.

저 아래 북봉 정산은 어두운 그늘이 진 게 꼭 토라져 고개를 돌린 것만 같다. 그 뒤로 티베트의 고원지대가 펼쳐지며 산맥의 봉우리들이 아련하게 이어진다. 푸모리의 해발고도 7,000미터 얼음 피라미드는 아무리 찾아도 보이지 않는다. 서쪽 정상들의 바다에서 푸모리는 그저 그런 설산으로 졸아든 게 분명하다.

나는 충분한 시간을 들여 비박 텐트를 설치했다. 배낭은 텐트 칠 곳으로 봐둔 터의 위쪽 설원에 묻어놓았다. 그래야 굴러가는 일이 없어 방해되지 않기 때문이다. 몇 번의 손놀림 끝에 허리를 펴고 일어나 위쪽 정상을 바라보았다. 능선이 짧게 휘어진 다음, 정상 바로 아래에 커다랗게 패인 협곡이 나타난다. 그 위에 눈에 덮인 노란색 암석층이 있을 것으로 짐작했다. 섬처럼 보이는 몇몇 암석이 산의 수평 구조를 드러낸다. 이곳에서 이틀이면 정상에 오를 수 있다는 확신은 나로 하여금 으쓱하게 만들었다. 더 이상 정상에 오르는 길에 심각한 장애물은 없을 것 같았다. 지금 나를 두렵게 하는 유일한 것은 세컨드스텝이다. 그러나 이미 몇 년 전부터 세컨드스텝은 사다리와 로프와 하켄으로 안전한 등반 루트가 확보되었다. 이런 정보를 알고 있다는 것만으로도 큰 힘이 된다.

출발하기에 앞서 이미 나는 첫날 해발고도 1,200미터를 올라가기만 한다면 아무 문제가 없을 것으로 예상했다. 길이로 따지면 최소 1,300미터를 걸은 것이 된다. 에베레스트 단독 등반의 심리적 버팀목이 되어주는 1978년의 낭가파르바트 단독 등반의 경우 나는 첫날 1,600미터의 고도를 올라야 했다. 그러나 당시 나는 해발고도 4,800미터 지점에서 출발했다. 이런 조건은 6,000미터나 7,000미터 지점에서 출발하는 것과는 그야말로 하늘과 땅 차이다. 지금 해발고도 8,000미터에 약간 못 미치는 이곳에서 발자국 하나, 손놀림 하나는 이루 말할 수 없는 고통이다.

내 텐트는 2킬로그램이 채 안 되는 작은 것이지만 시속 100킬로미터의 바람을 견딜 수 있다. 크기는 내가 무릎을 굽히고 그 안에 누우면 딱 맞을 정도다. 텐트를 치기 위해 바닥을 고르는 데 오랜 시간이 걸렸다. 등산화로 눈을 이리저리 몰고 밀어가며 밟아서 단단하게 다졌다. 삽이 없어 작업이 더욱 힘들다. 어쨌거나 텐트는 삐딱하게 쳐서는 절대 안 된다. 나는 텐트를 곧게 세우느라 안간힘을 썼다. 잊을 만하면 돌풍이 불어와 텐트를 뒤집었다. 텐트 벽을 경금속으로 만든 막대에 끼우고 나서야 비로소 나는 안도가 되었다. 스키스틱과 피켈과 하켄으로 비박 텐트를 고정시켰다. 그다음 손가락 굵기의 인조고무 매트를 바닥에 깔고 배낭을 밀어 텐트 옆에 고정시키고 안으로 들어갔다. 한동안 그냥 누워 있었다. 바람소리와 함께 흩날리는 얼음 크리스털 결정체가 텐트 벽을 때렸다. 바람은 일정 주기의 리듬을 가지고 세게 불다가 약해지기를 반복한다. 이 리듬에 나는 촉각을 세웠다. 바람은 북서쪽에서 분다. 이건 좋은 조짐이다.

먹을 것을 만들어야 한다, 아니 만들어야만 한다. 그러나 야영지를 구축하느라 이런저런 자잘한 일들을 처리하고 나니 더욱 피곤해진 나는 오랫동안 누워만 있었다. 마침내 일어나 알루미늄

북쪽 능선의 야영지

코펠을 들고 밖으로 나가 눈을 주워 담으며 아래 계곡을 내려다
보았다. 마치 먹을 것을 만든다는 중요한 작업을 하기 싫어 딴전
을 피우듯. 추위가 확연할 정도로 매섭다. 한동안 나는 아까 아
래에서 텐트 치기에 이상적이라고 생각했던 곳의 바위 위에 앉아
하염없이 풍경을 감상했다. 멀리 북쪽에서 티베트의 고원지대가,
북쪽 더 멀리로는 쉐가르의 잿빛 석벽이, 맨 뒤로는 하얀 산맥줄
기가 보였다. 구름이 남쪽 계곡을 채웠다. 바람이 갈수록 심해진
다. 문득 나는 윌슨이 여기까지 왔더라면 정상에 올라갔을 텐데
하는 생각이 들었다. 그는 나보다 훨씬 더 집요하며, 외로움에 굴
하지 않고 견디는 능력이 탁월하다.

 이곳에서 정상까지의 등반은 쉬워 보인다. 윌슨도 최소한 북동
능선까지는 너끈히 오를 수 있었을 것 같다. 내가 이 미친 남자를
잘 이해하다니, 내가 미쳤기 때문일까? 아니면 뭔가 입증하고자
하는 그의 일관된 망상이 나를 위로해줘서? 내가 증명하고 싶은

에베레스트 솔로

것이 무엇인지는 잘 모르겠지만, 나 역시 자신의 모든 것을 거는 미친 짓을 하지 않는가. 그저 나 자신을 드러내고 싶어서?

나는 무한히 펼쳐지는 풍경에서 시선을 돌려 다시 나의 좁은 텐트로 되돌아왔다. 나를 둘러싼 공간은 1세제곱미터의 크기로 줄어들었다. 침낭 안에 두 발을 넣고 나는 작은 가스스토브로 먹을 것을 만들기 시작했다. 배낭 안의 물건들을 꺼내고 야영지를 다지고 텐트를 더 확실히 고정시키고 하는 모든 일이 10시간에 걸친 등반보다 더 힘들다. 지금부터 6시간 동안 이런 자잘한 일들을 모두 끝내야 한다. 나는 치즈를 여러 작은 조각으로 갈라 먹으면서 남 티롤 지방의 전통 빵을 우물거리며 씹었다. 오늘 아침 이후 아무것도 먹지 않았음에도 배가 고프지는 않았다. 물은 억지로라도 마셔야만 한다. 그러나 갈증은 내 몸이 필요로 하는 수분의 양만큼 절실하지 않다. 나는 최소한 4리터의 물을 마셔야만 한다. 그동안 등반을 하며 경험으로 터득한 진리는 물을 많이 마셔야 한다는 것이다. 루트나 날씨와 마찬가지로 이런 경험에서 나오는 가르침은 반드시 지켜야 한다. 중간 중간 나는 잠이 들었다. 깨어나서 보니 첫 번째 코펠의 물이 미지근하다. 수프 맛은 텁텁했다. 눈은 무진장 느리게 녹는다.

주변은 그야말로 적막함 그 자체다. 나는 뼈에 사무치도록 외로운 나머지 누구든 옆에만 있다면 꼭 안아주고 싶었다. 지금 내가 추구하는 목표는 등산가라 할지라도 이해하기 힘든 것이다. 대체 언제쯤이나 나는 이런 목표 없이 살 수 있을까? 왜 나는 항상 야심에 사로잡힌 나머지 이런 미친 목표와 씨름하는 걸까? 다시금 나는 모리스 윌슨을 떠올렸다. 등산가가 아니었음에도 홀로 에베레스트에 도전한 이 남자의 동기는 광기였다. 그는 해발고도가 무엇을 뜻하는지도 거의 알지 못했다. 그럼에도 그는 최악의 눈보라와 싸우며 몇 번을 추락하고도 포기하지 않았다. 전문 산악인으로 나는 부족한 점은 없다. 지금 요구되는 등반의 난이도 역시 내 실력에 비하면 별 문제가 되지 않는다. 그럼에도 나는 내 시도의 성공만을 믿어야만 한다고 몇 번이고 나 자신을 윽박질렀다. 나는 해낼 수 있다. 그럼에도 나는 포기하지 말자고, 포기해서는 안 된다고 틈만 나면 다짐했다. 윌슨은 두 다리로 설 수 있는 한 굽히지 않고 위로 올라갔다. 그런 그를 떠받든 것은 신을 향한 믿음이다. 두려움에 떨며 '그냥 어떻게든 되겠지' 하고 바라는 안이함과 맞서 싸우기 위해 나는 얼마나 많은 에너지를 지녀야 하는 걸까?

내 옆에서 누군가 "먹을 것이나 만들지!"라며 다그친다. '이런, 조리를 하고 있었지.' 나는 반쯤 큰 소리로 중얼거렸다. 몇 시간 전부터 눈에 보이지 않는 동반자가 곁에 있다는 강한 느낌 탓에 다른 사람이 요리하고 있다고 착각했다. 더불어 나는 이 작은 텐트에서 우리가 어떻게 함께 잠을 잘까 자문하며, 배낭에서 말린 고기를 꺼내 정확히 두 조각으로 나누었다. 주변을 돌아보고 나서야 비로소 나는 혼자임을 확인했다.

나는 어떻게 하면 태양열을 이용해 눈으로 따뜻한 물을 만들 수 있는지 그 방법을 안다. 가장 간편한 방법은 온실 효과를 이용하는 것이다. 이를 위해 나는 검은 비닐봉지를 가지고 왔다. 여기에 눈을 채워 햇빛이 잘 드는 곳에 봉투를 걸어두는 것이 방법이다. 그러나 지금은 바람이 너무 심하다. 오후인 지금 해는 구름에 가렸다. 결국 나는 텐트에서 작은 가스스토브로 물을 끓인다. 무릎을 구부린 채 이따금씩 자세를 바꾸어가며 나는 누워 있었다. 매트는 돌처럼 딱딱하다. 바람이 심해져 텐트가 펄럭거린다. 입구를 손바닥 너비만큼 열고 코펠 뚜껑으로 눈을 떠오려 할 때마다 바람은 가스스토브의 불을 꺼뜨린다. '고약한 밤이 되겠네.' 그러나 동시에 지금의 바람은 날씨가 좋으리라는 조짐이다. 결국 바람도 위안이다.

1리터의 물을 얻는 데는 엄청난 양의 눈이 필요하다. 나는 토마토 수프, 그다음에는 두 개의 코펠로 티베트의 소금 차茶를 준비했다. 한 줌의 약초를 1리터 물에 넣고 끓인 다음 두 번에 걸쳐 약간의 소금을 뿌린다. 유목민에게 배운 방법이다. 수분이 말라서 죽고 싶지 않다면 나는 많이 마셔야만 한다. 충분한 수분을 섭취하지 않는다면 피가 끈적거릴 정도로 짙어진다. 결국 마시기 위해 나는 어쩔 수 없이 계속 눈을 녹였다.

먹을 것을 만드는 데는 몇 시간 걸렸다. 나는 누워서 코펠을 지켜보며 중간에 한 조각 말린 고기나 파마산 치즈를 입에 넣고 우물거렸다. 텐트 바깥으로 나가고 싶은 생각은 없다. 바깥의 바람이 갈수록 심해진다. 우박 같은 얼음 알갱이들이 텐트 벽을 때린다. 텐트의 뼈대를 이룬 알루미늄 폴이 바람을 맞아 노랫소리를 낸다. 바람은 능선의 눈을 날려버리고, 오후 늦게 몰려온 몬순 구름을 몰아버릴 것이기에 좋은 징조라고 계속해서 스스로 위로했다. 다만 잠이 들 것 같지가 않다. 돌풍은 겁이 날 정도로 텐트를 흔든다. 아니면 내 감각이 지나치게 예민해진 탓에 느끼는 착각일까? 나는 침낭 속에 얼굴까지 묻었다. 더 강력한 바람은 이 작은 거처와 함께 나를 저 아래로 추락하게 만들리라. 텐트를 더 단단히 고정시켜야만 할 텐데. 눈가루가 틈새 사이로 밀려든다.

이제 조리가 불가능해졌다. 나는 걸인처럼 침낭에 누워 그냥 기다렸다. 눈을 감은 채 있고 싶었지만 강한 바람이 불 때마다 나도 모르게 눈이 떠졌다. 내가 아직 살아 있기는 한가? 감각을 곤두세운 채로 누워 있는 것 역시 힘들다. 텐트 벽이 펄럭거릴 정도로 바람이 아우성친다. 회오리바람에 날린 눈은 뱃전을 때리는 물거품처럼 텐트를 엄습했다.

이 바람은 정말이지 나를 텐트와 함께 저 아래로 쓸어버릴 것처럼 포효했다. 텐트 입구 쪽을 바라보는데 바람에 날려 온 얼음 알갱이들이 내 얼굴을 때린다. 주변은 형체를 알아볼 수 없게 지워졌다. 섬같이 보이는 검은 바위들이 나를 유령처럼 굽어본다. 그래도 나는 공포에 사로잡히지는 않았다. 너무 추워서 손가락이 금속에 닿으면 쩍쩍 달라붙는다. 어떻게든 체온을 지키려 나는 안간힘을 썼다. 바람이 좀 잦아들었다 싶을 때 나는 두 팔을 침낭 안에 집어넣고 잔뜩 웅크렸다. 얼굴만 조금 바깥으로 나왔다. 그러다 깜빡 잠이 들었다가 다시 깨어났다.

　나머지 밤은 그런 대로 견딜 만했다. 바람이 잦아들었다. 잠을 이루지 못하는 가운데 머릿속에는 생각이 꼬리에 꼬리를 물고 이어진다. 나는 이런 상념이 어떤 독자적인 생명력을 가진 것처럼 느껴진다. 이리저리 맴돌던 상념은 어느 한 점으로 모아져 나로부터 독립한 에너지가 된다. 이 에너지는 내 것이기는 하지만, 내 마음대로 어쩔 수가 없는, 내 의지로 다스릴 수 없는 독자적인 생명체다. 심지어 잠을 잘 때도 마찬가지다. 에너지는 내 의지와 관계없이 모였다가 사라진다. 아무것도 없는 가운데 불현듯 나타났다가, 다시 언제 그랬냐는 듯 사라지는 이 에너지는 유령이 끊임없이 뱉어내는 숨결일까? 나는 이 에너지를 감각으로 예감한다. 계속 같은 물음이 되풀이된다. 나는 이 물음의 답을 이성이 아니라 감정으로 찾는다. 몇 시간도 지나지 않았는데 이 높은 곳에 다른 사람 혹은 어떤 것이 올라올 수 있을까? 나의 지금 정신 상태는 마치 꽃잎 떼기 놀이를 하는 것만 같다. '해낸다, 못 한다.' 여기서 얼마나 더 오를 수 있을까? 고도 600미터? 아니면 700미터? 세컨드스텝 아래까지? 다시 날씨 문제가 의식의 수면 위로 떠오른다. 바람은 완전히 그치지 않았다. 그럼에도 바람이 줄어 마음이 편안하다. 혹시 폭풍전야의 정적은 아닐까? 달이 떴다. 아까보다는 좀 더 따뜻해진 것 같다. 아까처럼 덜덜 떨리지 않는다. 바람이 텐트 벽에 뿌려대는 것은 얼음 알갱이일까, 아니면 지금 눈이 오는 걸까? 여기서 갑자기 폭설이 쏟아진다면 나는 올라간 수도 내려갈 수도 없다. 이곳에 꼼짝없이 갇힌다. 그저 멍한 기분에 뭐가 내 희망과 맞는지도 모르겠다. 좋은 날씨 아니면 폭설? 눈사태가 난다면 나는 어떻게 해야 하지? 이곳에서 얼마나 오래 살아남을 수 있을까? 답을 알지 못하며, 또 답을 줄 수도 없는 이런 물음들이 꿈속까지 나를 따라다닌다. 다시금 상념이 끝없이 이어진다. 독립적인 에너지가 내 머릿속을 휘젓는다. 분명 더 높이 올라갈수록 눈사태 위험은 그만큼 더 작아진다. 그러나 새롭게 내리는 눈, 싸라기 같은 눈은 늪과 같다. 푹푹 빠지는 눈은 등반을 방해할 뿐만 아니라, 그야말로 녹초로 만든다. 기운을 잃는다면 나는 결국 패배할 것이다.

아침이 가까워올수록 바람이 잦아드는 걸 나는 감지했다. 그나마 위안이 된다. 나는 가스스토브를 잡아 침낭 속으로 끌어들여 꼭 안았다. 그래야 혹한에 얼었던 가스스토브가 데워져 불을 붙일 수 있으니까. 1시간 뒤 나는 미지근한 커피를 마셨다. 거기에 티롤 지방의 농부가 즐겨 먹는 딱딱한 빵을 씹었다. 이런 모든 자잘한 손놀림마저 이 좁고 추운 텐트 안에서는 견디기 힘든 고통이다. 손이 얼어 더욱 아프다. 텐트 천장에서 서리가 부스러져 끝없이 떨어진다. 사지를 쭉 펴고 스트레칭을 하며, 자리에서 일어나 옷가지를 정리하는 일조차 여기서는 누리기 힘든 사치다. 그럴 수 있으려면 특수 제작된 이 앙증맞은 텐트가 최소한 세 배는 더 커야 한다. 나는 다시금 먹을 것을 만들어야 한다고 나 자신을 다그쳤다. 눈덩어리는 내 손가락 사이에서 기분 나쁜 소리

에베레스트 솔로

를 낸다. 내 주먹만 한 크기의 코펠에 물을 가득 채우기까지 걸린 시간은 영원으로 이어지는 것만 같았다.

나는 옷을 입은 채로 침낭 안에 1시간 동안 그대로 누워 있었다. 간간히 물을 마실 뿐 그저 아무 생각도 없다. 시계는 보고 싶지 않았다. 눈을 뜨면 저녁인지 아침인지 구분이 잘 되지 않았다. 그러나 나의 가장 깊숙한 내면에서 재촉하는 목소리가 들려온다. 움직여야만 한다고 외치는 것은 내가 그동안 등산가로 쌓아온 모든 경험에서 나오는 목소리다. 30년 동안 산을 오르면서 나는 눈사태는 물론이고 완전히 탈진하는 경험까지 그야말로 안 해본 게 없다. '넌 계속 움직여야 해!' 빨리 올라가 시간을 단축하는 것이 에너지를 아끼는 길이다. 앞으로 며칠 동안 무슨 일을 겪게 될지 나는 안다. 정상 아래에서 얼마나 혹독한 시련을 치러야 할지도 잘 안다. 이 모든 것은 오로지 몸을 쓰는 활동으로만 견뎌낼 수 있다.

지극히 사소한 몸놀림조차 견딜 수 없는 고통을 불러일으킨다 할지라도 나는 가야만 한다. 한쪽에서는 가야 한다는 의지가, 다른 쪽에서는 탈진 상태가 극한의 긴장관계를 빚는 통에 그야말로 신고辛苦를 겪는다. 의지는 계속해서 극복해내라고 몰아세운다. 하산해야 할 외적인 계기도 이유도 지금은 없다. 나는 올라가고 싶다. 내 의지는 여전히 올라가자고 보챈다. 맬러리의 시신을 찾을 수 있지 않을까 하는 호기심, 에베레스트에 단독으로 그것도 최초로 오르고 싶다는 야심 등 이런 모든 피상적인 동기들은 이미 깨끗이 날아가 버렸다. 지금 나를 이끄는 힘은 나 자신, 그리고 심리학자의 확대경으로 볼 수 있는 것보다 훨씬 더 깊은 곳에서 우러나온다.

그동안 거의 매일, 매 시간, 매 분 나는 몸이 싫어하는 것을 억지로라도 밀어붙여 자꾸 움직이도록 강제해왔다. 또 이처럼 마음이 불안정한 상태는 몸을 움직이는 것만으로 견딜 수 있었다. 오로지 어떤 불길한 전조나 갑작스러운 질병만이 등반 계획을 포기하게 만들 변명거리였으리라.

햇빛이 텐트를 비추면서 텐트 내벽에 서리 녹은 물방울이 천천히 맺히기 시작할 때 나는 다시 배낭을 쌌다. 어제 저녁 배낭을 풀 때와는 정반대의 순서로 나는 짐을 꾸렸다. 다만 두 개의 청어 통조림과 하나의 가스통 그리고 수프 재료와 차의 절반 정도를 나는 조그맣게 마련한 은닉처에 두었다. 배낭은 되도록 가벼워야 하니까. 이제 나는 남은 식량만으로 버텨야 한다. 이제 곧 9시다.

날씨는 좋다. 내일이면 정상에 오르리라! 텐트에서 빠져나오며 나는 다시금 자신감을 회복했다. 마치 우주의 에너지를 호흡하는 기분이다.

공기는 창백하게 빛나는 푸른 하늘이 짐작하게 하듯 희박하다. 저 아래 이어지는 산들은 물결 모양의 띠, 흑백의 부조처럼 보인다. '어서 텐트를 해체해!' 내 안에서 다시금 명령이 들린다. 그러나 이제 이런 명령은 머리가 아니라 뱃속에서 나온다.

매번의 호흡은 나에게 자신감을 채워준다. 이제 불안은 사라졌다. 나는 계속 가야 한다. 첫 50미터를 아주 느리게 걷다가 나는 이내 원래의 리듬을 회복했다. 행보는 순조롭기만 하다. 눈사태가 일어남직한 곳에서 잠깐 나는 망설였다. 나는 북쪽 능선의 오른쪽을 타고 올랐다. 비탈은 갈수록 가팔라진다. 저 아래보다 이곳 위에 눈이 더 많이 쌓였다.

갑자기 날씨가 나빠졌다. 남쪽에서 몰려온 희뿌연 구름은 거대한 쐐기처럼 티베트 쪽으로 넘어가는 고개들 위로 드리웠다. 이미 계곡은 몬순 안개로 가득하다. 본능적으로 나는 계속 오른쪽 비탈을 고집했다. 에베레스트의 날씨는 겉보기와 다를 때가 많다. 저 안개는 몬순 때문일까, 아니면 갑작스러운 날씨 변화일까? 곧 태풍이 불어 닥칠까? 바람이 인간을 날려 보낼 수 있다는 걸 실감하고 싶은 사람은 정상 가까운 곳에서 바람을 맞아보면 된다. 지금 하늘에는 가느다란 흰 줄 같은 구름이 떠돈다. 산소가 희박한 공기와 싸우려니 신경은 녹초가 된다. 등반하는 사이의 휴식 시간은 갈수록 길어진다. 머뭇거리기 일쑤다. 불안하다. 비탈은 가파른 게 아니라 평균적으로 40도 기울기를 보여준다. 아마도 눈사태를 잉태하고 언제라도 출산하려는 기세가 아닐까? 해발고도 7,000미터 이상은 모든 지점들이 위험하다. 나를 둘러싼 아침 공기는 여전히 투명하기만 하다. 저 멀리 롱북 계곡 위로 실오라기 같은 구름 줄기가 동쪽 지평선으로 계속 밀려가다가 그곳에서 풀려 사라진다.

7장 시시포스와 에베레스트

해발고도가 높은 지점에 오르면 언제나 그렇듯 나는 생명 에너지의 순환 리듬을 회복하기까지 오랜 시간이 걸린다. 마차 전날의 조화가 무너진 것만 같다. 오른발의 무릎을 굽혀 체중을 실었다가 다시 긴장을 풀어주고 뒤로 죽 편다. 왼발도 마찬가지로 운동을 해준다. 이렇게 하면 내 몸에 힘의 기운이 생겨나며 뭉쳤던 근육이 풀어진다. 두려움이 사라지며 온몸의 에너지 흐름이 강해진다. 물론 측정할 수는 없는 형태의 이런 에너지는 내 의지 없이는 흐르지 않는다.

8월 19일 오전, 나는 꽉 막힌 이 흐름을 참아가며 꾸준히 올랐다. 평소보다 시간이 훨씬 더 걸린다. 마치 뭔가 막아선 것만 같은 이 느낌은 고도 탓이 아니라, 나 자신에게서 비롯되는 것이다. 도대체 선 자리에서 발자국 한 번 떼기가 왜 이렇게 힘든 걸까?

그래도 어제는 몸이 가벼웠다. 지금은 매 발걸음이 고통이다. 왜 이렇게 느려졌을까? 배낭은 어제보다 더 가벼워졌음에도 어깨를 디욱 짓누른다. 나는 새성으로부디 따돌림을 빋은 깃처럼, 패배자가 된 것처럼 느꼈다. 어떻게 해야 나는 이 세상에서 홀로 버려진 외로움에 시달리지 않을 수 있을까?

발은 어제보다 더 깊게 눈에 빠진다. 등산화가 눈에 빠질 때마다 기묘한 소리가 난다. 누가 내 뒤에서 따라오는 것처럼. 이제는 내가 혼자라는 것, 홀로 산을 오르는 것이 바꿀 수 없는 사실이라는 점을 받아들여야만 하지 않을까? 숨을 헐떡이며 오래 쉬다 보면 향수병과 같은 것이, 편안함의 욕구가 솟아오른다. 물론 나는 안다. 저 아래서 누군가 나를 기다려주리라는 모든 희망은 혼자 있는 것을 두려워하는 마음과 마찬가지로 나를 짓누르고, 마비시킨다는 사실을. 오로지 몸을 움직여야만, 걷든 무엇을 찾든 풍경을 바라보든 하는 활동이 이 홀로 있음을 내가 긍정적으로 받아들일 수 있게 해준다.

그러나 의지만으로 나는 이제 더 갈 수 없다. 의식적으로 계속 가야만 한다고 다그치는 한, 내가 쓸 수 있는 에너지는 빠르게 소진되고 만다. 나는 바깥에서 들어오는 힘을 받아들이기 위해 이 긴장감을 풀어야만 한다. 빈손이 되어야 에너지가 다시 흘러드는 것을 잡을 수 있다. 잔뜩 힘주어 쥔 주먹이나 뻗은 손가락은 힘을 빼서 지치게 만들 뿐이다. 빈손이 되어야만 내 존재의 본질, 눈으로는 볼 수 없지만 내 존재의 핵심을 이루는 에너지가 회복된다.

오르고 쉬는 리듬을 결정하는 것은 이 에너지다. 이 에너지가 나의 리듬을 만든다. 오르면서 중간에 갖는 휴식 시간은 매번 15보를 걷는 시간보다 훨씬 더 길다. 이것이 나의 시간 리듬이다.

단계적으로 차분하게. 시간과 공간이 하나가 된다.

완전히 홀로 있으면서 자기 자신과 조화를 이루는 일은 어렵다. 내 행동에 책임을 져야 할 뿐만 아니라, 왜 이런 곳에 있어야만 하는지 자신에게 납득시킬 수 있어야만 한다. 자발적으로 택한 위험이기는 하지만 나는 윌슨처럼 온전히 신을 믿고 따를 수는 없다. 대체 어떤 신을 믿어야 하는가? 나는 우리 한 명 한 명 모든 개인을 돌봐주는 신이 존재한다고 납득할 수 없다. 내 바깥에, 우주의 바깥에 존재하는 창조주는 없다. 신을 바라보는 믿음이 언제부터 사라졌는지 나는 알지 못한다. 나를 지탱해주는 것은 오로지 나를 둘러싼 세계다. 공기, 하늘, 땅, 서쪽에서 몰려오는 구름, 발걸음을 뗄 때마다 앞으로 나아간다는 느낌, 마지막 두 발자국을 남겨놓았을 때의 설렘, 이런 것들이 나의 존재를 확인시켜준다. 심지어 나 자신의 의지도 이럴 때는 손에 잡힐 것처럼 구체적이 된다.

지금 걷는 지대는 쉽다. 그럼에도 나는 주의력을 온전히 집중해야만 한다. 멈추어 서는 것, 계속 걷는 것, 이 모든 것이 나에게 계속 가고자 하는 의지에 힘을 북돋워준다. 성공을 향해 차근차근 나아간다는 체험은 자신의 실력을 확인하는 기쁨 못지않게 중요하다. 그동안 정상을 추구하는 것만 이야기하느라 등반하면서 느끼는 이런 만족감을 소홀히 했다는 사실이 나를 놀라게 만들었다. 고산 등반은 일련의 솜씨와 지식과 창의적 재능을 요구한다. 높이 올라가면 갈수록 그만큼 더 심각해지는 문제는 다른 어떤 것이 아니라 등반가 자신이다. 다시 말해서 고산 등반은 바로 자기 자신과의 싸움이다. 이런 문제를 해결하는 능력 역시 훌륭한 등반가가 갖추어야 할 필수조건이다. 나는 등산을 어떤 기술적인 능력을 키워가는 것이 아니라, 인간의 본능과 재능을 확장시켜줄 좋은 운동이라고 본다. 우리의 한계를 아는 것이야말로 우리가 가진 무한함을 깨닫는 것만큼이나 중요하다.

사람들은 언제나 나를 보고 성공 강박관념에 시달린다고 평하곤 한다. 그러나 몸을 오로지 성공의 도구로만 여기는 사람은 절대 나를 이해하지 못한다. 얼마나 멀리 갈 수 있을지 계산하거나 예측하지 않고 나는 계속 걷는다. 오르고 쉬고 호흡하는 이 등반은 나에게 온전한 충족감을 주는 학습과정이다. 앞으로 나아가야만 한다는 충동을 두고 사람들은 흔히 공격성이라고 부른다. 나는 공격성보다는 호기심 또는 열정이라 부르고 싶다. 앞으로 나아가는 것은 그 고유한 역동성을 자랑한다. 15걸음, 그런 다음 호흡, 스키스틱에 의지해 다시금 12걸음.

물론 심각한 위험에 노출되는 순간 공격성이 생겨날 수 있다. 방어적 공격성이랄까. 이런 공격성은 생존에 도움을 주며, 위험이 지나가면 사라진다. 나는 지금 위협받지 않는다. 내 주변의 모든 것이 평화롭기만 하다. 나는 서두를 필요조차 없다. 지금보다 더 빨리 걸을 수는 없다. 이런 깨달음을 나는 하나의 자연법칙으로 따른다.

내 고도측정기는 해발 7,900미터를 가리킨다. 그러나 고도측정기는 위로 올라갈수록 부정확한 측정값을 보여준다. 대개 그 측정값은 실제 고도보다 약간 낮다. 비박하는 동안 기압이 떨어졌거나 올랐을 수도 있다. 나는 고도측정기를 믿지 않는다. 달팽이 행보 탓에 나는 거리감각을 잃어버렸다. 시간감각도 마찬가지다. 이러다 나는 해체되는 게 아닐까?

날씨는 여전히 좋다. 나는 계속 오르고 싶다. 후퇴는 내 머릿속에 없는 단어다. 비박했던 지점에서 고도 약 100미터를 올라온 끝에 나는 능선을 타고 오르는 것이 힘들 뿐만 아니라 무척이나 위험하다는 것을 확인했다. 눈은 부분적으로 무릎까지 빠진다. 바위 사이의 모든 골은 눈으로 덮였다. 그리고 내 머리 위의 골은 엄청난 크기를 자랑한다. 자칫했다가는 눈사태가 일어날 위험이 크다. 무엇보다도 그곳을 지나갈 때 치러야 할 고초는 생각만 해도 끔찍하다. 오른쪽 스키스틱으로 눈을 여기저기 찔러보았다. 눈이 쌓인 곳의 겉 표면은 얼어붙었지만 내가 발을 디딜 때마다 표면은 탁탁 소리와 함께 깨진다. 그 아래에는 고운 눈가루가 가득하다. 내가 혼자서 이 눈을 밟아 단단하게 다질 수는 없다. 그랬다가는 나는 완전히 탈진해 죽음의 늪에 빠질 수 있다.

그때 나는 북벽에 판으로 얼어붙은 눈이 사라진 걸 보았다. 우연일까? 그곳에 쌓인 눈은 단단하다. 그렇다, 저기로 오르자! 고민할 것 없이 나는 북벽으로 건너갔다. 마치 그렇게 프로그래밍이 되기라도 한 것처럼 나는 본능적으로 '노턴 걸리North Gully'로 가서 그곳을 이용해 다음 날 정상에 오르겠다고 결심했다. 눈 상태가 갑자기 나빠진 것만큼이나 즉흥적인 결정이었다.

북벽으로 횡단하는 것은 길이만 늘어날 뿐 고도를 올려주지는 않는다. 그래도 단단한 몬순 눈은 걷기가 좋다. 피켈은 필요하지 않았다. 나는 스키스틱에 의존해 비탈을 건넜다. 말리려고 바깥에 텐트를 매단 배낭은 여전히 무겁기만 하다. 해발고도 8,000미터에서 배낭을 메는 것은 쉴 때조차 고역이다. 스키스틱이 없었다면 몇 번이고 비틀거리고 넘어졌을 것이다. 나는 배낭 무게가 호흡을 힘들게 하지 않도록 네 발 동물의 자세를 취하며 쉬었다. 또 허리를 굽히고 걷기도 했다. 왼손에 쥔 스키스틱의 길이를 짧게 조정해 앞 방향을 짚었다.

몇 걸음 걸었는지 헤아리는 것은 포기했다. 사진 찍을 힘도 없다. 사진 찍고 싶은 마음의 여유도 없다. 균일한 리듬으로 걷고, 쉬고, 걷기를 반복하며 나는 달팽이처럼 앞으로 나아갔다. 오로지 이렇게 앞으로 나아갈 때에만 나는 에너지를 얻는다. 에너지는 리듬을 지킬 수 있게 해준다.

눈이 쌓인 노턴 걸리까지의 구간은 짧아 보였다. 나와 비박 자리로 점찍어둔 곳 사이에 얼마나 많은 골이 있는지 의문을 품을 사이도 없이 굳건히 위로 올랐다. 자신감이 커진다. 나는 혼자 있다는 것을 더는 고립으로 여기지 않았으며, 오히려 풀려남으로 느꼈다. 집착으로부터의 풀려남, 모든 욕심으로부터의 풀려남. 다른 사람을 생각하는 것이 홀로 있다는 의식을 견딜 수 있게 도와준다.

나는 이제 퍼스트스텝 바로 아래 섰다. 내 머리 위로 야트막한 돌기둥이 마치 낫처럼 튀어나왔다. 이 기둥에도 눈이 수북하게 쌓였다. 그 오른쪽 옆으로 선 벽은 마치 누구도 접근하지 말라는 듯 가파르기만 하다. 어두운 빛깔의 벽에는 눈이 몇 줄의 띠를 이루었다. 몬순 눈 속에서 섬처럼 솟은 바위들은 다시금 낯설지 않은 느낌을 전해준다.

지금 나를 불안하게 만드는 것은 역시나 날씨다. 바람은 거의 불지 않는다. 햇빛은 눈을 찌르는 것만 같다. 남쪽에서 구름이 몰려온다. 잿빛이 섞인 하얀 구름떼는 북쪽으로 쐐기 모양을 하고 이동한다. 의심의 여지가 없다. 몬순 태풍이 보내는 전조다.

그럼에도 나는 단호히 계속 올라갔다. 오른쪽을 고수하며 올랐다. 나는 내 위치가 정상과 일직선상에 놓여 있다고 판단했다. 이때 에베레스트 정상은 내게 그리 압도적인 인상을 주지는 않았다. 정상의 뾰족한 끝은 이곳에서 보이지 않는다. 나는 북동 능선 아래로 바짝 붙었다. 길은 평평하게 다져놓은 것처럼 경사가 완만하다.

전망도 제한적이다. 한쪽으로는 산의 덩치 때문에, 다른 한쪽으로는 높게 뜬 구름으로 시야가 막혔다. 이곳에서 바라본 북벽 꼭대기는 야트막하고 조그맣다. 계곡에서 피어오르는 안개로 북벽은 나뉘어져 보이기도 한다. 긴 휴식을 가진 뒤여서 나는 이런 관찰이 가능했다. 북쪽 능선과 노턴 걸리 사이의 산 측면은 알프스에서 보는 형상과 닮았다. 그 비스듬한 사다리꼴은 2.5킬로미터 높이에 거의 1킬로미터의 폭을 자랑한다.

나는 정말이지 느린 속도로 전진했다. 스키스틱 덕분에 나는 15걸음을 걷는 데 성공했다. 그런 다음 다시 몇 분 동안 쉬어야만 했다. 숨을 고르기 위한 휴식시간이 얼마나 오래 걸렸는지 나는 알지 못한다. 모든 힘은 허파에 달렸다. 허파가 숨을 고를 때까지 나는 선 채로 쉬어야만 했다. 나는 입으로 숨을 들이마시고 입과 코로 내뱉었다. 그리고 서 있을 때 나는 허파가 숨을 쉬도록 강제하기 위해 모든 의지력을 쥐어짜야만 했다. 폐가 다시 균일하게 숨을 쉬어야만 비로소 아픔이 사라지고 나는 에너지 같은 것을 느꼈다. 다리가 다시 힘을 얻었다.

맬러리와 어빈이 남긴 흔적을 찾아보고 싶었으면서도 왜 나는 자발적으로 북쪽 비탈을 가로지르자고 결심했을까? 눈이 많아서 그런 결심을 한 것만은 아니다. 두 남자가 실패한 이유를 내가 알았기 때문이다. 지금 나는 정상에 오르는 유일한 올바른 길을 가고 있음을 자신했다. 걷는 것은 이제 힘듦을 넘어서 최악의 고통이 된다. 이런 아픔은 전적으로 눈 상태 때문에 빚어진다. 다행히 나는 섬처럼 솟은 모든 바위를 피해갈 수 있었다. 기울어진 경사면은 눈으로 덮였다. 이론적으로 나는 위쪽의 북동 능선을 볼 수 있어야만 한다. 그러나 이 능선은 지금 가려졌다. 그곳을 보기에는 눈이 너무 많다! 그곳에서 선구자들이 남긴 무엇인가를 찾을 수 있을까? 맬러리와 어빈은 이 능선을 타고 올라갔다. 혹시 능선의 모서리에? 나는 그들이 그곳에 흔적을 남겼으리라고 확신했다. 오델이 두 남자를 퍼스트스텝에서 보았는지, 아니면 능선 위로 돌출한 봉우리였는지 하는 물음의 답은 신들만이 알리라. 그러나 어떻게 해서 나는 그들이 세컨드스텝에서 실패했다고 확신하는 걸까? 내 머리 위의 깊은 골짜기에 그들, 맬러리와 어빈은 눈 속에 묻혀 있을 게 틀림없다. 이런 예감은 무서운 동화처럼 와닿기는 했지만 그래도 이런 생각이 낯설게 여겨지지는 않았다.

퍼스트스텝과 세컨드스텝은 지금 내 위에 있다. 맬러리와 어빈의 정령은 그곳에서 계속 살아가리라. 두 남자의 운명은 이제 모든 추측과 억측으로부터 풀려나 내 안에서 생동한다.

가까이서 보니 세컨드스텝은 마치 돌출해 있는 것 같다. 그곳에 눈은 그리 많이 쌓이지 않았다. 그러나 중국인들이 설치한 하켄과 사다리 없이 그곳을 오르는 것은 불가능하다. 지금도 그 상황은 마찬가지다. 불과 몇 달 전 일본인 카토 야스오[1] 역시 중국인들이 남겨놓은 보조수단을 활용했다.

맬러리와 어빈은 두 스텝 사이에서 실종된 게 틀림없다. 실종되기 전에 정상은 오르지 못했으리라. 이들이 어떻게 죽음을 맞았는지 하는 의문을 나는 품지 않았다. 맬러리와 어빈이 돌아오는 모습을 그릴 뿐이다. 몇십 년째 전설의 반열에 오른 두 남자는 내가 보기에 저 위에서 영원히 살아간다. 꼭 오델이 전해주는 장면이 아니라 할지라도.

---

1 카토 야스오(Kato Yasuo, 1949~1982)는 일본의 산악인으로 에베레스트를 북쪽과 남쪽으로 모두 오른 인물이다.

세컨드스텝의 암벽

　지치고 낙심한 채 두 남자는 세컨드스텝 아래서 돌아섰으리라. 이들은 힘든 하산을 계속해야 한다고 스스로 다그쳤다. 그러나 걸음은 갈수록 느려졌다. 오로지 성공 체험을 열망하는 에너지만이 이들을 구출할 수 있었으리라. 그러나 결국 캠프에 도달하려던 희망은 지워졌다.

　두 사람이 어떻게 목숨을 잃었는가 하는 의문은 누군가 맬러리의 시신을 발견하고, 그가 소머벨에게 빌린 카메라를 찾아냈을 때에야 비로소 답을 알 수 있다. 그렇지만 내가 보기에 두 사람이 정상에 오르지 못했다는 것에는 의심의 여지가 없다.

　오랜 휴식 끝에 내 호흡은 다시 차분해지고 규칙적이 되었다. 누가 내 옆에서 말을 하나? 거기 누구 있소? 다시금 내가 듣는 소리는 심장 뛰는 소리와 호흡뿐이다. 그럼에도 분명 음성이 들린다. 이 고요함 가운데 울리는 모든 소리, 이 적막함을 압도하는 소음은 마치 사람이 말하는 단어처럼 들린다. 혹시 맬러리와 어빈일까? 그 소리는 바람결에 실려 오거나, 바람에 흩어진다는 느낌을 준다. 하지만 나는 그들의 목소리를 알지 못한다. 또 상상해본 적도 전혀 없다. 맬러리와 어빈은 아직 살아 있는 걸까? '그렇구나, 그들의 정령이 내는 소리구나' 하고 나는 분명하게 느꼈다.

나는 세컨드스텝을 올려다보았다. 두 정령은 이미 나의 상상력을 자극해 가상을 빚어낸다. 주변을 맴도는 안개 덕분에 모든 것이 유령처럼 가깝게 보인다. 피로를 무릅쓰고 나는 내 위의 암벽 돌출부를 계속해서 노려보았다. 세컨드스텝이 면전으로 다가온다. 그곳을 직접 오르는 것은 꿈도 꾸지 말아야 한다. 상대적으로 가볍게 팬 눈 골이 오른편의 가파른 경사로 이어진다. 그 끝을 올려다보며 나는 맬러리와 어빈이 비교적 원시적인 장비로 1924년에 바로 저곳 때문에 실패할 수밖에 없다는 증명을 보는 기분이었다.

피어오르는 안개가 모든 것을 감쌌다. 안간힘을 쓰며 오르느라 기진맥진한 나는 모든 게 온통 흐릿하게만 보였다. 두 눈을 부릅뜨고 몇 미터 앞을 응시하며 나는 길을 열어나갔다. 해가 구름을 뚫고 나오는 바람에 갑자기 밝음이 나를 관통한다. 눈의 반짝이는 크리스털 결정체가 내 아래서 샘물처럼 솟아오른다.

구름 사이로 비치는 삭막한 눈 사막에도 공포를 느끼지는 않았다. 나는 길을 안다. 그리고 지금까지 내가 남긴 흔적은 그대로 있다. 물결처럼 밀려오는 커다란, 그러나 온순한 구름, 이미 두 개를 흘려보낸 구름 사이로 나는 노턴 걸리를 향해 꾸준히 나아갔다. 노턴 걸리는 보이지는 않지만, 나는 어디쯤인지 짐작은 한다. '혹시 엉뚱한 방향으로 가고 있는 것은 아닐까' 하는 두려움은 없다. 나를 무심하게 만드는 것은 피로일까, 아니면 이미 길을 안다는 느낌, 아니면 몽유병 환자와도 같은 감각일까? 가볍게 눈이 내리기는 하지만, 춥지는 않다. 나는 모든 것이 순조롭게 풀릴 것이라고 확신했다.

골짜기 사이의 암벽은 일종의 경계 표석을 이룬다. 저 위와 저 아래에 암벽들은 안개 속에 흐릿하게 떠 있다. 이 바위섬들은 나에게 길을 알려준다. 돌무덤처럼 바위는 저마다 독특한 모습을 가졌다. 바위가 만드는 검은 점은 나의 눈에 지침이 되어준다.

그동안 나를 둘러싼 안개가 짙어졌다. 안개 탓에 햇빛은 이따금씩만 보인다. 방향을 잡기가 더 어려워졌다. 잠깐의 휴식 취하고 난 다음 숨죽인 정적 탓에 충격이 엄습해온다. 혹시 너무 멀리 간 건 아닐까? 견딜 수 없는 침묵을 이기기 위해서라도 나는 계속 가야만 한다. 나의 발자국은 비스듬하게 사선을 이루며 꾸준히 위로 올라간다. 열 걸음을 걷고 멈추어 설 때마다 가쁜 호흡과 벌떡이는 심장 탓에 나는 주변의 공허함을 잊는다. 고통으로 얼룩진 탓에 존재감이 지워진다. 휴식은 글자 그대로 무너질 지경이다. 상체를 스키스틱에 의지하고 미끄러진 배낭을 목에 걸다시피 한 채 한동안 나라는 존재는 숨을 내쉬고 들이마시는 행위일 따름이다. 간신히 감각이 되돌아온다. 계속 가자!

걸핏하면 눈에 빠져 꼼짝도 할 수 없다. 그럼에도 나는 낙담하지 않았다. 항상 오른쪽으로 북쪽 루트를 타자! 능선 전체가 단 하나의 설원이다. 새로 내리는 눈이 부슬거리며 떨어진다. 싸락눈이 어지럽게 춤춘다. 나는 이게 그저 잠깐 스쳐 지나가는 성가심일 뿐이라고 자신에게 다짐했다. 눈은 굳어질 거다. '이틀은 버텨주겠지' 하고 나는 나 자신을 달랬다.

옆으로 가로지르며 올라가는 일은 많은, 그러나 규칙적인 휴식과 함께 끝없이 이어진다. 가뜩이나 지친 가운데서도 집중하느라 나는 날씨가 매우 나빠진 것을 주목하지 못했다. 이렇게 나쁜 날씨라면 나는 돌아가야만 한다. 모든 것이 안개에 휩싸였다. 나는 털썩 주저앉아 쉬었다. 아마도 지금 텐트를 치는 게 좋지 않을까? 그러나 장소는 너무 불안해 보인다. 나는 봉우리처럼 솟은 산등성이에서 비박해야만 한다. 경사면에 텐트를 쳤다가 눈이 너무 많이 내리면 눈사태 위험이 커진다. 이런 정보는 오직 경험을 통해서만 알 수 있다.

쉬는 것만 해도 너무 힘들다. 차라리 계속 오르는 편이 내 심리에는 더 유리하다. 계속 가야 한다. 지금 내 상태는 전날 오후처럼 비참하기만 하다. 내 얼굴, 손, 발, 모든 것이 차갑다. 온기라고는 내 몸에서 모두 빠져나갔다. 추위가 온 세상을 집어삼켰다.

나는 천천히, 아주 천천히 움직였다. 대개 내 몸이 가리는 바람에 저 아래가 보이지 않는다. 몸이 정상 쪽을 향해 있기 때문이다. 오로지 멈추어 서야만 한 조각의 지평선이 시야에 늘어온다.

나는 홀로 있을 뿐만 아니라, 그 어디서도 사람의 인기척이나 흔적을 찾아볼 수 없다! 내 머리 위에는 오직 몇 줄의 검은 암벽이 켜켜이 쌓였을 뿐이다.

두 개의 스키스틱에 의지하느라 내가 걷는 모습은 네 발 짐승이나 다름없다. 등산화에 달린 아이젠이 돌과 부딪쳐 내는 금속성 울림의 뉘앙스 차이로만 나는 눈 아래 암벽이 단단한지를 알 수 있다. 내가 지금 오르는 비탈은 급경사일 뿐만 아니라, 내리는 눈으로 방향 가늠조차 힘들다. 갈수록 어렵다. 비탈을 오르는 것은 그 실제 경사보다 훨씬 더 어렵다. 그러나 최악은 견딜 수 없는 이 피로감이다. 몇 걸음만 걸어도 완전히 힘이 빠진다. 높은 고도에서 등반의 난이도는 부차적인 문제다. 등반에 제동을 걸거나 아예 불가능하게 만드는 것은 산소 부족 외에 발이 푹푹 빠지는 눈이다. 위험은 이런 피로 탓에 간과되기 일쑤다. 힘들어 헉헉거리는 통에 위험이 간과되기 때문이다. 결국 이런 식으로 죽음의 위험은 잊고 만다. 이 높은 고도에서 일어나는 일은 합리적으로 따질 수 있는 영역의 것이 아니다. 이럴 때 우리를 이끄는 것은 동물적 본능과 강력한 의지다. 그 외에 다른 어떤 것도 이 패배감, 상실감, 무력감 그리고 버려진 느낌을 막아줄 수 없다. 죽어감이 바로 이런 거겠지. 게다가 이 유령과도 같은 빛이라니. 산 위에 걸린 짙은 몬순 구름 탓에 빛은 음산하기 짝이 없다.

방향을 잡는 것이 너무 어려운 나머지 나는 거의 미칠 지경이다. 최소 1시간을 헤매느라 나는 그야말로 얼이 나갈 정도로 고통스러웠다. 마치 갈빗대처럼 보이는 거대한 암벽 앞에서 나는 털썩 주저앉았다. 몸이 너무 무겁다. 그냥 이렇게 계속 퍼져 있고 싶을 정도로 만사가 귀찮다. 온몸이 마비된 것만 같다. 그때 구름을 찢고 다시 햇빛이 나왔다. 잿빛으로 보이는 계곡에는 눈이 가볍게 내린다. 저 아래의 계곡은 워낙 까마득해서 나는 현기증을 느꼈다. 내가 내려다보는 세상은 이내 다시금 안개로 휘감긴다. 발 아래 산들뿐만 아니라 비탈과 저 거대한 협곡의 만년설 역시 이곳에서 보면 야트막하기만 하다. 이 모든 것을 보면서 내가 이 세상 사람이 아니라는 느낌은 기묘하기만 했다.

시계를 보니 오후 3시다. 퍼뜩 나는 여전히 노턴 걸리에서 동쪽으로 약 200미터 떨어진 지점이 내 현재 위치일 것이라는 생각이 들었다. 자동으로 이어지는 두 번째 동작으로 고도측정기를 보니, 현재 해발고도는 8,220미터다. 이럴 수가! 나는 다리가 풀릴 정도로 실망했다. 나는 지금쯤 8,400미터 지점일 것이라고 자신했기 때문이다. 어제보다 더한 피로가 확 밀려왔다. 오늘은 더 오를 수 없다. '저 위에는 마땅한 비박 장소가 없을 거야' 하고 나는 더 오를 수 없는 변명거리를 찾아냈다. 안개는 심하고, 가볍기는 하지만 눈이 내린다.

나는 이러다 죽는 게 아닐까 싶을 정도로 피곤했다. 의식이 몽롱해 가장 가까운 바위까지도 갈 수 없었다. 계획했던 것보다 일찍 나는 텐트를 쳤다. 나는 버섯 모양의 튀어나온 바위 위에 2제곱미터 징도 크기의 터를 발견했다. 이런 바위라면 눈사태가 쏴

해발고도 8,220미터의
비박 텐트

우로 흘러내릴 것이기 때문에 그나마 안전하다. 눈을 밟아 다지
면서 나는 몇 번이나 멈추어 쉬어야만 했다. 날씨가 이대로 지속
된다면 퇴로를 어떻게 잡아야 좋을까 하는 물음이 떠올랐다. 이
런 곳에서는 언제라도 무슨 일이든 벌어질 수 있다는 사실은 두
려움을 느끼게 했다. 몸을 움직여야만 그나마 마음이 안정이 된
다. 가볍게 내리는 눈, 꼼짝도 하지 않는 구름, 예상치 못한 온기
등 이런 모든 것이 기괴하기만 하다. 급작스러운 기후변화가 일
어날 조짐이다. 하루 종일 오르기만 했을 뿐, 은닉처로 돌아갈
생각을 하지 않았기 때문에 비상식량과 물품은 이제 곧 바닥이
난다. 북벽에서, 그리고 노스 콜 아래에서 눈사태 위험은 매 시
간 커진다.

튀어나온 바위 위에 1시간 뒤 텐트가 섰다. 다시 나는 피켈과 스키스틱으로 고정시켰다. 이곳은 바람을 막으며 야영할 수 있다. 돌풍이 분다 할지라도 위험은 거의 없다. 배낭을 열어 매트를 꺼내고, 배낭을 텐트 입구 앞에 놓은 다음 매트를 밀어 넣었다. 물을 마련할 눈덩이는 사방에 얼마든지 있다. 이제 긴 밤을 보낼 준비는 끝났다. 안도감이 나를 사로잡았다.

사진은 두 장만 찍고 포기했다. 카메라를 배낭에서 꺼내 열 걸음 간 뒤에 숨을 고르고 자동셔터를 누르고 다시 돌아오는 것은 너무 힘들다. 뭣 때문에 그런 수고를 하나? 증거나 신문기사를 위해서? 그런 모든 것은 이제 무의미한 일이 되었다. 훨씬 더 중요한 일은 지금 당장 뭔가 마셔야만 한다는 것이다.

이날 밤 나는 옷을 있는 대로 잔뜩 껴입고 볼품은 없지만 두 겹으로 된 방한화를 신었다. 이 정도면 밤에 아무리 추워도 얼어 죽는 일은 없으리라. 옷은 마치 타인의 몸이 압박하는 것처럼 답답하게 느껴진다. 피부와 옷 사이에 질식할 것 같은 공기가 들어차 불편하기만 하다. 꽉 끼는 가죽조끼를 입은 느낌이다.

텐트에 누웠지만 잠들기에는 너무 피곤하고, 먹을 것을 만들기에는 너무 허약해진 상태다. 지금 전진캠프에서 니나는 무얼 하고 있을까? 분명 차를 끓이리라. 아니면 나를 올려다보고 있을까? 그동안 구름은 걷혔을까? 아마도 날씨는 더 좋아지리라. 시간은 너무 빨리 흐르다가도 다시 숨 막힐 정도로 답답하게 흐른다. 그냥 모든 신경을 끌 때에만 시간은 잊힌다.

8월 19일 저녁 니나는 자신의 일기에 이렇게 썼다.

저녁 8시다. 저녁놀이 좁은 빙하 계곡을 채운다. 갑자기 눈이 내리기 시작하더니 계속 온다. 하루 종일 나는 라인홀트를 볼 수 없었다. 그러나 저 위 어딘가, 아마도 세컨드스텝 가까운 곳에 그가 있다는 걸 나는 안다. 내일 그는 정상에 오르리라. 제발 날씨가 다시 좋아지기를! 멀쩡한 하늘에서 갑자기 먹구름이 몰려와 눈을 흩뿌려댄다. 이것이 무얼 뜻할까? 아무튼 나는 그칠 줄 모르고 그를 생각한다. 이 눈보라가 그치지 않는다면 그는 실패할 것이다.

눈이 얼마나 많이 내렸을까? 저 위의 눈사태 위험은 어떨까? 새로 내린 눈 속에서 하산은 괜찮을까? 노스 콜까지 돌아오는 데 얼마나 걸릴까? 어쨌거나 나는 라인홀트가 잘 해내리라 믿는다. 그는 예측할 수 없는 뭔가를 가졌다. 그라는 사람은 에너지, 실행력, 집요함 그 자체. 두렵다, 나 자신 때문에도. 날씨가 그에게 고약한 심술을 부리는 것에 나는 화가 난다. 이건 말이 안 된다. 나는 텅 빈 텐트 안에 앉아 억지로라도 먹고 마신다. 의학책을 펼쳐놓고 폐렴이 무엇인지 읽어보려고 했다. 그러나 여전히 생각은 저 위 회오리치는 눈보라에 가 있다. 한편으로는 미칠 것만 같고 다른 한편으로는 슬프다. 아니 동시에 두 감정이 든다. 티베트 사람들이 즐겨 하는 기도문 '옴 마니 파드메 훔'을 거듭 외웠다.

완전히 어두워졌을 때 옷을 따뜻하게 입고 과감하게 밖으로 나가보았다. 어, 어떻게 이걸 몰랐지? 해발고도 7,000미터가 보인다. 구름이 걷히고 있다. 바람이 불어와 새롭게 내린 눈을 능선에서 날려버린다. 나는 소리를 지르며 펄쩍펄쩍 뛰었다. 그가 내 외침을 듣지는 못한다. 그렇지만 나는 그와 직접 이야기하는 기분이다. "내가 당신 옆에 있어!"

이런 고도에서 사람이 어떻게 살까? 나는 살아 있는 게 아니다, 나는 그저 연명할 뿐이다. 모든 것을 혼자서 해야만 하는 경우, 한 번의 손놀림마저 의지력의 문제다. 몸을 움직일 때마다 나는 희박한 공기의 영향을 느낀다. 생각의 속도가 급격히 떨어진다. 사소한 행동 하나도 오래 생각한 끝에야 비로소 나는 결정을 내릴 수 있다. 이런 피로와 호흡할 때의 아픔이 생각에까지 영향을 준다. 호흡기는 꼭 말라비틀어진 것처럼 칼칼하다. 기관지가약간 부어올랐다.

고도 탓에 물이 끓지 않아 뜨거운 음료를 마련할 수 없음에도 나는 계속 눈을 녹였다. 물 한 방울이 이처럼 소중한지 미처 몰랐다. 수프와 소금 차를 마셨다. 여전히 너무 조금이다. 배가 고프지는 않았지만, 그래도 나는 억지로라도 먹기로 했다. 뭘 먹어야 토하지 않을지도 나는 모른다. 청어 통조림을 딸까, 아니면 다른 것? 지극히 사소한 일도 시간과 에너지와 주의력을 요구한다. 모든 움직임은 무겁고 굼뜨기만 하다. 나는 치즈와 빵 그리고 카레 소스의 닭고기, 인스턴트 닭고기를 먹기로 했다. 미지근한 불에 한참을 녹였다. 빈 포장은 내 침낭의 머리맡 아래에 두었다. 밤에 소변을 볼 때 쓸 생각이다. 죽도 아니고, 아무튼 텁텁하기 짝이 없는 이상한 음식을 삼키기까지 30분이 넘게 걸렸다.

　바깥은 칠흑처럼 어두워졌다. 비박을 하며 처리해야만 하는 많은 소소한 일들은 몇 시간에 걸쳐 꾸준히 오르는 것만큼이나 힘들다. 잘 준비된 캠프로 돌아와 셰르파나 동료의 보살핌을 받느냐, 아니면 저녁마다 혼자서 텐트를 치고 먹을 것을 만들어야만 하느냐의 차이는 엄청나게 크다. 아마도 이런 차이는 전통적인 대규모 등반대와 오늘날의 특징적인 소규모 등반을 가르는 결정적인 것이리라.

　잠자리에 드는 것만 해도 정말 힘들다! 간단히 침낭 속에 들어가 잠들면 되지 않는가 하는 생각은 착각이다. 주의해서 처리해야만 하는 일은 너무나 많다. 일단 침낭 위에 앉은 다음 나는 등산화를 벗는다. 내일 발을 따뜻하게 하려면 무엇보다도 등산화가 딱딱하게 얼어붙어서는 안 된다. 먼저 발을 잘 닦은 다음 양말을 새것으로 갈아입는다. 그런 다음 등산화를 다시 신는다. 등산화를 신은 발을 침낭 속으로 집어넣는다. 땀에 젖은 양말은 구석에 던져놓는다. 그리고 팔을 뻗어 배낭을 베개 삼아 매트 아래로 집어넣는다. 조리 도구와 식기는 다음 날 아침 침낭 안에서 다룰 수 있는 거리에 배열해둔다. 잠을 잘 자기 위해서가 아니라, 밤을 견디기 위해 나는 몸을 계속 펴가며 머리가 되도록 높이 놓이게 신경 쓴다.

좁디좁은 텐트 안에서 이런 움직임은 숨을 가쁘게 만든다. 나는 어쩔 수 없이 숨을 깊이 들이마신다. 두 손은 끊임없이 비벼댄다. 하루 종일 얼어붙었던 손을 녹여야만 한다. 지친 나머지 이따금 고개를 끄덕이며 나도 모르게 졸기는 했지만, 이날 밤 나는 제대로 잠을 이룰 수 없었다.

그렇다, 야영이 등반보다 훨씬 더 고약하다. 뭘 힘들여 해서 피로가 오는 게 아니다. 그냥 순전히 존재한다는 사실 하나만으로 피곤하다. 낙관적 태도는 갈수록 사라진다. 실제로 에베레스트는 야영을 하지 않고 그냥 올라가는 것이 더 쉽다.

아무튼 팀을 이루어 올라가도 힘든 마당에 단독 등반이라니. 앞서거니 뒤서거니 끌어주고 밀어주는 것도 없고, 흔적도 없다. 혼자서 너무 많은 눈을 밟아 다져야 한다. 혼자서 져야 하는 짐은 너무 무겁다.

목구멍이 아파 뭘 마시기가 겁이 난다. 갈증은 참기 어려울 정도인데도 따끔거리는 목구멍이 계속 걸린다. 신선한 과일이나 주스나 차가운 음료를 마셨으면 하는 마음이 굴뚝같다.

시간, 생각, 밤, 아무튼 모든 것이 천천히 간다. 뭔가 내 몸을 따뜻하게 해줄 온기가 그립기만 하다. 피안의 세상이 이런 게 아닐까 하는 예감이 나를 사로잡는다. 밤새 뒤척이다가 눈을 떴을 때 오팔색의 여명만이 어렴풋했다. 점차 시간이 가면서 오팔색은 밝음에 자리를 비켜주다 새날이 밝았다. 하루 중 가장 고된 일이 시작된다. 먹을 것을 만들고, 옷을 챙겨 입고, 일어서야만 한다. 이런 고도에서는 손 한 번 놀리는 것조차 엄청난 의지력을 요구한다. 게다가 도처에는 눈만 보인다. 비좁은 텐트 안에서 무얼 먹을 생각을 하니 입맛부터 달아난다. 도대체 왜 나는 이 모든 짓을 하고 있을까? 야심? 허영? 아니면 어리석어서?

이날 아침 나는 어제저녁 못지않게 피곤했다. 온몸이 뻣뻣하기만 하다. 나는 자신에게 정말 계속 올라가고 싶은지 물었다. 무슨 소리, 반드시 올라가야만 해! 나는 경험에 비추어 이런 상태에서 얼마나 더 걸을 수 있는지 알았다. 그러나 일단 이 생각은 하지 말자고 나 자신에게 다짐했다. 지난밤을 견디게 해준 의지가 여전히 힘을 발휘한다. 일단은 출발해 계속 움직이는 것이 중요하다. 그래야 다시 에너지가 솟아난다. 다만 첫 발자국, 결정적인 첫 걸음을 뗄 의지가 부족했다.

이날 아침 텐트 입구를 열었을 때 이미 바깥은 대낮처럼 환했다. 붉은색이 도는 황금빛 여명이 정상 피라미드에 걸려 있을 뿐이다. 동쪽은 온통 구름이다. 나도 모르게 몬순을 떠올렸다. 코펠에 담긴 물이 따뜻해지기까지 걸린 시간은 영원이 무색할 정도다. 텐트 안 곳곳에 얼음이 얼어붙었다. 도저히 아무것도 못먹겠다.

텐트 안에 앉은 채 다시 눈덩이를 녹이는 동안 나는 노턴 걸리를 올려다보았다. 상당히 가파르다. 잿빛 구름이 그 허리쯤 되는 곳에 붙었다. 공기는 유리처럼 반짝인다. 아무래도 습기가 넘쳐나

저렇게 반짝이겠지. 나는 유리한 기온에도 몸이 상당히 차가운 것을 느꼈다. 텐트의 천을 이어 꿰맨 부위에도 얼음이 주렁주렁 달렸다.

2년 전, 1978년 5월에 나는 한밤의 영하 40도라는 혹한도 견디냈다. 지금은 아무리 낮춰 잡아야 영하 15도, 한낮에는 영하 10도 정도의 기온이다. 그래도 주의를 게을리해서는 안 된다. 햇빛이 나지 않을 때는 반드시 장갑을 끼고, 등산화 끈을 조여야 한다. 이런 고도에서는 영하 몇 도만 떨어져도 쉽게 동상에 걸릴 수 있다. 에베레스트에서 몬순 기간 동안 추위는 별 문제가 되지 않는다. 바람이 잔잔하고 안개가 끼는 한여름에는 심지어 정상의 얼음도 녹는다고 나는 확신한다. 세 겹으로 끼어 입은 옷, 견직물 내복과 스웨터와 얇은 오리털 점퍼만으로도 정상까지 너끈하게 오를 수 있다.

나는 오로지 계속 오르는 것만 생각했다. 포기나 하산은 내 심장이 모르는 단어다. 그러나 안개가 짙어지면 어떻게 할까? 계속 이대로 기다려? 아니, 그건 아니다. 여기서 기다리는 것은 무의미하다. 어차피 지금도 너무 늦었다. 그리고 이런 고도에서는 쉰다고 몸이 회복되지 않는다. 내일이면 완전히 탈진해 정상 등정을 위한 힘이 남아 있지 않으리라. 오늘 아니면 기회는 절대 없다. 올라가느냐, 내려가느냐, 이 둘 가운데 하나만 나는 선택해야 한다. 다른 선택지는 없다.

눈을 녹이는 동안 나는 두 번 내 맥박을 쟀다. 1분에 100회를 훨씬 웃도는 맥박이다. 정말이지 녹초가 된 기분이다. 아무 생각이 없다. 머릿속에는 오로지 명령만 울린다. 간밤은 더할 수 없는 고통이었다. 뼛속 마디마디가 쑤셨으며, 목구멍에는 담이 끓었다. 오늘 아침은 정말 우울하다.

8월 20일 나는 모든 것을 남겨놓았다. 텐트, 스키스틱, 매트, 침낭을 남김없이 비박했던 자리에 놓았다. 배낭도 텐트 안에 두었다. 오로지 카메라만 품에 지녔다. 되도록 간편한 차림으로 텐트에서 기어나와 나는 두건을 머리에 썼다. 아이젠은 맨손으로 등산화에 붙들어 맸다. 단지 티타늄 피켈만 눈에서 뽑았다. 모든 준비가 되었나? 지금은 8시를 약간 지났으리라.

등에 진 짐이 없으니 걸음이 한결 가벼워졌다. 그러나 균형을 잡아주던 스키스틱이 아쉬웠다. 오른손에 쥔 짧은 피켈로 안도감이 생기기는 했지만, 피켈이 비탈을 횡단하는 데 스키스틱만큼 큰 도움은 주지는 않는다.

등을 돌려 텐트를 비스듬하게 바라보았다. 바위와 눈뿐인 적막한 세상의 한복판에 내 흔적이 남았다. 피켈로 머리를 의지하고 쉴 때마다 나는 아래의 텐트를 흘겨보았다. 그 위치를 머릿속 깊숙이 새겨두어야만 했다. 그런 다음 나는 고독한 등반을 계속했다.

텐트 위 오른쪽과 바위 코 왼쪽에서 나는 일종의 발판 노릇을 할 비탈길을 찾아냈다. 마치 두 개의 계단처럼 생긴 그곳의 오른쪽으로 유일하게 등반할 길이 열린다. 그럼에도 나는 망설였다. 나중에 이곳에서 다시 아무 문제없이 내려올 수 있을까? 그 위는 어떨까? 위의 지대는 어떤 모습일까?

높은 해발고도는 힘과 의지와 인내심만 갉아먹는 게 아니다. 무엇보다도 무슨 결정을 내리지 못하게 만든다. 하나의 결정을 내리기까지 시간은 오래 걸리기만 했다! 어떤 것이 유용한가, 무엇이 의미를 가질까 하는 문제가 아니라, 내 존재를 얼마나 견딜 수 있는가 하는 것이 나를 망설이게 하는 본질적 물음이다. 세상과 완전히 단절되었다는 느낌을 나는 얼마나 오래 견딜 수 있을까?

1시간쯤 걸었을까, 가파른 경사로가 탑처럼 내 앞을 가로막는다. 오르는 것이야 눈 덕분에 그나마 괜찮지만, 비탈이 너무 가팔라 나는 한숨부터 나왔다. 몇 시간째 진을 빼고, 죽을 것처럼 힘들고, 그대로 무너졌다가 가까스로 다시 몸을 추슬러 일어나기를 반복한 터라 나는 머리가 멍했다. 왼쪽의 바위섬과 오른쪽의 깊은 골짜기에는 밝은 노란색의 띠가 묶어놓은 것만 같다. 멍한 탓에 모든 것이 이중으로 보였으며, 어디로 계속 올라야 할지 몰라 나는 막막하기만 했다. 결국 나는 오른쪽을 택했다.

나는 말 그대로 그곳을 기어오르다시피 했다. 멈춤 없이 열 걸음을 걷는 것조차 나는 드물게 해냈다. 게다가 어제 오전만 하더라도 전망은 꽤나 인상적이었는데 지금 보이는 것이라고는 곳곳에 모레인이 쌓인 긴 빙하뿐이라 전망도 내 힘을 빼놓는다. 새롭게 내린 눈으로 풍경은 죽음처럼 단조로웠다. 안개가 걷혔음에도 나는 일체의 거리감각을 잃어버렸다.

이곳에서도 눈가루들이 반쯤 굳은 통에 발이 푹푹 빠진다. 지붕의 기왓장처럼 켜켜이 쌓인 석판은 교회 지붕처럼 가파르며, 모두 눈을 뒤집어썼다.

경사는 갈수록 심해진다. 평소 기관차처럼 헤치고 나아가던 내 스타일을 지금은 꿈도 꿀 수 없다. 나는 두 손으로 더듬어가며 가까스로 앞으로 나아갈 뿐이다. 등반은 더디기만 하다. 이 등반은 어려울 뿐만 아니라, 불편하기 짝이 없다. 눈 속에서 발 디딜 곳을 찾지 못해 나는 몇 번이고 헛발질을 해가며 진땀을 뺐다. 여기서 미끄러지는 일은 절대 없어야 한다! 이 단독 등반에서 나는 처음으로 두려움, 추락의 두려움을 맛보았다.

여전히 나는 오른손에 든 피켈을 지지대 삼아 위로 오른다. 손목에 끈으로 느슨하게 매단 피켈은 마치 문고리처럼 흔들린다. 이 지대는 가파르기는 했지만 그렇게 험준하지는 않았으며, 잡고 올라갈 틈새도 충분했다. 나는 암벽의 오른쪽을 타고 꾸준히 올라갔다.

느리기는 했지만 이제는 꽤 올라왔다. 배낭이 없어서 나는 심지어 몇 개의 수직 코스도 거뜬하게 해냈다. 위에 도착해 나는 숨을 헐떡이며 쪼그려 앉았다. 그런 다음 나는 눈 경사를 대각선으로 가로질러 오른쪽 위로 올랐다. 드디어 기울기가 좀 완만한 비탈에 이르자 정상이 매우 가깝게 보였다. 이 정도면 충분히 갈 수 있다고 나는 자신했다. 등반은 이제 한결 더 나아졌다. 나는 일련의 틈새와 눈 골짜기를 따라 오른쪽으로 노턴 걸리의 마지막 움푹 파인 곳을 향해 올랐다. 비스듬하게 오른쪽 위로 하늘이 보였다. 안개 탓에 하늘을 거의 볼 수 없었던 것이다. 나는 여전히 네 발 짐승처럼 기어올랐다. 휴식을 취할 때 나는 상체가 자유로울 수 있도록 체중을 배분했다. 설원에 무릎을 꿇은 자세로 손목에 건 피켈을 뻗은 채 머리는 하늘을 향했다. 여전히 나는 내 머리 위의 활처럼 경사가 휜 곳을 바라보며 방향을 잡으면서 남은 코스의 난이도를 가늠했다. 다행히도 노턴 걸리의 벽 오른쪽에 있는 눈 골짜기는 바닥이 단단해 오르기가 그리 어렵지 않았다. 이 정도는 충분히 오를 수 있다고 나는 자신했다.

이제 바람은 잦아 조용했으며, 기온은 예상했던 것보다 따뜻했다. 덕분에 나는 고도와 혼자라는 고독감만을 상대로 싸워가며 위로 올랐다. 이 거대한 걸리에서 나는 천천히 빠져나왔다. 비록 고도가 그리 높아지지는 않았지만, 그래도 상당한 거리가 주파되었다. 이 걸리를 일직선으로 곧게 오르는 것은 불가능해 보인다. 노턴 걸리 위의 암벽은 구간 별로 수직인 곳이 적지 않거니와, 곳곳에 쌓인 눈은 암벽을 둘러싼 성벽처럼 직각을 이루었다. 발아래 저 멀리의 골짜기 역시 수직으로 급강하한다.

골 안의 널찍한 바닥을 벗어나기 전에 나는 일단 먼저 쉴 곳을 찾았다. 다시 허공 가운데 음성이 들린다. 어디서 그런 음성이 들리는지 하는 물음을 나는 아예 품지 않았다. 그냥 들리는 대로 들을 뿐이다. 산소 부족으로 뇌의 혈액순환이 원활하지 않은 것이 합리적으로 설명할 수 없는 현상의 원인이다. 나는 2년 전 낭가파르바트를 단독 등반하면서 몸소 이런 현상을 체험했다. 이곳 위에서 영국인 프랭크 스마이드[2]는 1933년 자신의 비스킷을 가상의 파트너와 나눠 먹었다.

나는 이곳의 지형을 다시 한번 눈여겨봐 둔 다음, 오른쪽의 비탈을 따라 올라갔다. 한 걸음씩, 한 단계씩 신중하게. 잠시 뒤 나는 충직했던 친구를 잃은 것처럼 배낭을 그리워했다. 뭔가 허전하다 했더니 그게 배낭이었다. 배낭은 이틀 동안 내 대화 상대였으며, 완전히 지쳐 낙심할 때마다 더 올라가자고 나를 부추겨주었다. 지금 나는 피켈과 이야기한다. 텐트가 있는 장소를 돌아보았다. 텐트는 노란 점으로, 마치 초점이 잘 맞지 않는 확대경으로 보는 것처럼 흐릿하게 보였다. 가볍게 핀 안개 때문일까, 아니면 내 감각이 조롱하는 것일까?

항상 오른쪽으로 붙어 비스듬하게 올라가자! 내 머리 위의 정말 겁이 날 정도로 가파른 암벽으로부터 빠져나갈 유일한 통로인 두 번째 골에 도착했다. 과거를 돌이키거나 내일을 생각하지 말자. 올라가려는 의지를 꺾는 절박함을 누를 방법은 이것뿐이다. 계속해서 가파른 암벽을 타고 오르며 나는 숨을 헐떡였다. 허파에 바람이 빠진 채로 암벽에 매달린 나는 의지력을 회복하는 데 더 오랜 시간이 걸렸다. 눈을 다져가며 그저 꾸준한 리듬으로 올

---

2 프랭크 스마이드(Frank Smythe, 1900~1949)는 영국의 산악인이자 작가이며 사진가인 동시에 식물학자다. 1933년의 에베레스트 등반대에 참가해 관련 기록을 상세히 남겼다.

라가는 수밖에 달리 도리가 없다. 몇 걸음, 휴식, 몇 걸음의 리듬만이 나의 살 길이다.

되돌아본다고 해야 하얗게 피어오른 안개 속에서 마치 찢긴 천 조각 같은 빙하만이 시야에 들어올 뿐, 다른 것은 전혀 보이지 않는다. 내려갈 수 있을까 하는 걱정보다는 나를 포위한 이 공허함이 더 무서울 따름이다. 저 아래 살아 있는 세상과의 거리는 갈수록 더 멀어진다. 분명 올라온 흔적과 길을 다시 찾아가며 내려가는 일은 어렵겠지만, 그보다 더 어려운 일은 올라가는 것이다. 위를 향해 올라가는 한 발자국은 내가 지금 그리워하는 세상으로부터 두 걸음 더 멀어지는 것을 뜻한다. 저 아래 세상에는 추락할 위험 없이 서 있을 수 있다. 잠을 자고 음식을 만들며 무언가를 마실 수 있는 텐트가 있다. 나의 폐를 진정시켜주는 공기와 언몸을 녹여주는 온기와 인간과 감정이 그곳에는 있다.

배낭이 나를 동행해주는 좋은 친구이기는 하지만, 당연히 배낭 없는 등반이 더 쉽다. 심지어 훨씬 더 쉽다. 내가 지금 배낭을 멨더라면 이 자리에서 꼼짝도 하지 못했으리라. 내가 올라가기로 결심할 수 있었던 결정적인 이유는, 이 마지막 날 모든 것을 내려놓을 수 있었기 때문이기도 하다. 두 눈으로 보는 것보다 내 본능에 더 충실하게 나는 구름 속에서 차근차근 나의 길을 찾았다. 안개와 구름과 눈보라로 이뤄진 반쯤 어두운 세상에서 나는 몇 개의 통로를 다시 읽어가며 길을 찾는다. 아, 내가 한번 왔던 곳이네! 나시 이 설리의 먼 기억이 가물거리며 되살아난다.

두 번째 골의 경사는 추락을 염려하지 않아도 될 정도이다. 다행히 눈이 단단해서 미끄러지거나 넘어지지 않으면서 발자국을 다져가며 오를 수 있었다. 그렇다고 안도한 것은 전혀 아니다. 나는 고통과 고독의 비참한 묶음일 뿐이다. 몇 걸음 오르고, 호흡하고, 다시 일어서 이를 악물고 몸을 추스르며 위를 올려다보면서 네 발로 기어오른다.

내 왼쪽의 암벽은 피어오르는 안개로 암울하며 겁날 정도로 가파르다. 저 바닥 모를 암벽은 얼마나 깊을까? 기둥처럼 우뚝 솟은 암벽은 반짝이는 눈 왕관을 썼다. 나는 바닥 모를 높이라는 카오스를 무척 두려워하기는 하지만 그래도 계속 내려다보았다. 그리고 안개 사이로 언뜻언뜻 햇빛을 받은 티베트 고원지대가 보일 때마다 나는 그곳과 나 사이를 갈라놓은 깊이를 잊어버리곤 했다. 풍경을 이루는 개개의 사물이 보이는 것은 물론 아니다. 그저 넓이, 깊이, 바닥 모를 심연만을 몸소 느낀다. 모든 것을 깔끔하게 정리해서 알아보기에 나는 너무 멀리, 높이 왔다. 나의 감각과 지각은 극히 제한되었다. 그저 다시는 저 땅으로 돌아갈 수 없는 게 아닐까 하는 두려움만이 생생하다. 지금 중요한 일은 갈수록 커지는, 심지어 질병처럼 짙어만 지는 이 근심에 맞서 올라가는 것이다. 그밖에 다른 것은 없다.

갑자기 중력이 커진 것은 아닐까 하는 느낌이 나를 엄습한다. 피로감은 갈수록 커진다. 안개는 갈수록 나를 방해한다. 내가 지금 보는 것은 한 조각의 설원일 뿐, 다른 것은 아무것도 없다. 이

에베레스트 솔로

따금 능선 위로 푸른 하늘의 한 조각이 보인다.

　매 걸음이 요구하는 극도의 긴장에도 나는 정상에 오를 수 있다고 거듭 확신했다. 이제 곧 정상을 체험하리라 하는 일종의 예감, 구원의 예감이 벅찼다.

　정상에 이르는 길을 반쯤 왔다는 확신만이 힘을, 더 나아갈 힘을 준다. 힘이 거의 바닥날 지경에 이르러 내 안의 모든 것이 멈추라고, 앉으라고, 숨을 쉬라고 외쳐대는 소리를 들었다. 그러나 잠깐 쉰 뒤에는 다시 갈 수 있다. 지금부터는 오로지 나의 한계와 벌이는 싸움이다. 이 한계는 매 걸음마다 확연해진다. 나로 하여금 무릎 꿇게 강제하는 것은 무기력함이다. 날씨가 더 나빠지는 게 아닐까 하는 걱정은 내 힘을 더욱 소비시킨다. 그리고 늘 그놈의 하산이 걱정된다. 그렇지만 동시에 나는 갈수록 짙어지는 이 안개 속에서 일종의 희망, 이 시간과 공간의 피안으로 건너왔다는 호기심으로 벅찬 희망을 체험한다. 시야에 들어오면서도 갈수록 멀게만 느껴지는 정상이 안겨주는 절망, 힘을 빼는 절망을 이 희망이 눌러준다. 나는 이미 프로그래밍된 길을 간다. 나를 가로막는 모든 저항을 무릅쓰며 나는 고통의 채찍으로 올라가자고 다짐한다. 배낭에 이어 두 번째 친구인 피켈, 우리는 서로 버팀목이 되어준다. 노턴 걸리의 오른쪽 길은 끝날 때까지, 내가 예상했던 것만큼 어렵지는 않았다. 그리고 하산할 때 나는 이 길을 분명 다시 찾아낼 수 있다.

　이곳에 이미 한 번 와본 적이 있는 것만 같은 기시감은 단 하나의 올바른 길을 찾아나가는 데 정말 큰 도움을 주었다. 밝아 보이는 바위에 내가 딛고 올라온 틈새는 어느새 까마득하게 아래에 있다. 나는 계속해서 오른쪽으로 붙어 올랐다. 그리 오래되지 않은 시점에 이곳에서 눈사태가 일어났던 게 틀림없다. 그렇지만 지금은 단단하게 굳었다. 다만 뭉툭한 모서리에 쌓인 눈은 깊다. 어쩔 수 없이 내 속도는 느려진다. 손과 무릎을 써가며 나는 아무 생각 없이 계속 오른다. 아이젠을 장착한 등산화는 눈에 박힌 닻이다. 아이젠이 내 버팀목이다.

모서리에 섰는데 바위 사이로 바람소리가 거세게 들린다. 저 아래의 암벽은 수직으로 선 기둥처럼 보인다. 잠깐씩 안개가 짙어질 때마다 나는 방향을 잡을 수가 없었고, 눈이 가장 적게 쌓인 능선 부근에 이르러서야 계속 갈 수 있었다. 1시간을 이렇게 걷다 보니 갑자기 검은, 수직의 암벽이 떡하니 나를 가로막는다. 내 안의 무엇인가가 나를 왼쪽으로 잡아당긴다. 곡선처럼 휘어진 곳을 만나 나는 장애물을 피할 수 있었다. 그런 다음 다시 오른쪽으로 붙었다. 얼마나 오래인지는 모르겠다. 나는 그저 비탈을 꾸준히 올라갔을 뿐이다. 시간은 더는 존재하지 않는다. 힘들고 피곤해 견딜 수가 없다. 정상 근처라고 짐작을 했지만, 능선마루와 만나는 지점은 나타날 듯, 나타날 듯 나타나지 않는다.

더는 갈 수 없다고 탄식할 때마다 눈 비탈은 안개 같은 아지랑이 사이에서 길을 열어보였다. 아지랑이 뒤로는 모든 것이 뿌옇기만 하다.

내 아래 벽은 그야말로 깎아지른 듯하다. 그러나 다행히도 사다리처럼 올라가기에 안성맞춤인 바위를 만났다. 나를 두렵게 만드는 것은 눈사태 위험이 아니다. 너무 느린 전진 속도가 절망적인 생각을 품게 만든다. 다시는 돌아가지 못하는 게 아닐까 하는 걱정은 내가 밟았던 발자국이 새 눈에 쌓여 사라지거나, 안개로 가려버리는 게 아닐까 하는 근심과 마찬가지로 아예 잊기로 했다. 그러나 세상으로부터 멀리 떨어져 있다는 느낌은 정말 견디기 힘들다. 구름이 벌이는 놀이는 너무나 혼란스럽고, 구름이 아니더라도 저 아래 세상은 더는 보이지 않는다. 미쳐버릴 것만 같다. 이대로 실패하는 걸까? 구름을 뚫고 나온 몇 줄기 햇살이 나에게 와닿는다. 이런 고도에서 맞는 햇살이 나를 더 지치게 하기는 하지만, 그래도 햇살이 좋다.

고대하는 정상 피라미드는 구름이 걷혔을 때도 볼 수 없다. 바람에 날려 온 고운 눈가루 탓에 나는 두 팔로 무덤을 파듯 허우적거리며 나아간다. 등반 난이도는 에베레스트 정상 높이라 할지라도 얼마든지 극복할 수 있는 수준이다. 다만 어디서 어떻게 꺼질지 모르는 눈이 등반을 위태롭게 만드는 장애물이다. 특히 단독 등반이라 이 위험은 더할 수 없이 크다. 홀로 간다는 것은 홀로 버려졌다는 느낌, 상실감, 느린 전진 속도와 함께 커져만 가는 고독과 맞물린다.

이제 마치 내가 나를 흥미롭게 지켜보는 것만 같다. 행동하는 사람과 관찰자를 선제도 하는 이런 상상은 세상의 꼭대기 끝에

정상 능선에서 바라본
동쪽 롱북 빙하

서 겪는 극한의 상실감을 한때나마 이겨낼 수 있게 도와주는 일
종의 의식분열을 일으킨다. 이 상상은 악몽과 공포를, 심지어 죽
음의 공포를 막아준다. 나로부터 멀리 떨어져나간 나, 갖은 고통
과 씨름하는 나를 지켜보는 느낌이랄까.

이후 3시간 동안 나는 나 자신을 전혀 감지하지 못했다. 나는
시공간 안에서 자유자재로 분열하는 존재다. 한편에서는 내가 움
직인다. 짙은 먹구름 사이로 푸른 하늘이 비칠 때마다 나는 저
기 있는 게 정상이라고 믿는다. 그러나 실제로는 눈과 바위가 나
를 굽어볼 뿐이다. 설원에서 솟아오른 몇 안 되는 바위는 잿빛 녹
색을 띠었으며, 여기저기 줄 같은 것이 나 있다. 바위는 옅은 구름
가운데서 유령처럼 둥둥 떠 있다. 오른쪽으로 붙어 오랫동안 나
는 옆으로 가로지르며 꾸준히 위로 올라갔다. 수직으로 선 암벽
이 능선으로 가는 길을 가로막는다. 벽을 타고 오른쪽으로 돌아
서야 비로소 나는 좀 더 높이 올라갔다.

능선마루에 올라섰을 때 나는 처마 모양으로 쌓인 눈 속에 갇혔다. 나는 눈 위에 그냥 벌렁 누웠다. 드디어 왔구나. 능선은 평평하다. 정상은 어디일까? 한숨을 쉬며 나는 다시 일어나 발로 눈을 밟았다. 피켈과 팔과 상체로 눈을 헤치면서 나는 네 발 짐승처럼 기어 앞으로 나아갔다. 계속 오른쪽으로. 항상 위쪽으로.

쉬는 동안 꼼짝도 할 수 없을 정도로 나는 무기력했다. 다만 숨을 들이마실 때마다 목구멍이 타는 것처럼 아프다. 갑자기 환해진다. 돌아서서 계곡을 내려다보았다. 저 아래 바닥에 빙하 녹은 물이 흐른다. 굉장하다! 최면에 걸린 사람처럼 나는 사진을 몇 장 찍었다. 찍기 무섭게 모든 것이 다시 닫힌다. 온통 잿빛이다. 눈이 내린다. 바람 한 점 없이 적막하다.

나의 모든 행동은 생각 끝에 나오는 게 아니라, 자동으로 이뤄진다. 몇 달, 아니 심지어 몇 년 전에 이미 이대로 하리라 결정해둔 행동을 수행하는 것만 같다.

피안이라는 게 있다면, 그것은 오로지 우리 정신의 산물이라는 의미를 가질 뿐이다. 이 의미는 우주의 무심함 속에서 흔적도 없이 사라진다. 현세의 모든 것을 굽어본다는 것은 무어라 말하기 힘든 느낌을 자아낸다. 정상에 섰다고 해서 신에게 가까워진 것은 아니다. 다만 저 땅으로부터 가장 멀리 떨어졌을 따름이다.

다시 일어나야만 한다. 그러나 할 수가 없다. 나는 아무것도 느끼지 못한다. 걱정도, 행복도, 두려움도. 감정이라는 것이 사라졌나. 나는 오로지 의지로만 이뤄신 존재나. 그러나 이 의시노 넣 미터 가지 못해 꺾인다, 끝없는 피로에 질식한다. 아무 생각도 하지 않는다, 아무것도 느끼지 않는다. 그냥 벌렁 누워버렸다. 얼마인지 가늠이 되지 않는 시간 동안 나는 의지를 완전히 잃은 채 누워 있었다. 그러다가 억지로 다시 몇 발자국 갔다.

아무리 높이 잡아야 이제 겨우 고도 10미터를 올라왔다! 내 왼쪽 아래로 황량하기만 한 거대한 설원이 펼쳐진다. 잠깐 동안 구름 사이에 난 구멍을 통해 나는 저 아래 북벽의 정상을 보았다. 그러더니 내 위의 구름이 찢어지듯 갈라지며 하늘이 열린다. 가벼운 바람에 날려 온 안개자락이 손을 뻗으면 잡힐 것처럼 흘러간다. 나는 구름의 검은색과 하늘의 잿빛 그리고 설원의 반짝이는 하얀색을 하나의 통일체로 지각한다. 이 색들은 삼색 깃발의 줄처럼 하나를 이룬다. 나는 정상으로 가야만 한다! 이 깃발을 꽂아야만 한다!

내 머리 위에는 오로지 하늘뿐이다! 그럼 정상은? 지금 안개 때문에 저 아래 세상과 마찬가지로 정상이 잘 보이지는 않지만 나는 느낀다. 나보다 앞서 이 길을 갔던 사람들의 흔적은 전혀 보이지 않는다. 중국이 세운 알루미늄 삼각대를 발견할 수 없는 것은 기묘하다. 그 삼각대는 1973년부터 정상에 세워져 있다. 어리둥절해서 둘러보다가 불현 듯 내 앞에 선 삼각대가 보였다. 나는 삼각대를 만져보고, 마치 친구의 손을 잡듯 그것을 잡아보았다. 지금 무릎 높이 정도 눈 밖으로 솟은 삼각대를 보며 내가 감격한 것은 아니다. 그것은 그냥 거기 있다. 정상에 눈이 많이 내린 탓에 1978년 내가 보았을 때보다는 훨씬 더 작아 보인다. 눈을 뒤집어쓴 삼각대는 어째 좀 비현실적이기도 하다. 오로지 정상에 세워진 이 인공 구조물이 내가 정상에 왔음을 말해준다! 시간은 오후 3시다. 안개 때문에, 몰려온 구름 탓에 나는 정말 세계 최고봉의 정점에 왔는지 알 수 없었다. 심지어 오른쪽으로 더 올라가야만 하는 것처럼 보였다.

정상에서 나는 일단 아무것도 보지 못했다. 그저 안개만 자욱하다. 신이 선물하는 그런 장관 같은 것도 없다. 감격이나 경외심도 없다. 나는 내가 해야 할 일을 자동적으로 했다. 최면에 걸린 것처럼, 내면의 프로그램을 따라 나는 몇 장의 사진을 찍었다. 사진을 찍는 데 뒤에서 한 조각의 푸른 하늘이 흘러간다. 남쪽으로 이어지는 탑처럼 쌓인 눈은 내가 선 곳보다 높아 보인다. 나는 그 자리에 주저앉았다. 몸이 납처럼 무겁다. 그냥 모든 것을 잊고 한동안 쉬고 싶다. 그러나 그곳은 내가 안도할 곳이 아니다. 나는 온 힘을 쏟아내 완전히 탈진한 상태였다. 그러나 이 공허함 속에 에너지와 같은 것이 흘러든다. 나는 재충전을 하는 기분이었다. 벌써 몇 시간째 힘을 쏟기만 했다. 나는 죽음을 타고 올랐고, 이제 재생, 일종의 에너지 역류를 맛본다. 삼각대 끝에 매인 채 바람을 맞아 퇴색한 천 조각은 거의 얼지 않았다. 정신이 몽롱한 채로 나는 천 조각을 어루만졌다. 그리고 그것을 알루미늄 막대기에서 떼어냈다. 얼음과 눈은 달라붙은 채 그대로 있다. 사진을 몇 장 더 찍고 싶었지만 몸이 추슬러지지 않는다. 이제는 내려가야만

자동셔터 카메라로
찍은 정상의 삼각대

한다. 30분 이곳에서 머뭇거렸다가는 끝장이다. 이 순간 나는 다
시금 전망을 누릴 수 없는 것에 실망했다. 지구상에서 가장 높은
곳에 나는 두 번째 올랐으며, 다시금 아무것도 볼 수가 없다.

　그 대신 지금은 바람 한 점 없이 고요하다. 뭉실뭉실 피어오르
는 구름은 마치 저 아래 땅이 뿜어내는 숨결 같다. 나는 아직도
어떻게 해냈는지 모르겠지만, 지금 죽을 정도로 피곤하다는 것,
지금까지의 경험을 정리하고 소화할 힘이 없다는 것은 안다. 나
의 감각은 위와 아래를 더는 구분하지 못한다.

　다시금 한 조각의 푸른 하늘이 지나간다. 햇빛 속에서 몇 개의
반짝이는 크리스털 결정체가 춤을 춘다. 저 아래의 산들은 아주
야트막하게 보인다. 그 사이의 계곡들이 흑백을 이루었다. 이번에

는 카메라를 설치하는 것이 너무 늦었다. 다시 구름이 몰려왔으며, 안개가 끼었다. 이제 구름과 안개의 기본색은 자줏빛이다.

벌써 밤이 되는 걸까? 아니다, 이제 오후 4시다. 이제는 내려가야만 한다. 해냈다는 승리의 도취감은 없다. 그냥 너무 피곤하기만 하다. 이 순간, 특별하다거나 행복하다는 느낌을 느끼지 않으리라는 것은 미리 예견했던 바다. 정상 등정은 내가 설정한 목표가 이루어졌다는 일종의 마침표일 뿐이다. 이렇게 생각하니 오히려 나는 차분해진다. 아마도 나는 바위, 곧 나 자신인 바위와 평생 씨름해야만 하는 운명을 타고난 모양이다. 나 자신은 이 정상이 아니기 때문에 아무리 애써도 나는 정상에 도달할 수 없다. 그렇다, 나는 시시포스다.

약 45분 뒤 나는 일어설 힘이 채워졌음을 느꼈다. 이제는 내려가기 위해 일어서야 한다. 사방이 아까보다는 밝아졌다. 나는 내가 올라오면서 남겼던 흔적을 본다. 안심이 된다. 덕분에 이 큰 산에서 내려가는 하산이 얼마나 쉬워질까! 올라올 때 들였던 힘과 비교하면 그 몇 분의 일도 안 되는 수고로 나는 내려갈 수 있다.

나의 에너지 전체는 이제 신중함으로 몰린다. 나는 요 며칠과 비교해 눈의 냄새와 바위의 색깔을 더욱 강렬하게 느낀다. 이따금 저 멀리 서쪽에서 구름 사이로 번쩍이는 번개가 나를 긴장시킨다. 이제 내려가기만 하면 된다. 암벽을 마주보며 올랐던 등반은 이제 암벽을 등지는 자세가 되었다. 마치 내가 도망자가 된 것만 같다. 나는 왜 정상에 오르려고 이 모든 신고를 감냉하는시

나 자신에게 묻지 않았다. 벌써 아래에 내려온 느낌이다.

지금 가장 신경 쓰이는 것은 기침이다. 기침 탓에 살아 있는 것이 지옥 같다. 가볍게 쿨럭이는 기침만 해도 속을 뒤집어놓는다. 벌써 몇 시간째 아무것도 먹지 못했다. 어둑해질 때가 돼서야 비로소 나는 텐트와 배낭이 있는 자리로 돌아왔다.

이 밤에 나는 잠을 거의 이루지 못했다. 그렇다고 요리하기 위해 일어설 힘도 없다. 그저 눈 녹인 물을 조금 마셨다. 아무것도 먹을 수가 없다. 되도록 빨리 베이스캠프로 돌아가야만 한다. 내 얼굴 옆에서 타오르는 가스스토브의 따뜻한 불꽃만이 나를 진정시킨다. 침낭에서 나와 눈을 가지러 갈 수가 없었음에도 나는 스토브를 끄지 않았다. 텐트 안에서 하는 모든 행동은 등반할 때보다 더 많은 에너지를 요구한다. 높이 올라가면서 충전했던 에너지가 아깝다. 이제는 그마저도 없다. 텐트 안에 누워 있는 것은 죽어감과 같다. 오로지 성공만이 내 생명을 지탱해준다. 나는 그냥 나 자신을 관성의 법칙에 맡겼다. 죽은 이들에 둘러싸여 잠들었다가 깼다가 하면서 나는 시간이 흐르는 것을 거의 감지하지 못했다. 아차, 이런. 니나는 아직 깨어 있을까? 그녀는 내가 살아있다는 것, 내일이면 아래로 내려간다는 것을 아직 알지 못한다. 그녀도 잠들지 못하리라. 이 밤에 그녀는 일기장에 이렇게 썼다.

1980년 8월 20일. 이제는 눈과 구름이 왔다가 사라졌다 하는 것에 익숙해졌다. 그러나 여기서 혼자 잠자는 것은 여전히 익숙해지지 않는다. 당신이 저 8,000미터 어디쯤에선가 고생하고 있다는 생각에 걱정이 멈추지 않는다. 당신이 어떤 식으로든 아파하지 않기만 바라는 심정이다. 6,500미터에서 지내는 것이 이렇게 힘들고 고통스러운데 저 위는 오죽할까?! 눈은 그치지 않고 갈수록 많이 내린다. 지금은 밤 9시다.

생각의 실타래가 그치지 않고, 의식의 한계까지 풀려나간다. 이른 새벽인 지금 결단을 내려야만 한다는 느낌에 화들짝 놀라 깨어났다. 그러나 무슨 결단을 내려야 하는지 도무지 집중할 수가 없다. 드디어 내가 미쳤을까? 이 공허함이 나를 미치게 만들었을까? 혹시 고산병? 이 새벽에도 나는 도망자가 되었다. 물도 마시지 않고 나는 텐트를 빠져나왔다. 배낭만 챙기고 텐트와 침낭을 비롯한 모든 것은 그대로 두었다. 다만 스키스틱만 눈에서 뽑았다. 동쪽으로 가로지르며 나는 대각선으로 내려가기 시작했다. 노스 콜의 완만한 능선에 거의 도달했을 때 동쪽에 롱북 빙하의 얼음이 보인다. 거기 텐트가 없다. 눈이 와서 그런가? 새로 내린 눈은 메마른 게 가루처럼 푸석거린다. 눈은 밟을 때마다 풀풀 날린다. 오늘은 지독하게 춥다.

하산하면서 내 의지력은 뭉툭해진다. 올라갈 때는 오를수록 목표가 시들하게만 여겨졌다. 지금은 내려가면 갈수록 아무래도 좋다는 자포자기 심정이 된다. 주의력은 떨어질 대로 떨어졌고, 기억력도 약해졌다. 나의 정신적 피로는 육체의 피로보다 더 심하다. 아무것도 하지 않고 그냥 앉아 있으면 편하겠지만, 바로 그래서 위험하다. 탈진해서 맞는 죽음은 얼어 죽는 것만큼이나 편안하다. 노스 콜 위에 물결 모양의 능선지대를 통과하면서 나는 마치 그늘의 왕국에서 돌아오는 느낌을 받았다.

도망가야만 한다. 움직여야만 한다. 나의 피로로부터, 내가 정상에 올랐다는 자부심으로부터 나는 도망가야 한다. 그러나 더는 버틸 수가 없다. 내딛는 발걸음마다 쓰러질 것만 같다. 그래도 앉는 것만큼은 절대 안 된다. 하루 종일 나는 북벽의 만년설에서 고독과 싸우며 여기까지 왔다. 날카로운 눈가루 소용돌이를 일으키는 바람과 몇 시간이고 사투를 벌였다. 모든 바위를 친구처럼 보이게 만드는 안개 속을 뚫고 온 시간은 영원만 같다. 매번 호흡은 더할 수 없는 고통이었지만, 그래도 나는 숨 쉴 수 있는 것을 선물로 여겼다.

지금은 '이겨냈다', '살았다'는 감정이 나를 사로잡는다. 나는 지금 충만의 장소 또는 구원의 항구를 향해 가고 있다. 순례자처럼 나는 성지를 보는 순간 여행의 모든 신고辛苦를 잊는다.

니나는 내가 곧 노스 콜에 도착하리라는 것을 알지 못한다. 그녀 역시 요 며칠 사이 불확실함과 홀로 있음의 고독과 씨름하며 이런 독백으로 자신을 달랬다.

1980년 8월 21일. 좋은 아침이야, 강아. 고마워, 네가 여기서 내 벗이 되어주어서. "안녕!" 하고 커다란 검은 까마귀가 깍깍거린다.

에베레스트 솔로

벌써 열 번도 넘게 망원렌즈로 위를 올려다보았다. 1시간째 다른 것은 아무것도 할 수가 없다. 일출 이후부터 줄곧 망원렌즈만 들여다본다. 눈이 너무 아프다. 한동안 더는 보지 않으려 안간힘을 썼다. 그러나 안 볼 수가 없다. 망원렌즈는 무슨 광기를 부리는 것만 같다. 심지어 바위도 움직이게 만든다. 북쪽 능선을 타고 내려오는 사람은 어떻게 그렇게 많을까? 지금 내려오는 사람이 그일까? 아니면…. 더는 생각하고 싶지 않다.

아주 좋은 날씨의 따뜻한 날이다. 나는 빙하의 얼음물로 세수를 했다. 라인홀트, 제발 내려와. 나 지금 안 좋아, 오래 버티지 못하고 내려가야 할 것 같아. 당신이 어디 있는지 알 수만 있다면! 나중에 얼음과 모레인 사이의 시냇물에서 물을 길어왔다. 물을 가지고 돌아서는데 대낮의 환한 빛 속에서 뭔가 반짝이는 검은 점이 노스 콜의 능선에서 움직인다. 나는 흥분한 나머지 펄쩍 뛰었다. 분명 라인홀트일 텐데 이상하게도 평소 걷는 모습이 아니다. 마치 술 취한 사람처럼 비틀거리며 내려온다.

나는 눈물을 터뜨렸다. 그로구나, 그가 틀림없어! 나는 미친 여자처럼 길길이 뛰었다. 그를 향해 내가 간다고 고함을 질렀다. 그가 들을 수 없다는 건 알았지만, 그래도 위안이 되었다. 그와 이야기를 해야만 한다. 얼른 옷을 갈아입고 라인홀트를 빙하에서 맞이할 준비를 했다.

8장 크나큰 대가를 치르다

밝은 안개의 무리가 꼬리에 꼬리를 물고 이어진다. 솔로쿰부를 뒤 덮은, 부글부글 끓어오르는 구름의 바다는 눈이 부실 정도로 하 얗다. 북동 능선의 멋들어지게 휘어진 곡선은 동쪽의 맑은 하늘 과 남쪽의 몬순을 가르는 벽처럼 보인다. 나는 몽유병자처럼 능 선을 따라 내려왔다. 살짝 녹아 질퍽거리는 눈은 밑의 얼음과 따 로 논다. 내가 발을 디디면 눈은 미끄러운 빙판 위에서 맥없이 무 너져 내린다. 아마도 나는 하산할 때 심각한 위협은 없다고 미리 예상했기 때문에 그다지 주의하지 않은 모양이다. 최면 상태처럼 걷다가 처음으로 미끄러지며 완전히 균형을 잃고 말았다. 어떻게 든 제동을 걸려 안간힘을 썼으나 추락은 막을 수 없었다. 빨라지 는 추락 속도와 함께 새로운 힘이 일깨워졌다. 언제나 그랬듯 현 실의 위험이 내 능력을 깨웠다. 정말이지 어디서 나는 이런 민첩 함과 지구력과 에너지를 받아들이는 건지 나 자신에게 자문하지 않을 수 없었다.

얼굴을 가파른 얼음판에 향한 채 피켈로 힘자게 썩어 제동을 건 다음 나는 재빨리 일어섰다. 나의 이런 신중함은 본능적인 것이다. 발아래 눈이 무너진다고 해서 나는 반사적으로 움츠리거나, 화들짝 놀라 침착함을 잃어버리는 일이 없다. 오로지 몸이 천천히 약해질 뿐이다. 몸이 납처럼 무거운 탓에 마비시킬 것만 같은 초조함은 없으며, 오히려 몽유병 환자처럼 아는 길을 걸어갈 따름이다. 이런 종류의 안전 감각은 피로할 때 위험을 만나면 즉각적으로 발휘된다.

나흘 전 등반하며 빠졌던 커다란 크레바스를 오른쪽으로 돌아 피한 뒤 위험한 가파른 비탈의 위쪽에 섰다. 다시금 눈사태 위험이 큰 곳이다! 아침 해가 눈을 녹였기 때문이다. 조심하자! 이런 경고를 나는 머릿속의 생각이 아니라, 몸이 찢어지는 것만 같은 아픔으로 감지한다.

발아래 비탈은 족히 400미터나 될 정도로 깊다. 아래에는 빙하 바닥에서 솟은 세락이 마치 에펠탑의 지지대처럼 보인다. 틈새와 골과 봉우리는 오로지 밝거나 어두운 그늘로만 구분될 따름이다.

나는 망설이지 않고 하산을 계속했다. 얼마 지나지 않아 피켈을 쥔 손은 딱딱하게 굳었으며, 다리가 너무나 아파 나는 눈에 앉아 엉덩이로 미끄럼을 탔다. 입이 바짝 말랐지만 아무것도 마시고 싶지 않았다. 심지어 입안에 들어온 눈이 먼지처럼 매캐하다. 다시금 주저앉은 채로 쉬었다. 마지막 남은 힘을 쥐어짜가며 나는 아무 생각 없이 오른쪽으로 건너갔다. 커다랗게 입을 벌린

에베레스트 솔로

크레바스가 비켜가라고 윽박지른다. 왼쪽으로 갔어야만 한다는 것을 너무 늦게 알아차렸다. 하지만 내가 할 수 있는 것이라고는 그냥 내려가는 것뿐이다.

갑자기 다시 미끄러졌다. 피켈로 속도를 늦추려 안간힘을 썼지만 팔이 말을 듣지 않는 바람에 나는 골에 쌓인 눈밭을 거쳐 암벽의 발치까지 가서야 겨우 멈추었다.

한동안 그대로 누운 채 꼼짝도 하지 못했다. 다행히 깨어나 보니 평평한 빙하 바닥이다. 아래에 왔구나! 나는 무릎으로 엉금엉금 기어 눈밭으로 가서 벌렁 누웠다. 간신히 몸을 추슬러 다시 일어났다. 숨을 몰아쉬며 나는 허청거리면서 앞으로 나아가다가 다시 넘어졌다. 그냥 몸에 지녔던 모든 것을 던져버렸다. 풀썩이며 눈이 소용돌이를 친다. 얼굴이 흠씬 젖었다. 나는 몸을 부르르 떨며 물기를 털었다.

그때 니나가 빙하의 등성이에서 나타났다. 그녀가 저기 서 있다. 나를 보고 있다. 나에게 달려온다. 그렇다, 니나가 틀림없다. 그러나 나는 그녀를 소리쳐 부를 수가 없다. 기쁘면서도 불안하다. 눈앞이 시커멓게 보였기 때문이다. 갑자기 그런 게 아니라, 나는 아주 천천히 나 자신을 해체했다. 아래로 한 걸음씩 발을 디딜 때마다, 내가 눈에 표시해둔 막대기와 함께 모레인이 시야에 들어왔다. 내가 사라진 '나' 안으로 모든 세상이 들어왔다. 나는 내 존재 전체를 바깥에서 들여다본다. 나는 유리로 만들어진 것처럼 투명하다. 저 아래 세상은 나를 떠받들어주는 단단한 받침이다.

니나는 가까이 오면서 아무 말도 하지 않았다. 혹시 내가 못 듣는 걸까? 전혀 의식하지 못한 채 나는 숨을 멈추고 그 자리에 섰다. 다시금 균형을 잡기가 힘들다. 나는 니나를 끌어안고 웃고 울고 싶었다. 그녀의 품 안에서 쉬며 함께 빙하 위에 누워 있고 싶었다.

이제 그녀는 내 옆에 섰다. 아무 움직임 없이, 아무 말 없이 나는 허리를 앞으로 숙인 채 그녀의 손을 잡았다. 나는 쉽게 깨지는 전구처럼 섬약하기만 하다. 단 한 마디의 말이라도 이 껍데기를 깨뜨리기에 충분할 텐데. 유리처럼 투명해진 나를 보며 니나는 무슨 생각을 할까? 이제 무릎을 꿇은 채 나는 한동안 니나를 바라보았다. 그리고 나는 무너졌다. 그동안 나를 폐쇄적으로 만들었던 모든 것이 사라졌다. 나는 엉엉 울었다. 마치 지평선이, 모든 경계가 무너져버린 것만 같았다. 모든 것이 열렸다. 감정이 거침없이 분출된다.

마침내 모든 집착을 놓아버리고 이처럼 활짝 나를 열어놓기 위해 참 멀리도 가야만 했구나!

니나는 차분하게 서서 말없이 나를 지켜보았다. 이제부터 그녀는 향후 며칠 동안 나를 돌봐주리라. 일단 나를 안전한 곳으로 데리고 가 보살피며, 니나는 남은 일정을 조율할 것이다. 그녀가 쓴 일기장을 읽어보자.

사람들은 항상 산의 정복을 말한다. 그런데 그는 빙하를 건너와 그저 한 번 힐끗 정상을 올려다보았을 뿐이다. 그것도 아주 천천히. 그는 나를 훑어보더니 머리를 푹 숙이고 걷는다. 마치 아무 생각이 없는 사람의 눈빛을 그는 보여준다. 나는 그의 옆에서 걸으며 물었다. "라인홀트, 괜찮아?" 그는 대답은 하지 않고 몇 번 홀쩍거린다. 나는 그가 무슨 감정인지 고스란히 느낄 수 있다. 이 순간을 나는 영원히 잡아두고 싶다. 이 감정은 의심할 바 없이 내가 지금껏 체험한 것 가운데 가장 깊숙한 내면에서 우러나오는 결속의 감정이다. 한동안 나는 그를 꼭 안아주었다. 쓰러진 그에게 나는 허리를 숙여 귀에 대고 이렇게 말했다.

"다 잘 됐어. 라인홀트. 당신은 멀쩡해. 텐트까지 멀지 않으니 걱정 말아요."

그러자 그가 물었다.

"그런데 내 친구들은 모두 어디 갔어?"

기묘한 질문이다.

"당신 여자친구인 내가 여기 있잖아요. 두려워하지 마. 이제 텐트로 가요."

"텐트가 어디지?"

그는 눈물로 범벅이 된 눈으로 나를 쳐다보았다. 그의 얼굴은 노랬으며, 입술은 부어올라 부르텄다. 아마도 그는 지금 열사병을 앓는 모양이다. 지금 돌아온 남자가 정말 그가 맞을까? 나는 나 자신에게 이렇게 물었다. 나는 터져 나오는 눈물을 간신히 참았다. 그가 일어설 힘을 회복했을 때 나는 그의 배낭을 벗기고 스키스틱 하나를 그의 손에 쥐어주었다. 그는 빙하 위를 비틀거리며 걸었다. 나는 이 남자가 측은해 견딜 수가 없었다. 이 남자에게 힘을 베풀어 살아서 돌아올 수 있게 한 것은 오로지 저 정상이다. 정상에서 얻은 힘을 그는 지금 완전히 쏟았다. 내가 아는 가장 강한 남자 라인홀트는 영혼 속속들이 완전히 탈진해서 거의 한계에 이르렀다.

캠프로 돌아와 이제는 안전하다 싶어 좀 마음을 놓았을 때 라인홀트는 다시금 내 앞에서 돌 위로 무너졌다. 그렇다, 그는 정상에 올랐다. 사람들은 그가 세상에서 가장 엄청난 산을 정복했다고 떠들어대리라.

그는 성공했다. 자신의 목표를 이루었다. 그러나 이보다 더 큰 승리는 산의 몫이다. 에베레스트는 이 남자에게 성공의 대가를 요구했다.

라인홀트가 산을 어떻게 보는지 나는 안다. 산과 인간은 서로 주고받는 관계라고 그는 입버릇처럼 말해왔다. 그렇다, 산은 베푼 만큼 거두어들인다.

1980년 8월 22일. 텐트에 내가 알던 라인홀트와는 전혀 다른 남자가 내 옆에 누워 있다. 그는 하루 종일 잠만 잔다. 이따금 깨어날 때는 물만 마신다. 그는 일어설 힘이 없다. 나는 그가 속속들이 들여다보인다는 느낌을 받을 때가 많다.

1980년 8월 23일. 누군가 도와줄 사람이 기다리고 있다는 것을 아는 것은 얼마나 아름다운가. 우리는 무거운 배낭을 지고 베이

베이스캠프에서 쳉과
차오와 함께

스캠프로 돌아오는 데 꼬박 하루가 걸렸다. 중간에 만나는 바위마다 그 위에 앉아 쉬면서 우리는 몇 킬로미터, 몇 시간을 더 가야 하는지 헤아렸다. 드디어 캠프에 도착했을 때 사람을 본다는 것이 이리도 기쁜 일인 줄 처음 알았다. 쳉과 차오는 우리에게 따뜻한 우유를 쉴 새 없이 주었으며, 닭고기와 쌀로 제대로 된 식사를 하게 해주었다. 한 병의 프랑스 샴페인까지. 취기는 마시기 무섭게 머리까지 타고 올라왔다. 그러나 우리는 며칠을 저 높은 고도에서 제대로 먹지도 못하며 행군하지 않았던가.

"정말 최고의 아이디어야. 어떻게 샴페인을 가져올 생각을 했어?"

라인홀트는 잠자리에 들며 이렇게 말했다. 그는 천천히 힘을 회복했다. 다시금 쌀쌀맞게 구는 그를 보며 나는 그가 힘을 회복하고 있다는 사실을 알았다.

1980년 8월 28일. 우리는 모든 짐을 싸서 되돌아가기 위해 호출한 지프를 기다렸다. 라인홀트는 시프가 왜 이딯게 늦게 오나며

투덜거리기 시작했다.

1980년 8월 29일. 해가 질 무렵 트랙터를 타고 베이스캠프를 떠나게 될 거라는 걸 전혀 예상하지 못했던 건 아니다. 모든 일이 순식간에 이뤄지는 바람에 우리는 시냇물과 풀과 바위와 작별인사를 나눌 시간조차 없었다. 지는 해가 에베레스트에 오렌지색 빛을 비출 때 우리는 이미 계곡을 지나갔다. 아무튼 참으로 많은 일들이 있었지만, 하산하니 좋기는 하다. 늪체가 저녁놀 속에서 새침한 푸른색을 뽐내며 사라진다. 롱북 빙하 아래의 첫 번째 마을에 도착했을 때 우리는 두 개의 흐릿한 손전등에 의지해 숙박할 곳을 찾았다. 마을 주민들이 모두 나와 우리를 구경했다. 라인홀트는 사람 무리를 견딜 수 없어 했으며, 모두 우리와 우리 물건을 잡아당기는 통에 불같이 화를 냈다. 나는 그를 진정시키느라 안간힘을 썼다.

그는 쳉에게 쌀쌀맞게 다그쳤다.

"그 많은 돈을 지불했는데 제대로 하는 게 뭐야?"

CMA는 지프를 보내주고 숙소를 마련해주기로 약속했었다. 그러나 의무조항은 전혀 지켜지지 않았다. 티베트 사람들에게 직접 도움을 요청하고 숙식을 해결하는 것은 쉬운 일이었지만, 중국은 그마저 금지시켰다.

마침내 별이 가득한 밤하늘 아래 텐트를 치고, 마을 사람들이 모두 집으로 돌아가자 라인홀트는 안정을 되찾았다. 그는 한결 누그러진 기분으로 깊은 잠을 잤다. 나는 몇 시간째 잠을 이루지 못

에베레스트 솔로

하고 뒤척이며 하늘의 별들을 헤아렸다.

1980년 8월 30일. 라인홀트가 다시금 화를 낼 일이 생겼다. 일주일 동안 우리는 이며 몇 달 전에 주문한 지프를 베이스캠프에서 헛되이 기다렸다. 결국 대안은 털털거리는 이 트랙터다. 뒤이어 온 연락에 따르면 지프가 반대편 강둑에서 기다린다고 했다. 우리가 그곳에 도착했을 때 사방을 아무리 둘러보아도 지프는 흔적도 보이지 않았다. 우리는 사기당한 느낌에 허탈하기만 했다.

트랙터가 울퉁불퉁한 길을 털털거리며 달리는 동안 중국인 운전사는 매 킬로미터마다 트랙터를 세우고 자신이 먹고 마실 버터와 차를 샀다. 차오가 서둘러 달라고 말했지만 아무 소용이 없었다. 속도를 내는가 싶어 마음을 놓았더니 그게 아니라 이 운전사가 우리에게 복수하는 거였다. 진창인 길을 달리는 바람에 흙탕물이 트랙터에 달린 짐차에 앉은 우리에게 사정없이 튀었다. 운전사는 갈수록 속도를 높였다. 머리끝에서 발끝까지 온통 진흙을 뒤집어쓴 우리는 말 그대로 점토인형이 되었다. 길거리의 중국인들이 우리를 보고 낄낄댔다.

그때 갑자기 라인홀트가 달리는 트랙터에서 분노의 외침과 함께 뛰어내렸다. 나는 그 장면을 슬로비디오로 보는 것만 같았다. 그를 막을 수가 없었다.

"이 자식 죽여버릴 거야!"

그는 이렇게 고함을 지르며 운전석으로 달려들어 운전사의 멱살을 잡았다.

"미친 거야, 뭐야?"

라인홀트는 운전사에게 호통을 쳤고, 트랙터는 멈추어 섰다. 라인홀트가 정말 심각하게 위협한 것인지, 아니면 그저 혼을 내주려 연기한 것인지는 모르겠지만 그가 트랙터에 앉은 세 명의 남자들을 강물에 빠뜨리려 한다는 느낌을 받았다. 얼굴이 하얗게 질린 운전사는 더듬거리며 용서를 구했다. 이후 트랙터는 좁은 들길을 따라 한층 느린 속도로 털털거리며 달렸다. 라인홀트는 다시 친근해진 모습으로 남자들과 웃고 떠들었다. 나는 그가 귀여웠다. 아무튼 그는 그런 남자다.

회복하는 데 일주일이 걸렸다. 예전 상태로 완전히 회복하는 데 필요한 시간은 정확히 일주일이다. 이제 우리는 라싸로 간다. 중간에 만난 어떤 마을에서 우리는 멈추었다. 눈이 내린다. 티베트 사람들이 집에서 우리를 두려운 표정으로 내다본다. 나는 이날 아침부터 트랙터 뒤에 달린 짐차에 앉아 추위에 떠는 바람에 온몸이 얼었다. 산에서 살이 에일 것 같은 바람이 내려온다. 짙게 낀 구름 사이로 해가 천천히 얼굴을 내밀었어도 날은 우울하기만 하다. 2시간 뒤 마침내 우리가 타고 갈 지프가 도착했다. 이제 여행은 한결 편안해졌다. 또 날씨도 변할 조짐을 보인다. 아무튼 변덕스러운 몬순이 다시 찾아왔다. 먹구름이 낮게 깔리며 언덕에 걸렸다. 서쪽의 하늘은 밝아진 반면, 동쪽은 어두컴컴하기만 하다.

하산하고 난 뒤 다시 일상에 적응하기가 무척 힘들다. 몬순 구름이 가득 낀 저 계곡처럼 가슴이 답답하다. 그러나 이제 나는 짓누르던 무거움이 차츰 사라지는 것을 느낀다. 가벼운 마음과 함께 밝은 기분이, 약간의 힘이, 심지어 몸의 편안함이 돌아왔다. 내가 지금 긴장을 풀 수 있다는 사실만 해도 대단한 행운이다. 끝없이 이어지는 산, 보이느니 돌밖에 없는 삭막한 풍경 그리고 영원한 바람에 뿌옇게 보이는 모래밭을 지나 우리는 동쪽으로 계속 달렸다. 이 황량한 풍경이 펼쳐지는 지평선 저 먼 곳은 기적과도 같은 부드러운 색깔에 푹 잠겼다. 서쪽 일몰이 보여주는 장관, 남쪽 히말라야의 반짝이는 산줄기는 이곳의 풍경이 얼마나 다채로운 색을 가졌는지 유감없이 보여준다. 황금색, 황갈색, 붉은색 그리고 푸른색 띠가 내 앞에 놓인 광활한 풍경을 수놓았다. 그 뒤의 산들은 강철색이다. 신기한 것이 그럼에도 모든 게 황량하기만 하다. 이 고도에서는 풀포기 하나 거의 자라지 않는다. 그러나 다양한 이끼류와 광물질이 지각의 혈맥에서 보석처럼 빛난다. 색깔들은 무지개의 전체 스펙트럼을 보여주며 시시각각으로 모양을 바꾸는 놀이를 즐긴다.

해발고도 5,000미터 높이의 고개에 이르자 녹색의 초원에 무수히 핀 별 모양의 작은 하얀 꽃이 우리를 맞아준다. 심지어 산호랑나비와 아폴로 같은 나비들이 날아다니고, 새들, 다람쥐, 토끼가 곳곳에서 보인다. 두 달 동안 눈과 얼음만 본 내 눈에 참으로 이국적인 풍경이 아닐 수 없다.

9월이다. 날씨는 매 시간 바뀐다. 여름은 지나갔다. 저 높은 산들에는 지금 눈보라가 그치지 않으리라. 여름철에는 고산지대에도 햇빛이 풍부해 빛나며 하얀 구름에 싸였던 벌거숭이산들은 지금 한밤중에 물결 모양의 산맥을 이루었다. 산을 지켜줄 숲은 없다. 나무 한 그루 보기 힘들다. 이곳의 초원, 바다처럼 펼쳐진 초원 역시 농부가 농사를 짓기 위해 갈아엎은 탓에 삭막해 보인다. 산맥과 고원과 화강암 사막은 사람더러 접근하지 말라고 거부하는 것만 같다. 이곳에는 수천 년 묵은 야생의 법칙, 곧 자연이 바로 신神인 야생의 법칙이 지배한다.

내가 마지막으로 올려다본 에베레스트 정상 능선에는 커다랗고 하얀 구름이 걸린 게 꼭 깃발처럼 보인다. 그곳의 바람과 눈이 뒤엉켜 만들어내는 저 구름은 나의 깃발이다. 문득 나는 하산하면서 정신을 잃고 내 가장 깊숙한 감정을 고스란히 드러냈던 것을 떠올렸다. 그런 감정을 내보이다니 부끄럽다. 그 감정을 다시 내 안에 잡아두고 싶다. 오로지 나만을 위한 감정으로 간직하고 싶다. 머릿속으로 다시 정상에 되돌아가는 일이야 간단하지만, 그 감정을 새롭게 되살려내는 일은 불가능하다. 그 감정은 나와 함께 죽었다.

죽음, 어차피 죽을 수밖에 없는 인생이기에 도전해보고 싶다는 것이 이 등반의 동기였던 적은 단 한 번도 없다. 그렇지만 죽음이야말로 내 태도를 바꾸게 만든 결정적 요인이다. 나는 이처럼 경계, 이승과 저승 사이의 경계에 가까이 가본 적이 없다. 생과 사

에베레스트 솔로

의 기로에 서서, 나와 타인 사이의 경계에 서서 나는 인생을 완전히 새롭게 경험했다. 이번 등반처럼 내 존재를 뒤흔든 경험은 없다. 아마도 이번에 나는 경계를 뛰어넘는 도약을 한 게 아닐까? 물론 이 도약이 정확히 무엇을 의미하는지 나는 아직 모른다. 이 도약의 의미를 나는 차분히 새겨야만 한다.

인간을 받아들이기를 거부하는 환경에서 몇 주 동안 벌인 생존투쟁은 나를 바꾸어놓았다. 이 압도적인 풍경은 나를 더욱 심한 개인주의자, 심지어 자폐증을 가진 사람으로 만들었다.

우리는 쉐가르로, 동쪽으로 달린다. 그리고 다시금 예전의 성지였던 도시 라싸로 간다. 우리가 내륙으로 더 깊이 들어가면 갈수록 바람은 그만큼 더 평화로워졌다. 광활한 평원이 여명, 호수나 바다와 같은 여명 속에서 헤엄친다. 이 높은 계곡지대의 풍경은 한때는 바다를, 다른 한때는 땅을 보는 것처럼 시시각각으로 바뀐다. 어떤 때는 유유자적 흘러가는 구름이 섬 모양을 꾸며내고, 또 다른 때는 초원의 풀들이 햇살을 받아 황금빛 호수로 출렁인다. 지평선은 영원이라는 게 이런 것일까 싶을 정도로 멀리 떨어져 있다.

여전히 아침이면 나는 이슬로 흠뻑 젖은 머리카락으로 잠에서 깬다. 서리가 내려앉아 겉면이 언 뻣뻣한 침낭에서 기어나올 때마다 아침 한기에 몸이 부르르 떨린다. 그러나 이곳 쉐가르의 낮은 건조하고 뜨겁다. 검은 두 그림자가 양떼를 몰고 먼지가 풀풀 나는 거리를 걸어간다. 우리가 탄 지프는 서행하며 마을을 통과했

1978년에는
사진의 오른쪽인
남쪽에서,
1980년에는
사진 왼쪽인 북쪽에서
에베레스트 정상에
올랐다.

다. 잠에 취한 아이들 얼굴이 집의 야트막한 담장 너머로 우리를 구경한다. 우리는 계속해서 시가체로 달렸다. 나는 앉은 채 졸기 일쑤다. 지난 몇 주 동안 체험했던 일들의 기억이 이제는 단편처럼 툭툭 끊어지며 스쳐갈 뿐이다. 이번 등반은 이미 내 기억 속에서 화가가 붓질한 색처럼 화폭에 번지기 시작했다.

사람들은 흔히 이런 등반은 매일 어떤 일을 경험했는지 자세히 설명하는 게 당연하다고 여긴다. 그러나 산에서, 정상을 향해 오르는 동안 시간은 평소 일상처럼 흘러가는 게 아니다. 정상을 오르며 무수히 많은 감각적 인상을 받은 하루는 순식간에 지나간다. 이런 인상 가운데 기억 속에 저장되지 못하고 흘러가버리는 것 역시 무수히 많다. 다른 한편으로 정상 등정은 도보로 300킬로미터를 가는 여행과 마찬가지로 대체 이게 언제 끝나나 싶을 정도로 더딘 시간을 느낀다. 말하자면 무수히 작은 순간들로 이뤄진 영원이랄까. 그 작은 순간들은 붓질한 색이 번지듯 빠르게

에베레스트 솔로

기억 속에서 흐려진다.

시가체에서 나는 다시 사원을 찾았다. 저녁에는 식당에서 현지 관광사무소의 중국 임원들과 작은 규모의 만찬이 있었다. 라싸에서도 관청은 우리를 환영해주는 행사를 벌였다. 그러나 내가 산 이야기를 하다가 국가의 정치 상황으로 넘어가려고만 하면 자리가 어수선해졌다. 오로지 등산 이야기만 해달라는 압박에 가까운 부탁에 나는 물러설 수밖에 없었다. 나는 맬러리가 어디서 죽었는가 하는 의문보다 티베트의 불교 신자들이 더 마음에 걸렸다. 그리고 나는 우에무라 나오미보다 앞서 단독으로 정상을 등정했다는 사실 따위는 이미 까맣게 잊어버렸다.

나는 티베트 국민에게서 세상의 그 어떤 다른 민족과는 비교할 수도 없는 깊은 감명을 받았다. 그것도 이토록 짧은 시간 만에. 그동안 길을 가며 무수히 많은 사원들이 파괴된 모습을 보면서 나는 티베트 국민의 흔들림 없는 믿음에 새삼 옷깃을 여미는 심정이었다.

만찬이 끝난 뒤 나는 잠자리에 드는 대신 도시의 어두운 거리를 돌아다녔다. 바코르까지 가는 데 1시간이 걸렸다. 나는 내가 순례자가 된 것처럼 여겨졌다. 이제 곧 자정이다. 여전히 순례자의 끊이지 않은 행렬이 조캉 사원을 중심으로 시계방향으로 맴을 돈다. 티베트 왕 송첸캄포가 1200년 전 자신의 아내인 중국 여인을 데려다준 보살을 기리기 위해 지었다는 이 사원은 티베트 불교의 성지다. 구시가의 심장이라고 할 수 있는 이 사원을 중심으로 조성된 원형의 거리인 바코르를 걷는 순례자 행렬이야말로 옛 라싸를 고스란히 되살려낸다. 승려가 규칙적인 리듬으로 경을 읽는 소리가 도시의 공기를 채운다. 사람들은 저마다 장식이 화려한 마니차를 돌리며 소원을 빈다. 캄 출신의 두 처녀가 내가 지나가자 킥킥대고 웃는다. 볼이 빨개진 처녀들은 수줍은 미소를 짓는다. 나도 미소로 화답했다. 한 명이 혀를 날름 내민다.

어떤 유목민이 나에게 다가와 내가 목에 건, 버찌 크기의 산호 두 개를 꿴 '찌 염주Dzi bead', 일종의 부적으로 걸고 다니는 염주를 사고 싶다고 말했다. 나는 손사래를 치며 절대 팔지 않겠다고 했다. 나는 이 부적을 딩리에서 만난 한 티베트 노인에게 받았다. 이 염주는 나에게 하늘과 땅과 내 생명을 하나로 묶어준다. 유목민은 너털웃음을 웃으며 그 마음 충분히 이해한다고 말했다. 그는 한동안 나와 함께 걸었다. 나는 조캉 사원을 도는 순례자 행렬 가운데 한 명인 것처럼 "옴 마니 파드메 훔" 하고 기도를 올렸다.

다음 날 아침 머리가 깨질 것처럼 아팠다. 잠을 적게 자서 그런 것만이 아니라, 술을 너무 많이 마셨다. 처음에는 중국인들과 마오타이주를, 다음에는 구시가지에서 티베트 사람들과 창을 마셨다. 호텔 창문으로 포탈라가 보인다. 이 궁전은 햇빛 속에 먼지가 춤을 추는 계곡에서 초현실적인 위용을 자랑한다. 허공에 뜬 성처럼 포탈라는 갈색 산들을 배경삼아, 구름이 만드는 검은 그림자 위에 떠 있다. 하늘이 어찌나 푸른지 산꼭대기에 파란 천이 걸린 것만 같다. 반면 포탈라는 무중력 상태처럼 보인다.

에베레스트 솔로

베이징에서 나는 두 달 반 만에 나만의 호젓한 공간에서 처음으로 목욕이라는 것을 했다. 매일 만찬이 이어진다. 이틀 뒤 우리는 루프트한자를 타고 프랑크푸르트로 날아간다.

출발에 앞서 늘 같은 질문이 이어졌다. 왜 에베레스트 정상에 두 번이나 올라가야 했느냐? 필요한 돈은 누가 주느냐? 어떤 사람이 후원을 해주느냐? 이런 물음의 답을 사람들을 알고 싶어 했다. 또 어떤 국기를 가지고 갔는지도 사람들은 물었다. 어느 나라를 대표해 등반하느냐? 나는 말했다, 등반은 오로지 나의 욕구로, 내가 경비를 마련해, 나를 위해 하는 것이라고.

"내가 나의 고향이며, 내 손수건이 곧 내 국기입니다."

나는 즐겨 하던 말을 되풀이 해주었다. 중국인들은 나의 이런 태도를 이해하지 못한다. 이들은 개인이라고는 설 자리가 없는, 오로지 집단 위주의 사고방식에만 젖어 있다. 중국인들은 머리를 절레절레 흔들었다.

베이징의 외교계에서는 이미 내가 에베레스트 정상에 최초로 단독 등반한 사람이 아니라는 쑥덕공론이 돌았다. 기네스북에 적힌 기록의 주인공은 전혀 다른 사람이라면서. 1924년에 맬러리가 처음으로 정상에 올랐던 것 아니냐는 말이었다. 나는 이런 모든 입방아에 조금도 개의치 않았다. 그저 나만 평안하면 그만이다. 유럽에서도 사람들은 오로지 내 기록, 라인홀트 메스너의 무의미한 기록 중독에만 관심을 가졌다.

기록이라는 것은 그저 우리가 익히 아는 차원에서 기술과 신체적 능력을 끌어올릴 때에만 생겨난다. 나의 단독 등반은 미지의 차원으로 올라서려는 탐색이다. 몬순 시기의 날씨만 미지의 것은 아니다. 무엇보다도 인간의 몸, 더 나아가 인간 정신이 어디까지 나아갈 수 있는지 그 가능성의 한계는 언제나 미지의 것으로 남아 우리의 도전을 자극한다. 등반가로서 내가 오른 정점은 이제 내 뒤에 놓였다.

카트만두로 가는 비행기 표를 구입했다. 9월 17일 나는 네팔에서 나의 서른여섯 번째 생일을 자축할 생각이다. 그리고 몬순이 끝나면 세계에서 네 번째로 높은 산인 로체를 다시금 단독 등반해도 좋다는 허가를 나는 얻어냈다.

나는 비행기의 좌석에 허리를 젖히고 앉아 창문으로 구름이 지나가는 것을 지켜보았다. 햇빛을 받아 반짝이는 하얀, 평화로운 구름은 허공에 뜬 솜털만 같다.

나는 다시금 길을 간다. 아무것도 하지 않는 무료함은 나에게 견디기 힘든 짐이다. 나를 가능성의 한계까지 밀어붙이도록 모든 힘을 쏟게 만드는 욕구는 이런 부담감에서 나온다. 삶의 기쁨을 누리며 이런 도전을 감행할 때 행복감이 샘솟는다. 이제 다른 산이, 내가 알지 못하는 풍경이 내 안에서 생동하기 시작했다.

델리에서 카트만두로 날아가는 동안 나는 창문을 통해 만년설을 이고 있는 히말라야 산맥을 보았다. 그 뒤로 아지랑이가 피어오르는 것처럼 흐릿하게 보이는 땅이 티베트다. 자신이 무슨 중세의 용과 싸우는 영웅이라도 된 양 으쓱대며 산을 정복하겠다고 건방을 떨던 나에게 겸손하라는, 전혀 새로운 가르침을 베풀어준 땅이 바로 티베트다. 약자를 돕기 위해 괴물과 맞서 싸운 티베트 전설의 영웅 거싸얼[1]을 나는 떠올렸다. 고령에 죽음을 맞을 준비를 하러 은둔한 거싸얼 왕은 다음과 같은 구원의 메시지를 남겼다.

산들 가운데 어떤 것은 높고, 다른 것은 낮지 않기를,
사람들 가운데 누구는 강한 권력을 누리고, 다른 이들은 무력하지 않기를,
누구는 넘쳐나는 부를 누리는 반면, 다른 사람은 궁핍에 시달리지 않기를,
고원에 지나치게 깊은 계곡과 너무 높은 산이 대립하지 않기를,
평원이 척박하지 않기를,
모든 생명체가 행복하기만을!

---

1 거싸얼(Gesar, 格萨尔)은 티베트의 전통 설화에 등장하는 왕으로 강한 자를 물리치고 약한 자를 도와 종족들을 통합하기 위해 하늘이 보내준 영웅이다. 거싸얼의 행적을 담은 서사시는 중앙아시아 최고의 서사시 전통으로 평가받는다.

티베트를 거쳐 에베레스트로

에베레스트는 남쪽보다 북쪽에서 보는 게 훨씬 더 인상적이다. 이렇게 바라본 에베레스트는 정말이지 지상과 우주로 이르는 하늘 사이에 놓인 다리다. 게다가 정상의 역삼각형을 떠받들고 있는 저 웅장한 버팀목! 그 정상에 오르는 일은 정신력, 의지력 그리고 고통을 참아내는 능력의 문제다. 가파른 비탈, 빙하 크레바스 또는 눈사태 위험은 정상에 선 사람에게 발아래 있는 것일 따름이다. 정상의 지근거리에 들어오기 위해 이런 위험은 극복되어야만 한다. 저 정상 위에 우뚝 서는 것, 마치 다른 별에 오기라도 한 것 같은 경험이야말로 인간이 겪을 수 있는 가장 강렬한 체험이다.

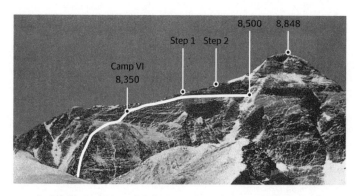

1980년 에베레스트의 북쪽 날개에는 오로지 두 개의 루트만 있었다. 중국 루트 (왼쪽 능선)와 일본 루트(오른쪽의 협곡을 따라 오르는 루트)가 그것이다. 내가 선택한 루트는 활처럼 휜 '노턴 루트'[1](흰선으로 표시된 부분)를 대각선으로 가로지르는 길이다.

1 1924년 영국 등반대를 이끈 에드워드 노턴이 개척한 루트로, 정상 150미터 아래 지점까지 이른다.

석 달 동안 내가 갈망한 목표인 에베레스트를 북쪽에서 본 모습.
서쪽에서 날아온 몬순 안개가 산을 가렸다.
북동 능선(왼쪽)에 두 개의 경사 단계(퍼스트스텝과 세컨드스텝)가 보인다.

●●

예전의 성스러운 도사 라싸의 포탈라 궁.
이 궁은 티베트 사람들이 신왕神王으로 인정하는 달라이 라마가 거주
했던 곳이다.

해발고도 3,600미터에 위치한 라싸는 오늘날 중국의 현대적인 산업도시다.
도시가 자랑하던 예전의 분위기는 시멘트와 아스팔트 그리고 소음에 자리를
내주고 말았다. 포탈라 궁은 일종의 박물관으로 개조되었다.

지금은 초오유와 시샤팡마를 가로질러 네팔에서 티베트로 가는 도로가 생겼
다.(중간에서 오른쪽). 에베레스트는 사진의 맨 왼쪽에 보인다. 나는 이 파스텔
색조의 산맥을 넘어 1980년 에베레스트에서 네팔 국경의 시샤팡마까지 갔다.

라싸로 가는 길에 쉬고 있는 티베트 순례자들

● ●

1980년만 하더라도 중국인의 이주가 상당히 진척되어, 어느 모로 보나
티베트인과 중국인은 서로 구분하기가 힘들어졌다.

에베레스트 솔로

쉐가르쫑의 폐허.
하늘을 향해 지어졌던
일종의 사원인 이곳은
문화혁명 동안
완전히 파괴되었다.

마을 주민들이 우리 이방인을 보는 호기심은 도로와
도시와 군사주둔지역에서 멀어질수록 그만큼 더 커졌다.

롱북 계곡 하단에 세워져 있는 조난당한 등반가의 기념비.
그 뒤로 롱북 빙하에 쓸려온 모레인 더미 그리고 에베레스트의 전경이 보인다.

오늘날의 산소 공급 장치는
1922년이나 1978년의
마스크와 장치에 비해 비교가
안 될 정도로 가볍다.

(사진 왼쪽부터)
샌디 앤드루 어빈과
조지 L. 맬러리가
등반대 동료들과
1924년에 찍은 사진

1922년에 캡틴 노엘이 찍은 역사적인 에베레스트 사진.
이때만 해도 영국 등반가들은 에베레스트 원정에 산소공급기를 사용했다.

● ●

나는 여러 가지 동기로 에베레스트를 보며 열정을 불태웠다. 우선 나는
1978년의 성공적 등반 이후 내가 단독으로도 등반할 수 있는지 시험해
보고 싶었다. 둘째, 나는 맬러리 신화의 흔적을 추적하고자 했다. 셋째,
마침내 나는 티베트에 가보고 싶었다.

1980년 여름에 롱북 계곡에 다른 등반대는 없었다.
단독 등반을 하는 동안 나는 산 어디서도 다른 사람을 구경하지 못했다.

롱북 빙하가 끝나는 지점 바로 아래, 모레인 더미가 보호벽 구실을 해주는 곳에서 영국인들은 1922년과 1924년에 베이스캠프를 설치했다. 이 장소는 물이 있어 캠프 자리로는 이상적이었음에도 2차 세계대전의 종전 이후 시기 동안 중국과 일본 등반대는 이곳을 피했다. 종전 이후 이곳에 다시 캠프를 친 사람은 내가 최초다. 몬순 시기 동안 에베레스트는 설산이지만, 몬순 이전과 이후에는 암벽만을 보여준다.

베이스캠프 앞에서
니나 홀긴과 함께

모레인 더미 앞 마지막 녹지대에 설치한 우리의 베이스캠프

● ●

1980년 티베트의 고원지대를 몇 주에 걸쳐 지나는 동안 에베레스트 북쪽과 초오유와 시샤팡마로 접근하면서 나는 기후 적응 훈련을 했다. 이 훈련으로 나는 여러 산을 올랐으며, 해발고도 7,000미터가 넘는 산도 자주 등반했다.

몬순 시기 동안 바라본 북쪽

전진 베이스캠프로의 등반

우리가 기후 적응 훈련을 하는 동안 연락장교는 나에게 자신이 시샤팡
마를 올랐던 경험을 이야기해주었다. 덕분에 나는 1981년에 오르기로
계획한 다음번 8천급 고봉의 특성과 약도를 그릴 수 있었다. 처음으로
에베레스트의 노스 콜에 오른 뒤 나는 베이스캠프로 돌아올 수밖에 없
었다. 베이스캠프에서 우리는 지프를 타고 끝없이 펼쳐진 고원의 들판
을 달려 시샤팡마, 그리고 네팔과 중국의 국경까지 가보았다.

에베레스트 솔로

티베트에서 야크는
짐을 나르는 동물이다.

빙하가 만들어놓은
함몰 지대

기후 적응을 위한 훈련을 하고 난 뒤 니나와 나는
세 마리의 야크와 두 명의 티베트 농부와 함께
해발고도 6,500미터 지점의 전진 베이스캠프로 올랐다.

8월 18일 매우 이른 아침에 나는 전진 베이스캠프에서 출발했다. 2시간이 채 안 되어 나는 8미터 깊이의 크레바스에 추락했다. 니나는 캠프에서 일출 이후에 망원렌즈로 에베레스트의 노스 콜에 오르는 나의 외로운 등반을 촬영했다.

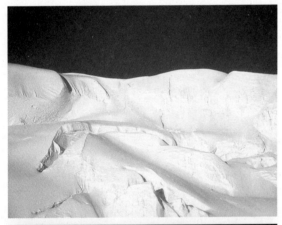

크레바스 속에서 나는 포기하자고 몇 번이나 다짐하고도 계속 올라갔다. 퇴로를 걱정하지도 않았다. 사진 중앙의 화살표 지점에 노스 콜로 오르는 내가 점처럼 보인다.

북쪽 능선을 통해 바라본 정상

노스 콜 바로 밑에서 추락한 뒤 나는 가까스로 다시 빠져나오는 데 성공했다. 이후 등반은 거칠 것이 없었다. 아무 문제없이 나는 해발고도 7,800미터 지점에 올라 비박을 하기 위한 텐트를 쳤다.

15~18킬로그램 정도의 배낭을 메고 나는 두 개의 스키스틱에 의존해 8월 19일 정상으로 향했다. 가는 도중에 나는 카메라의 자동셔터 기능을 이용해 사진을 찍었다. 촬영을 위해 나는 카메라를 피켈에 묶어 고정시켰다. 해발고도 7,800미터까지는 니나가 캠프에서 망원렌즈로 나를 촬영했다.

해발고도 7,800미터 지점의 비박 텐트

북쪽 능선에서 첫 비박 이전과 이후에 본격적인 고통이 시작되었다. 살아 숨쉬는 것 자체가 아픔이었다. 먹고, 차를 끓여 마시고, 올라가는 이 모든 일은 대단한 수고를 들여야만 했다. 그저 근근이 연명하는 존재가 나였다.

에베레스트 솔로

저녁에 설치하고
아침에 해체한 내 텐트는
직접 지고 다녔다.
고어텍스(Gore-Tex) 천
두 장을 연결해 반원형의
알루미늄 막대기에
고정하면 텐트가
완성되었다.
단독 등반을 위해 특별
제작한 텐트다.

아침 해가 초오유와
갸충캉 위로 떠올랐을
때 나는 노스 콜 위에
올랐다. 아름다운 모습의
푸모리는 이미 내 발아래
있다. 서쪽에 보이는
구름떼가 이미 조짐을
보여주었음에도, 나는 이
시간에서만큼은 걱정하지
않았다. 나는 빠른 속도로
전진했다.

정상 능선에서 바라본 북서쪽 광경

에베레스트는 앞이 보이지 않는 절망의 정상으로 이를 등반하는 며칠
동안 완전히 녹초가 되게 만들지만, 다시 산에서 내려올 수 있다는 행
복감의 전제조건이기도 하다. 마지막에 맛보는 희열은 추위와 적막함과
외로움에서 돌아옴으로써 생겨난다. 모든 심리적 긴장이 풀리고 나서
야 비로소 '살아 있다'는 기쁨이 내 안에서 용솟음쳤다. 나는 다시 아래
세상으로 내려와 다시금 인생을 새롭게 시작할 각오를 다졌다.

　　　　　　　　　　　　　　　　에베레스트 솔로

굽이쳐 내려가는 롱북
빙하의 모습을 마지막으로
감상하고 나는 중국이
세워놓은 고도 측량 삼각대
앞에 그대로 주저앉았다.
삼각대는 그저 눈 속에 무릎
높이로 솟아 있었다. 완전히
지친 나는 정상에서 45분
정도를 앉아서 쉬었다.

하산한 뒤
베이스캠프에서 쉬는
나의 모습

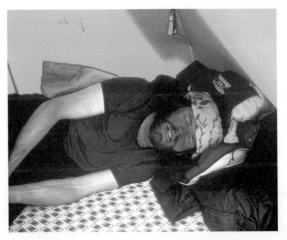

그동안 에베레스트의 모든 날개는 등정되었다.
동벽(상단 왼쪽 사진), 북동 날개, 남서 벽(상단 오른쪽사진)
그리고 남쪽 기둥(아래 사진)을 비롯해 세계 최고봉에
오르는 루트는 20개 정도 된다.
그러나 주로 이용되는 루트는 힐러리 루트와 북쪽 능선
루트일 뿐이다(344쪽 참고).

에베레스트의 북쪽 능선. 오늘날 정상에 오르는 루트는 아예 표준화했다. 다시 말해서 '픽스트 로프'로 확보된 길을 따라가기만 하면 정상 등반이 가능하다. 정적과 고독과 위험에 고스란히 노출되던 시절은 지나갔다.

에베레스트 지도

세계에서 가장 높은 이 산은 150년째 꾸준히 측량이 이뤄지고 있으며, 반세기 동안 등반가의 발길이 끊이지 않고 있다.

에베레스트는 네팔과 티베트, 지금은 중국에 속하는 티베트 사이의 국경을 이룬다.

에베레스트의 상세한 지도는 산을 모든 측면에서 접근할 길이 열린 1950년대부터 존재한다.

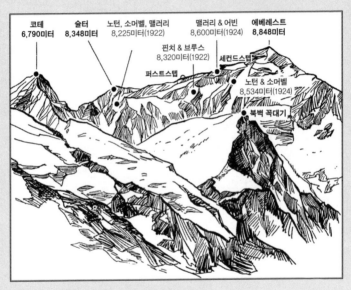

코테
6,790미터

슐터
8,348미터

노턴, 소머벨, 맬러리
8,225미터(1922)

핀처 & 브루스
8,320미터(1922)

퍼스트스텝

맬러리 & 어빈
8,600미터(1924)

세컨드스텝

에베레스트
8,848미터

노턴 & 소머벨
8,534미터(1924)

북벽 꼭대기

1921~1924년의 에베레스트 등반 시도를 나타낸 스케치

에베레스트 솔로

에베레스트의 등반 시도와 연대기

1921 영국의 찰스 하워드 버리(Charles Kenneth Howard-Bury, 1881~1963) 대령이 이끈 첫 정찰대 활동

1922 여단장 찰스 브루스가 이끈 두 번째 정찰대. 맬러리, 노턴 그리고 소머벨은 산소공급 장비 없이 해발고도 8,225미터 등반에 성공함. 정찰대장 브루스의 조카인 대위 브루스와 대위 핀치는 산소공급 장비를 갖추고 해발고도 8,320미터 등반에 성공

1924 세 번째 정찰대. 어빈과 맬러리는 정상 쪽으로 간 뒤 돌아오지 않음

1933 러틀리지 대장이 이끈 정찰대 활동. 프랭크 스마이드는 해발고도 8,570미터에 오름. 휴스턴 에베레스트 탐험대가 첫 번째로 에베레스트 상공 비행에 성공

1934 모리스 윌슨은 단독 등반을 시도하다 '노스 콜' 아래서 탈진으로 사망

1935 에릭 십턴이 이끈 등반대 활동

1936 2차 러틀리지 등반대

1938 헤럴드 윌리엄 틸먼(Harold William Tilman, 1898~1977)이 이끈 등반대 활동

1947 캐나다의 얼 덴먼, 단독 등반 시도

1950 미국의 의사이자 등반가인 찰스 휴스턴(Charles Houston, 1913~2009), '솔로쿰부' 지역 탐사

1951 덴마크의 크래브스 베커-라슨 단독 등반 시도

1951 영국 정찰대가 마이클 워드(Michael Ward)와 십턴의 아이디어로 '사우스 콜'을 이용하는 등반 루트 발견

1952 의사 에두와르 비 뒤낭(Edouard Wyss-Dunant, 1897~1983) 박시기 이끄

는 스위스 등반대 8,600미터 해발고도에 등반함. 레이몽 랑베르(Raymond Lambert, 1914~1997)와 텐징 노르가이가 대원으로 참가

1952 몬순 이후에 스위스 등반대 두 번째 시도

1953 대령 헨리 세실 존 헌트(Henry Cecil John Hunt, 1910~1998)가 이끄는 영국 등반대 등반 시도. 두 번째 팀 에드먼드 힐러리와 텐징 노르가이가 5월 29일에 정상 등정에 성공

1956 알베르트 에글러(Albert Eggler, 1913~1998)가 이끄는 스위스 등반대가 두 번의 로프 등반으로 정상에 오름

1963 노먼 다이렌퍼스(Norman Dyhrenfurth, 1918~2017)가 이끄는 미국 등반대 등반 시도. 윌리 언솔드(Willi Unsoeld, 1926~1979)와 톰 혼바인(Tom Hornbein, 1930년생)은 최초로 에베레스트 횡단에 성공

1965 인도 등반대의 아홉 명 남자들이 정상에 오름

1970 일본의 스키 등반대. 미우라 유이치로(三浦雄一郎, 1932년생)가 '사우스 콜'에서 스키 활강에 성공

1975 일본의 여성 등반대. 다베이 준코(田部井淳子, 1939~2016)가 여성으로서는 최초로 셰르파 앙 체링(Ang Tsering, 1904년생)과 더불어 정상 등정에 성공

1975 중국 등반대가 북쪽 루트로 정상에 오름

1975 크리스 보닝턴(Chris Bonington, 1934년생)이 이끈 영국 등반대가 남서벽 루트로 정상 등정에 성공하는 쾌거를 이룸. 두걸 해스턴(Dougal Haston, 1940~1977)과 더그 스콧(Doug Scott, 1941년)은 한 번의 로프 등반으로 정상에 오름

1978 라인홀트 메스너와 페터 하벨러가 최초로 인공산소 공급 장비가 없이 정상 등정에 성공

1979 유고슬라비아 등반대가 서쪽 능선으로 성공

1980 첫 번째 겨울 등반

1980 북벽 등반 성공

1980 남서벽과 남동 능선 사이의 암벽이 처음으로 등반됨

1980 라인홀트 메스너, 단독 등반에 성공

1983 미국 등반대가 처음으로 동벽을 통해 등반

1984 호주 팀이 '노턴 걸리'로 북벽 등반에 성공

1986 스위스 산악인 에라르 로레탕(Erhard Loretan, 1959~2011)과 장 트로이에 (Jean Troillet, 1948년생)가 몬순 시기에 혼바인 쿨르와르를 통해 북벽을 논스톱으로 등반

1988 동벽(캉슝 벽)의 새로운 루트를 미국 등반대와 영국인 스티븐 베너블스 (Stephen Venables, 1954년생)가 발견함. 베너블스는 혼자서 정상 등정에 성공

1995 일본 팀이 처음으로 북동 능선의 완전 종주에 성공

1996 스웨덴의 괴란 크로프(Göran Kropp, 1966~202)는 자전거로 스웨덴에서 네팔까지 와서 열두 명의 대원들과 함께 에베레스트 정상에 오르다가 열두 명이 모두 죽는 사고 끝에 홀로 정상에 오름

1999 미국 등반대가 맬러리의 시신을 발견했다. 에베레스트에 오르는 등반가들이 갈수록 많아져 도전의 의미가 희석되었다. 이후 선구적 업적은 찾아보기 힘들다.

에베레스트 북쪽과 남쪽의 주요 루트

1921년에서 1949년까지 에베레스트 등반 루트 개척의 첫 번째 단계는 북쪽을 통해 이루어졌다. 이후 1953년에서 1980년까지 남쪽에서 오르려는 무수히 많은 시도가 이어졌다. 오늘날에는 주로 동쪽 날개로 접근하는 두 개의 루트를 이용한다. 그 하나는 북동 능선이며, 다른 하나는 북동벽을 통해 오르는 코스다.

- - - - 정상 루트(힐러리), 1953.
ıııııııııııııııı 남쪽 필라(폴란드), 1980.
━ ━ ━ ━ 남서 벽(보닝턴), 1975.
━━━━━ 서쪽 능선(미국), 1963.
••••••••• 서쪽 능선 다이렉트 코스(유고슬라비아), 1979.
━x━x━ 북서벽(일본), 1980.
━•━•━ 중국 루트(맬러리), 1975.
xxxxxxxx 메스너 변형 루트, 1980.
o o o o o 북벽의 그레이트 쿨르와르(호주), 1984.

에베레스트(8,848미터)
남봉
로체
북동 능섬
노턴걸리
마동 능선
사우스 콜
눕체
남쪽 필라
남서벽
북쪽 능섬
서쪽 계곡(웨스턴 쿰)
노스 콜
서쪽 숄더
눕체
롱북빙하
전진 베이스캠프
로 라
쿰부 아이스폴
베이스캠프

에베레스트 북쪽과 남쪽의 주요 루트

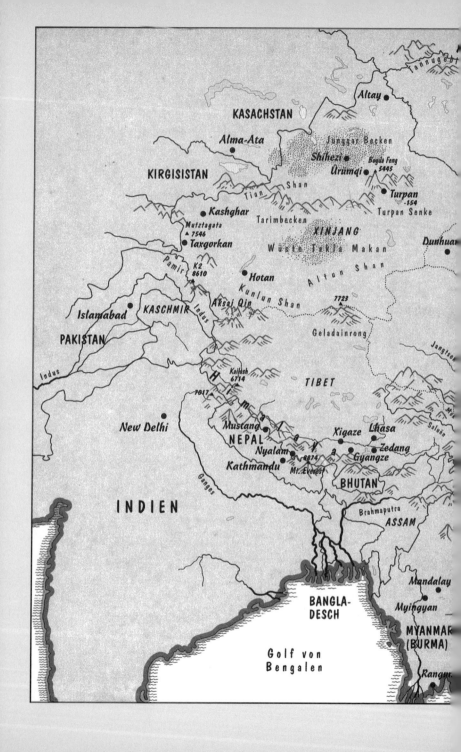

찾아보기

에베레스트 솔로

1판 1쇄 발행   2020년 7월 20일

지은이   라인홀트 메스너
옮긴이   김희상
감수   김동수
펴낸이   심규완
책임편집   정지은
디자인   문성미

ISBN 979-11-967568-9-5 03190

펴낸곳   리리 퍼블리셔
출판등록   2019년 3월 5일 제2019-000037호
주소   10449 경기도 고양시 일산동구 호수로 336, 102-1205
전화   070-4062-2751   팩스   031-935-0752
이메일   riripublisher@naver.com

블로그   riripublisher.blog.me
페이스북   facebook.com/riripublisher
인스타그램   instagram.com/riri_publisher